Kursleiterhandbuch Frauenselbstverteidigung

Ein Handlungsleitfaden für Ausbilder, Trainer & Co.

Stephanie Lade / Volker Martin

Kursleiterhandbuch Frauenselbstverteidigung

Ein Handlungsleitfaden für Ausbilder, Trainer & Co

Stephanie Lade / Volker Martin

Bibliografische Information der Deutschen Nationalbibliothek:
Die Deutsche Nationalbibliothek verzeichnet diese Publikation in der Deutschen Nationalbibliografie; detaillierte bibliografische Daten sind im Internet über http://dnb.ddb.de abrufbar.

B*E*S*T- und EWTO- Akademie

Sifu Volker Martin

Sulzbachtalstr. 56
66280 Sulzbach

ISBN 978-3-96103-154-2

www.rediroma-verlag.de
19,95 Euro (D)

Die Autoren des Kursleiterhandbuches

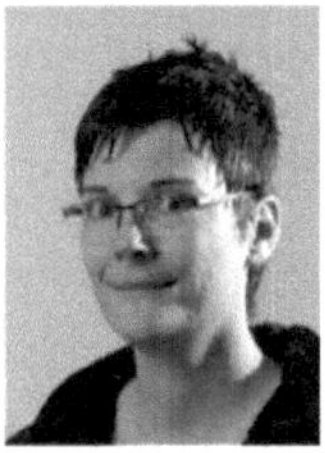

Die Autorin Stephanie Lade ist beruflich im saarländischen Schuldienst als Lehrkraft tätig. Sie fand 1997 den Weg in den Kampfsport über das Ju Jutsu im PSV Saarbrücken. Schließlich orientierte sie sich in der chinesischen Kampfkunst Wing Tsun neu. Als Trainerin des Ausbilder-Teams um Sifu Volker Martin bringt sie den Teilnehmerinnen der Frauenselbstverteidigungskurse die Grundlagen der Selbstbehauptung und Selbstverteidigung näher. Sowohl im Ju Jutsu als auch in der EWTO hat sich die Autorin durch Lehrgänge zur Übungsleiterin und Fachtrainerin für Frauenselbstverteidigung sowie für Gewaltprävention qualifiziert.

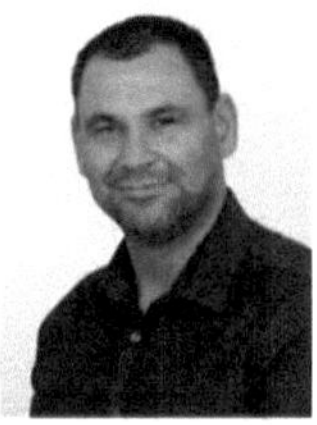

Der Autor Volker Martin leitet die EWTO Wing Tsun- und B*E*S*T[1] Akademie in Sulzbach / Saar, Dudweiler und Saarbrücken seit 2008. Er ist beruflich bei der Polizei in der Aus- und Weiterbildung tätig. Den Weg in die Kampfkunst fand er 1988 über das Vollkontakt-Kickboxen. Seither hat er verschiedene Kampfsport- und Kampfkunststile kennen gelernt, bis Wing Tsun zu seinem Schwerpunkt wurde. Als Träger des fünften Meistergrades im Wing Tsun und als B*E*S*T Master Instruktor greift Volker Martin auf einen umfangreichen Erfahrungsschatz als Leiter seiner Wing Tsun- und B*E*S*T Akademie zurück. Durch die erfolgreiche Teilnahme an zahllosen nationalen und internationalen Seminaren und Lehrgängen, beruflich wie privat, hat er beide Seiten der Ausbildung als Teilnehmer aber auch als Trainer intensiv kennen gelernt.

[1] BEST – Berufsbezogenes Einsatz- und Selbstschutz Training

Vorwort - Warum dieses Buch?

Der Büchermarkt bietet zweifelsohne bereits eine Vielzahl an Büchern, die sich mit dem Thema Selbstbehauptung und Selbstverteidigung befassen. Fast allen Büchern ist gemeinsam, dass sie für den „Endanwender" geschrieben wurden, also für jene, die Selbstverteidigung erlernen möchten. Wo aber informieren sich (angehende) Ausbilder, Trainer und Co, wenn sie einen Frauenselbstverteidigungskurs abhalten möchten? Uns ist es ein Anliegen das „How to" zu vermitteln, mit dem erfolgreiche SV-Kurse konzipiert werden. Wir nehmen es gleich vorweg: Natürlich soll es nicht nur um Selbstverteidigung gehen, sondern vor allem auch um die der Selbstverteidigung vorgeschaltete Selbstbehauptung. Wir finden, dass die Selbstbehauptung eigentlich den höheren, wenigstens aber einen gleichwertigen Stellenwert wie die eigentliche Verteidigung haben sollte.

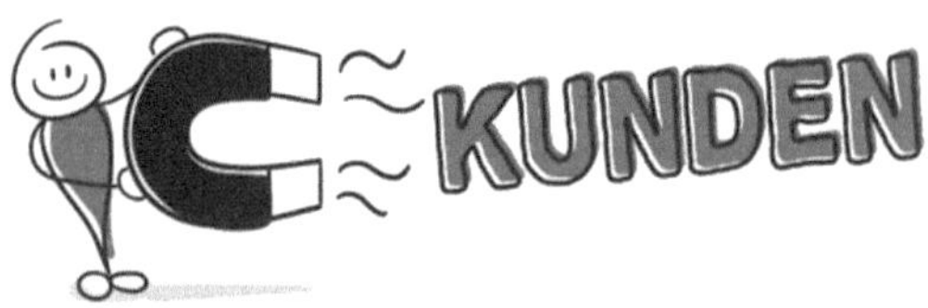

In diesem Handbuch finden Sie Planungsgrundlagen, didaktische sowie methodische Grundkenntnisse, Anregungen für Ihre Konzeptgestaltung, theoretisches Fachwissen, praktische Anwendungen, Übungen, Rollenspiele, Stresstraining und Sicherheitsvorkehrungen (nicht nur) für Notfälle, inklusive eines umfangreichen Materialanhangs, der Ihnen verschiedene Ideen bieten und Ihre Kreativität wecken soll. Entwickeln Sie Ihr eigenes erfolgreiches Konzept für realitätsnahe und sichere Frauenselbstverteidigungskurse und stechen Sie aus der breiten Masse der Konkurrenz hervor!

„Wo kämen wir hin, wenn alle sagten, wo kämen wir hin, und niemand ginge, um zu schauen, wohin man käme, wenn man ginge." (Kurt Martin)

Diese Worte von Pfarrer und Schriftsteller Kurt Martin (geb. 1921) haben Aufforderungscharakter. Indem Sie dieses Buch aufgeschlagen haben, sind Sie bereits losgezogen um zu schauen, wo Sie hinkommen könnten. Wir laden Sie an dieser Stelle herzlich ein, sich mit uns zusammen anzusehen, wie das Buch, das Sie gerade in den Händen halten, aufgebaut ist. Sie finden vier große Bereiche vor.

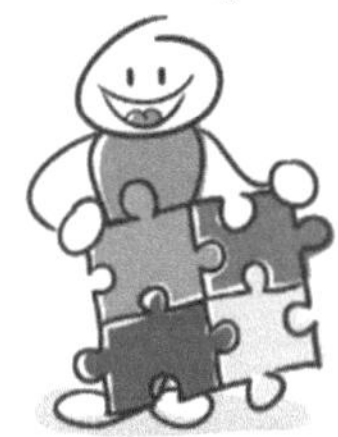

Im **ersten Teil** widmen wir uns der Frage, welche Rahmenbedingungen Sie berücksichtigen müssen, um in die erfolgreiche Planung von FSV[2]-Kursen einsteigen zu können. Dazu gehört zum Beispiel die Frage, mit welcher Erwartungshaltung die Teilnehmerinnen Ihre Kurse besuchen werden und welche Erwartungen man an Sie als Ausbilder richtet. Außerdem soll der Blick auf Ihre eigene Erwartungshaltung, auf Ort und Raum sowie Gesetze, Lernpläne, Lerninhalte, Lernziele und Kompetenzen nicht zu kurz kommen. In der Funktion des Kursleiters, Organisators, Beraters und Lernbegleiters bieten sich Ihnen zahlreiche Möglichkeiten immer wieder in allen erdenklichen Formen Einfluss auf den erfolgreichen Verlauf eines Selbstverteidigungskurses zu nehmen.

---

[2] FSV – Frauenselbstverteidigung

Trotz aller Planungsfreiheit sollten Sie die eine oder anderen pädagogischen und didaktischen Überlegungen zur Gestaltung Ihres Kurses einbeziehen. Hier finden Sie Überlegungen zur zeitlichen Gestaltung von Workshops und Kursen, zur Kursorganisation, zu Lernorten, Lernzielen, Aktions- und Sozialformen des Lernens, zum Einsatz von Lernmitteln und Trainingsgegenständen. Erste konzeptbezogene Planungsschritte werden unternommen und wir werden Sie sukzessive in die Geheimnisse guter Kursplanungen einweihen. Nehmen Sie schließlich mit unserer Hilfe Ihre eigene Kursplanung selbst in die Hand und entwickeln Sie maßgeschneiderte, individuelle Lösungen, angepasst an die für Sie zutreffenden Voraussetzungen. Entwickeln Sie sich und Ihre Kurskonzepte weiter!

Der **zweite Teil** des Buches trägt nicht umsonst den Titel „Aus der Praxis“. Hier finden Sie Anregungen zu möglichen theoretischen und praktischen Lerninhalten. Dem schließen sich praktische Übungsformen an, die sich in verschiedensten Kursen bewährt haben. Wir halten unsere Übungen und Prinzipien, so wie unsere Theorie, die wir in den Kursen vermitteln, nicht für die allein Richtigen und Machbaren. Betrachten Sie unsere Überlegungen und Kurskonzepte als einen möglichen Weg, der für uns praktikabel und erfolgreich ist. Ein möglicher Weg ist nur EINER von vielen Wegen, die bekanntermaßen nach Rom führen.

Wir erleben täglich, dass das Lernen im Training und in den Kursen sowie Workshops wie von selbst funktioniert, wenn Motivation, Spaß und Erfolg nicht auf der Strecke bleiben. Ihnen als Kursleiter kommt dabei eine besondere Rolle zu. Sie haben die Möglichkeit, in vielerlei Hinsicht darauf Einfluss zu nehmen.

Welche Kompetenzen und Stärken vorteilhaft für die Tätigkeit als Ausbilder oder Trainer sind besprechen wir im **dritten Teil** unseres

Buches. Nutzen Sie die Erfahrung anderer Ausbilder und lernen Sie voneinander. Wir begleiten Sie zudem am Ende des dritten Kapitels bei Ihren ersten Unterrichtsversuchen und bieten Ihnen die vielleicht notwendige Unterstützung.

Der **vierte Teil** des Buches setzt sich aus einem umfangreichen Materialanhang und dem Quellenverzeichnis zusammen. Sie finden im Materialanhang vertiefende Gedanken zu einzelnen Themenschwerpunkten.

Fehlt es Ihnen an Ausbildungserfahrung, finden Sie in unserem Handbuch sicherlich erste Anregungen. Sollten Sie bereits ein „alter Hase“ sein und hinreichend erfahren in Planung, Organisation und Durchführung von Selbstverteidigungskursen, dann werden Sie vielleicht die Gelegenheit nutzen wollen, Ihr Wissen und Ihre Erfahrungen mit den Unsrigen abzugleichen.

Frei nach Bruce Lee möchten wir Sie ausdrücklich dazu auffordern, anzunehmen, was Ihnen nützlich erscheint, wegzulassen, was Ihnen unnütz erscheint und dem Ganzen Ihr Eigenes hinzuzufügen.

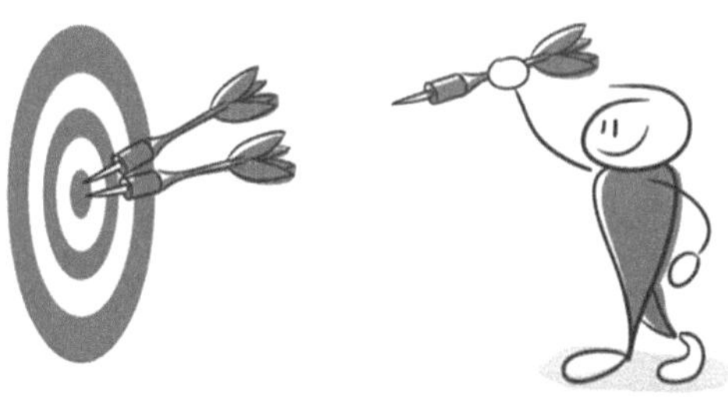

Wir schließen an dieser Stelle unsere Hinweise mit einigen Worte zu der im Buch teilweise einseitigen maskulinen oder femininen Bezeichnung von Ausbildern und Ausbilderinnen. Um Ihnen ein möglichst störungsfreies Lesen zu ermöglichen, haben wir uns dazu entschlossen auf die feminine Schreibweise, zum Beispiel bei Ausbilderinnen und Ausbildern zu verzichten und einheitlich maskuline Formen zu verwenden. Des Weiteren verwenden wir fortwährend die Abkürzung „TN" für Teilnehmerinnen, sowie die Abkürzung FSV für Frauenselbstverteidigung. Wir hoffen, dass wir auf diesem Wege sprachliche Umständlichkeiten reduzieren und zu einem besseren Lesefluss beitragen können.

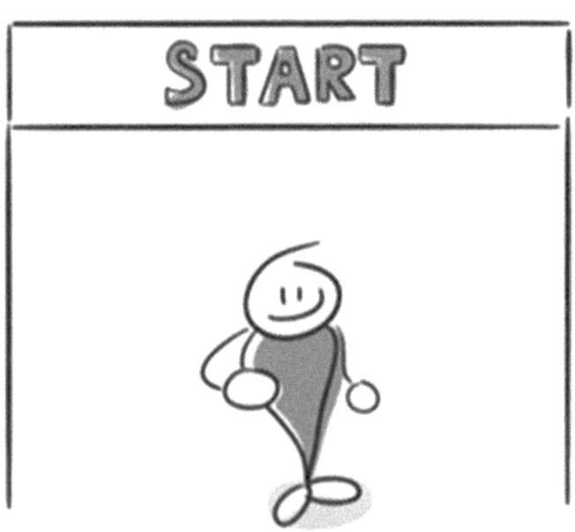

Sicherheitshinweise zur Nutzung dieses Buches

Alle Erläuterungen wurden von uns mit größtmöglicher Sorgfalt zusammengestellt. Dennoch kann es sein, dass sich Fehler eingeschlichen haben oder aktuelle Informationen, welche erst nach Drucklegung bekannt wurden, nicht berücksichtig werden konnten. Wir möchten Sie neugierig machen und zu einer kritischen Auseinandersetzung mit dem Buch anregen und an dieser Stelle ausdrücklich darauf verweisen, dass es Ihre Aufgabe ist, sich vor der Nutzung des Buches über allgemein geltendes Recht (bezüglich der Thematik Selbstverteidigung, erlaubte und verbotene Gegenstände, Waffen und den Inhalten des StGB) zu informieren. Bei jeder Verwendung unserer Ideen prüfen Sie bitte zunächst, ob für Sie oder Dritte eine Gefahr für die Gesundheit bei der Umsetzung besteht. Passen Sie Übungen gegebenenfalls an. Keinesfalls können wir Sie nur mit diesem Handbuch professionell ausbilden, weder zu einem psychologischen Berater noch zum Übungsleiter in Sachen FSV-Kurse. Dieses Buch ist nicht mit dem Erwerb einer entsprechenden Kursleiter-Lizenz gleichzusetzen. Wenn Sie die Gelegenheit bekommen, nehmen Sie an einer Qualifizierungsmaßnahme in Form eines Lehrgangs für Ausbilder, Trainer und Co teil und bilden Sie sich weiter. Verstehen Sie unser Handbuch lediglich als Ideenkiste, aus der Sie jederzeit schöpfen können.

INHALTSVERZEICHNIS

1 BUCHTEIL I PLANUNGSGRUNDLAGEN

Der erste Teil unseres Handbuches entführt Sie in den Bereich der Didaktik und Methodik. Erfolgreiche Kurse fußen auf einer guten und gründlichen Vorbereitung. Deswegen laden wir Sie in diesem ersten Teil ein, sich mit uns gemeinsam die verschiedenen Rahmenbedingungen anzusehen, die für die Planung eines Selbstverteidigungskurses berücksichtigt werden können. Dazu zählen unter anderem die unterschiedlichen Voraussetzungen, welche die TN mitbringen, Informationen zur Auswahl der Trainingsstätte, zum zeitlichen Rahmen eines Kurses bis hin zu Überlegungen hinsichtlich der Person des Ausbilders.

Nach der Analyse der Rahmenbedingungen helfen wir Ihnen bei der Auswahl der Lerninhalte, damit Sie die Ausbildungsthemen festlegen und daraus jene Kompetenzen ableiten können, welche die TN am Ende ihres Kurses erworben haben sollen. Außerdem werden Sie sich Gedanken machen, welche Unterrichtsmaterialien, Trainingsutensilien und Unterrichtsmethoden in Ihrem Kurs eine Rolle spielen sollen. Anschließend steht einer gründlichen Konzeptgestaltung nichts mehr im Wege. Wir unterstützen Sie mit zahlreichen Ideen bei Ihrer Planung. Los geht es! Wir empfehlen Ihnen, sich Schreibzeug bereit zu legen, wenn Sie unmittelbar in die Planung einsteigen wollen. Die Ergebnisse Ihrer Überlegungen werden wir im zweiten Buchteil benötigen, um das Konzept für Ihren Frauenselbstverteidigungskurs zu entwickeln.

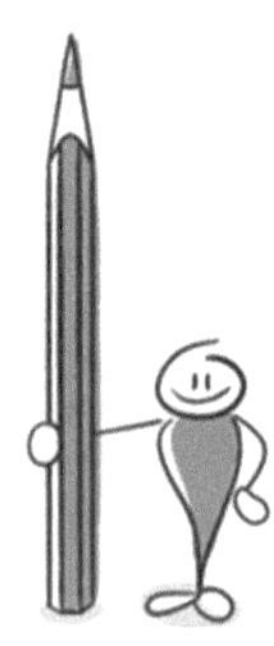

1.1 Analyse der Rahmenbedingungen

Wir möchten Ihnen zeigen, dass gute und erfolgreich verlaufende Kurse kein Zufall sind, sondern ein Produkt aus richtiger Zielsetzung (Lernziele), Fachkompetenz und einer gehörigen Portion Flexibilität des Ausbilders. Des Weiteren spielen die richtige Einschätzung der zur Verfügung stehenden Lernzeit, der Kursteilnehmerinnen, sowie die Gestaltung einer geeigneten Lernatmosphäre, der effiziente und effektive Einsatz verschiedener Lernmethoden, Unterrichtsmaterialien, Sozial- und Aktionsformen und verschiedene weiteren Aspekten eine Rolle.

Sie sehen also, es ist alles kein Hexenwerk, sondern eine Frage der Organisation und Planung. Es reicht eben nicht, einfach nur Techniken und Prinzipien der Selbstverteidigung zu kennen, sondern es steckt viel mehr dahinter, um mit Hilfe Ihrer Fachkompetenz in puncto Selbstverteidigung tollen Unterricht möglich zu machen.

Wie also funktioniert nun Lehren und Lernen? Diese simple Frage ist gar nicht so leicht zu beantworten, wie man meinen könnte. Allem Lehren und Lernen liegen unterschiedliche Bedingungen zugrunde, die erfüllt sein müssen, damit Sie erfolgreich unterrichten und Ihre TN ebenso erfolgreich lernen können. In der Fachliteratur finden Sie zahlreiche verschiedene Modelle und Ansätze, wie die Planung von Workshops und Unterricht im Allgemeinen funktionieren kann. Umso schwieriger ist es zunächst ohne Unterrichtserfahrung, für sich etwas Passendes zu finden und umzusetzen. Wir möchten uns im Folgenden auf verschiedene Theorien zum Lehren und Lernen stützen und unsere persönlichen Erfahrungen mit einfließen lassen. An geeigneter Stelle werden wir auf die entsprechende Fachliteratur verweisen, für den Fall, dass Sie das Thema für sich weiter vertiefen wollen. Beginnen wir mit dem Blick auf das sogenannte didaktische Sechseck, das in verschiedenen Varianten aber doch in vielen Modellen auftaucht. Keine Sorge, das Sechseck ist kein Geheimnis. Folgende sechs Aspekte beeinflussen sich gegenseitig und hängen voneinander ab: Zeit, Lerninhalte, Lernziele, Unterrichtsmethoden, der Lernort sowie die Lehr- und Lernmittel (Medien). Um es kurz verständlich zu machen: Die Menge der Lerninhalte, die Sie in einem Kurs unterbringen und aus denen Sie Lernziele bzw. Kompetenzen formulieren, hängen direkt davon ab, wie viel Zeit Ihnen in Ihrem Kurs zur Verfügung steht. Abhängig von dieser Zeit müssen Sie überlegen, welche Unterrichtsmethoden und Lernmedien Sie einsetzen können und wollen. Der Übungsraum kann Sie ebenfalls einschränken (bauartbedingt) und eine andere Wahl an Medien notwendig machen. Er kann Sie aber auch bereichern und Dinge möglich werden lassen, die in bisherigen Räumlichkeiten vielleicht nicht möglich waren. Bis auf den Aspekt der Unterrichtsmethoden werden wir nun eine Weile dem besagten didaktischen Sechseck folgen. Dieses besitzt auch für Frauenselbstverteidigungskurse Gültigkeit. Sie werden sehen, dass Sie auf viele Lernvoraussetzungen zu Ihrem Vorteil Einfluss nehmen können und das schafft Ihnen zahlreiche Planungsfreiräume.

Dem besagten Sechseck fehlt unserer Ansicht nach aber noch unbedingt die Betrachtung und Analyse der individuellen Lernvoraussetzungen der TN! Gerade im Zusammenhang mit Gewaltvorerfahrungen einzelner TN sollten wir zwingend einen Blick auf die Lernerinnen in Ihrem Kurs werfen und ihre möglichen individuellen Eigenheiten zu berücksichtigen versuchen. Ihre Kundinnen sind es wert, dass Sie sich bei all Ihren Überlegungen zu allererst mit ihnen beschäftigen. Eines nehmen wir gleich vorweg: Sie können sich nur Gedanken machen um ***mögliche*** Voraussetzungen, da Sie diese nicht alle im Detail kennen können. Ihr bisheriger Erfahrungsschatz wird Ihnen Orientierung bieten, was Sie voraussetzen können und was nicht.

1.2 Lernvoraussetzungen der Teilnehmerinnen

Ihre Kursteilnehmerinnen sind, vermutlich ebenso wie die Unsrigen, höchst unterschiedlich und das in vielerlei Hinsicht. Das kann auf der einen Seite eine Bereicherung für jeden Kurs und auf der anderen Seite ein echtes „Abenteuer" sein. Bevor Sie sich jetzt mit Ihrer Kundschaft näher befassen, möchten wir Ihnen noch Folgendes mit auf den Weg geben: Blicken Sie stärkenorientiert auf Ihre Kundinnen und gehen Sie nicht primär auf die Suche, was eine TN alles nicht kann. Das werden Sie noch früh genug herausfinden. Ihnen fällt nun die anspruchsvolle Aufgabe zu, die individuellen Voraussetzungen der TN näher zu untersuchen. Unserem Verständnis von guter Unterrichtsplanung folgend ist es gerade bei einem so „heißen" Thema wie der Frauenselbstverteidigung enorm wichtig, den ein oder anderen Gedanken hinsichtlich der TN-Mixtur auf sich wirken zu lassen. Obwohl die äußeren Lernvoraussetzungen ähnlich aussehen, haben Sie es keinesfalls mit einer homogenen Gruppe zu tun. Ganz im Gegenteil: oft ist die Kurszusammensetzung sehr heterogen. Die Gemeinsamkeiten belaufen sich dann zunächst oft auch auf nicht viel mehr als die beiden Attribute „weiblich" und „am Kurs interessiert".

Trotz aller Versuche Ihrerseits, möglichst genau zu planen, werden Sie zudem schnell feststellen, dass Sie den Faktor „Mensch" nie wirklich in seinem Denken und Handeln „berechnen" können. Dennoch oder genau deswegen ist es unerlässlich, die planbaren

Aspekte in der Konzept-Entwicklung zu berücksichtigen. Zuerst muss natürlich von Seiten der TN zunächst einmal der Wille zum Lernen, also eine Lernbereitschaft, vorhanden sein.

„Du kannst niemand die Leiter hochstoßen, wenn er gar nicht hoch will.“ (Andrew Carnegie)

Wo ein Wille ist, findet sich meist ein Weg, sagt eine Volksweisheit. In Ihrem Fall bringen die Frauen den Willen mit und Sie bereiten den Lernweg vor. Sie dürfen grundsätzlich einmal wohlwollend davon ausgehen, dass alle TN, die sich zu Ihrem SV-Kurs angemeldet haben, die nötige Lernbereitschaft mitbringen. Sonst würden sie sich ja nicht bei Ihnen anmelden, richtig?

Ihre zukünftigen TN werden für Sie in der Regel jetzt noch kein Gesicht haben, außer, es sind Freunde oder Bekannte im Kurs angemeldet. Neben den eben überspitzt formulierten Gemeinsamkeiten „am Kurs interessiert“ und „weiblich“ gibt es natürlich noch andere Aspekte, die Ihre Kurszusammensetzung und damit die Heterogenität beeinflussen. Bis auf das Alter werden Sie, wie angedeutet, vermutlich sonst nicht viel mehr wissen. Wir möchten Ihnen an dieser Stelle aber einfach einmal zeigen, was Sie an TN-Voraussetzungen berücksichtigen können.

Die folgenden Punkte[3] sollen der Orientierung dienen:

- Alter der TN
- Vorwissen und Fähigkeiten
- Sprachfertigkeiten
- Sozialisation
- Bedürfnisse
- Lerntyp, favorisierte Lern-Art
- Medienpräferenz
- Handicaps

1.2.1 Alter der Teilnehmerinnen

Während in Mädchen-SV-Kursen meist einigermaßen altershomogene TN aufeinander treffen, sieht das in Erwachsenengruppen schon wieder anders aus. Letzten Endes liegt es in Ihrer Hand, ob und in welchem Rahmen Sie Altersbegrenzungen für die entsprechenden Workshops ins Auge fassen oder nicht. Abhängig vom Alter stellen die TN unterschiedliche Ansprüche an den Kurs. Mädchen und Teenies bis 16 Jahre passen besser zusammen mit Gleichaltrigen. Deshalb sind unsere Frauen-Selbstverteidigungskurse erst ab einem Alter von 16 Jahren konzipiert. Finden mehrere Kurse in der Woche parallel statt, können Sie die Altersgrenzen verändern. Senioren-Kurse finden in einigen anderen Schulen ebenso selbstverständlich statt, wie SV-Wochenendworkshops für Mädchen von sechs bis zwölf Jahren. Das Alter der TN ist in Ihren Kursen, sofern Sie keine bestimmte Altersgruppe angesprochen haben, ansonsten bunt gemischt, was normalerweise kein Problem darstellt. Bezogen auf die Kursinhalte sind alle TN mehr oder weniger absolute Anfänger. Insgesamt ist es natürlich so, dass ältere

---

[3] nach Götz / Häfner (2010).

TN schon viel gesehen, erfahren und erlebt haben. Deutlich jüngere Frauen haben weniger Lebenserfahrungen. Das kann deswegen eine Rolle spielen, da dies unmittelbar mit dem Vorwissen und den Fähigkeiten der TN im Zusammenhang steht. In unseren Kursen sind die jüngsten TN sechzehn und die älteste Frau weit über sechzig Jahre alt.

„Lernprozesse können bis ins hohe Alter stattfinden und dafür ist es nie zu spät!" (Charpentier[4])

1.2.2 Vorwissen und Fähigkeiten

Vorwissen und Fähigkeiten haben Auswirkungen auf das Lernen. Wer Vorwissen mitbringt, kann neues Wissen leichter daran anknüpfen. Aber auch Motivation, Engagement und dergleichen können das Lernen beeinflussen. Vorwissen kann abgerufen und in den Kurs eingebracht werden. Möglicherweise hat eine TN schon einmal etwas von Notwehr oder Nothilfe gehört und kann nun das von Ihnen vermittelte Wissen besser in ihr vorhandenes Wissen einbetten oder daran anknüpfen. Vielleicht hat die eine oder andere TN bereits früher einen FSV-Kurs besucht oder gar Erfahrungen in einer Kampfkunst oder einem Kampfsport gesammelt. An dieser Stelle möchten wir die Ausführungen noch um einen sehr wichtigen Aspekt ergänzen. Vorwissen, Fertigkeiten und Fähigkeiten sind das Eine, und jetzt kommt das Wichtigste: Schlechte Erfahrungen sind

---

[4] Zitat - Charpentier, Annette (2008): S. 163.

das Andere. Vorbelastete Frauen tragen „Altlasten“ Ihnen unbekannten Ausmaßes mit sich und diese schränken sie teilweise erheblich ein. Überlegen Sie sich genau, was das für Sie und Ihren Kurs für eine Bedeutung haben kann: Schlechte und speziell vielleicht sogar massive Gewalterfahrungen bei Ihren Kursteilnehmerinnen müssen bei Ihrer Planung unbedingt eine Rolle spielen. Sie können nicht wissen, wer von den TN vorbelastet ist und die Allerwenigsten werden Ihnen dies auf die Nase binden, selbst wenn Sie nachfragen. Mit etwas Glück erkennen Sie die Betroffenen selbst, ohne dies zunächst anzusprechen. Wenn Sie ein guter Beobachter sind, wird Ihnen das ein oder andere Verhalten auffallen oder ungewöhnlich erscheinen. Wie Sie damit umgehen können, erfahren Sie später. Hier soll es zunächst darum gehen, Sie für diese Problematik zu sensibilisieren. Denken Sie einfach einmal in Ruhe darüber nach, welche Fragen diese Problematik für Sie aufwerfen kann. Wir möchten Sie zu folgenden weiteren Überlegungen anregen. In unseren bisherigen Kursen, die jeweils mit vierzehn bis sechzehn TN ausgebucht bzw. überbucht waren, lernten wir pro Kurs im Durchschnitt etwa drei Frauen mit zum Teil ernsteren Vorerfahrungen kennen. Dass dem so war haben wir meist auf unterschiedliche Weise und oft erst im Laufe des Kurses erfahren. Das war insbesondere dann der Fall, wenn Frauen verschiedene Übungen nicht mitmachen wollten oder währenddessen plötzlich erhebliche Stresssymptome zeigten.

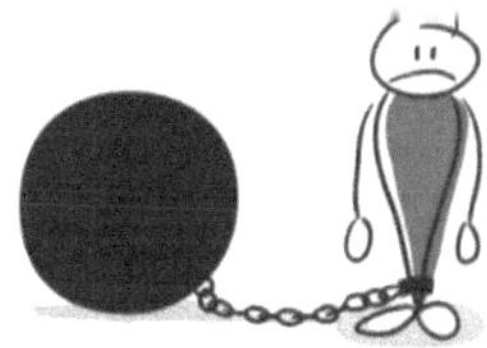

Kommt es dazu, dass eine Frau von sich aus etwas zu ihren Gewalterfahrungen sagt, gehen Sie grundsätzlich davon aus, dass Sie nur sehr wenig von dem erfahren was wirklich war. Man kann dies mit dem Eisberg-Phänomen vergleichen. Demnach ist von einem im Meer treibenden Eisberg nur ein Achtel erkennbar, das aus dem

Meerwasser heraus ragt. Die restlichen sieben Achtel sind von der Wasseroberfläche aus unsichtbar. Das lässt sich in ähnlicher Weise auf die Vorerfahrungen der Frauen übertragen. Einer unbekannten Person wird die betroffene Frau aller Wahrscheinlichkeit nach nicht beim ersten Kursabend erzählen, was ihr widerfahren ist. Das muss sie auch gar nicht aber für Sie ist es wichtig zu wissen, ob eine Frau solche Erfahrungen, welcher Art auch immer, gemacht hat.

„Das Gehirn lernt schnell und verlernt langsam." (André / Légéron[5])

Stellen Sie sich vor Kursbeginn die Frage, wie viel Sie dazu wissen wollen und wie Sie insbesondere mit einer solchen TN umgehen wollen. Belasten sehr private Informationen über Gewalterfahrungen und der Umgang mit solchen Frauen Sie selbst? Sind Sie in der Lage, damit professionell umzugehen? Welche Erfahrungen haben Sie diesbezüglich bereits gesammelt?

Berücksichtigen Sie, dass aus solchen Vorerfahrungen Ängste resultieren können. Diesen werden sich Ihre TN zwangsweise stellen müssen, wenn Sie den Kurs erfolgreich absolvieren wollen. Dies stellt eine Konfrontation dar, die manchmal bewusst und manchmal unbewusst in Kauf genommen wird. Frauen mit Gewaltvorerfahrungen haben uns berichtet, dass sie:

➔ sich entweder der Konfrontation zunächst nicht so sehr bewusst waren, sondern einfach mit dem Ziel teilnahmen, sich

[5] Zitat - André / Légéron (2001): S. 55.

wehren zu können und dabei „kochten Emotionen plötzlich wieder hoch".

➔ absichtlich als eine Art „Mutprobe" die Konfrontation gesucht haben, um Jahre Zurückliegendes aufzuarbeiten und sich gezielt der Situation zu stellen um zu sehen, wie weit ihnen dies gelungen ist.

Beide Formen der Konfrontation können problematisch werden. Das unbewusste „in-Kauf-Nehmen" kann dazu führen, dass eine TN plötzlich von Stress, Angst oder Panik (siehe auch Kapitel 4.3) „überrollt" wird und dies vor Ort im Beisein der TN und Ausbilder verarbeitet werden muss. Aber auch die bewusste Konfrontation kann zu Problemen führen, weil die Frauen sich der Auseinandersetzung mit Vergangenem gewachsenen glauben. Aus dieser „Schein-Sicherheit" kann es jedoch im Hochstress passieren, dass die TN nicht adäquat reagiert und sich deshalb als „Verliererin" erlebt, begleitet von unangenehmen Symptomen der Angst (siehe auch Kapitel 4.3) und möglicherweise mit einer Retraumatisierung als Folge. Wir haben diesbezüglich Erfahrungen gemacht, was passieren kann, wenn eine Frau eine Konfrontation erzwingen wollte, welche dann unerwartet in eine Panikattacke umschlug, bei der die Betroffene fluchtartig aus dem Schulungsraum und auf die offene Straße rannte, um ihren PKW zu erreichen, der dort auf dem Gehweg abgestellt war.

Aus diesen negativen Erfahrungen haben wir gelernt und für unsere FSV-Kurse abgeleitet, dass wir vor oder nach Übungseinheiten keine individuelle Konfrontation von TN durchführen, auch wenn dies ausdrücklich von einer Frau eingefordert wird. Die individuelle seelische Gesundheit unserer TN ist uns zu wichtig und wir wollen sie nicht aufs Spiel setzen, weil wir dafür nicht ausgebildet sind. Das Risiko nicht kontrollierbarer psychischer Belastungen ist uns zu hoch.

Sie müssen also wissen wie viel sie sich als Ausbilder und den Frauen zumuten wollen oder ob Sie die Teilnahme solcher Frauen ablehnen. Möchten Sie vorbelastete TN ausbilden, gehen Sie vorsichtig an solche Herausforderungen heran. Lassen Sie die Finger weg davon, wenn sie nicht hundert Prozent sicher sind, dass Sie dies professionell beherrschen. Es geht immer um nichts Geringeres als die seelische Gesundheit ihrer TN und nicht darum sich zu profilieren! Erkennen Sie Probleme und verweisen Sie notfalls auf therapeutische Hilfsangebote.

Aus den negativen Vorerfahrungen resultierende Ängste werden diese Frauen im FSV-Kurs begleiten. Machen Sie sich Gedanken um den Umgang mit Angst in Ihrem Kurs, nicht nur hinsichtlich Ihres Umgangs mit Betroffenen und deren Angstreaktionen, die Sie vielleicht in manchen Situationen nicht nachvollziehen können, sondern im Hinblick auf die Frage, wieviel Sie zum Thema Angst als Lerninhalt in Ihren Kurs aufnehmen möchten. Angst zählt zu den Basisemotionen und Emotionen haben in SV-Workshops in unterschiedlichen Zusammenhängen eine wichtige Bedeutung.

„Durch Emotionen beziehen sich Menschen aufeinander und verhalten sich zueinander. Sie sind der Motor, der das Zusammenleben möglich macht und in Bewegung hält." „(…) Bindung und Beziehung sind ohne Affekte,

Emotionen und Gefühle nicht denkbar." (Nicolaisen[6])

Unsere Kursteilnehmerinnen erfahren etwas darüber, wie sich Angst zeigt und wie der Körper reagiert. Wir versuchen ihnen dabei zu helfen, sich selbst und ihren Körper zu verstehen und oftmals hören wir dann ein erlösendes „Ja, das habe ich so schon erlebt!". Das ist Ihre Chance, den TN zu zeigen, wie wichtig es Ihnen ist, Ihre TN und ihre Nöte und Ängste ernst zu nehmen. Gehen Sie selbst professionell mit dieser Thematik um oder haben Sie noch Nachholbedarf? Die Ängste der Betroffenen stellen besondere Anforderungen an Sie als Ausbilder (siehe Kapitel 3). Machen Sie sich im Vorfeld Gedanken darum, wie Sie darauf reagieren wollen. Sie beantworten bitte für sich alleine die Frage, ob dies für Sie eine Bereicherung im Kurs oder eben eine Belastung darstellt. Diese Frage können Sie nur für sich selbst beantworten, da nur Sie und niemand anderes Ihren Kurs leiten werden. Diese Verantwortung können und wollen wir Ihnen nicht abnehmen. Der Ausbilder muss es sich zutrauen und sollten Sie der Schulleiter oder Chef-Trainer sein, so besprechen Sie sich mit Ihren Mitarbeitern, denn nur diese entscheiden, was sie sich selbst zutrauen. Dementsprechend werden die TN-Voraussetzungen festgelegt oder Sie müssen entsprechend erfahrene Ausbilder einsetzen.

1.2.3 Sprachfertigkeiten

Was die Sprachfertigkeiten anbetrifft, ist dies für uns nur von Bedeutung, wenn es keine gemeinsame Sprache zwischen TN und

[6] Zitat - Nicolaisen, Torsten (2013): S. 21.

Ausbilder gibt. Dies kann zum Beispiel die Muttersprache bzw. die Sprache, in welcher der Kurs gehalten wird, betreffen. Bedenken Sie etwaige Verständigungsprobleme bei der Integration von TN, die Ihre Sprache nicht oder nur unzureichend verstehen. Auf welche Weise Sie hier Integration ermöglichen können, liegt an Ihnen und den gegebenen Rahmenbedingungen. Sollten Sie Ihren Kurs alleine abhalten, ohne Assistenztrainer, so berücksichtigen Sie bitte, dass der Zeitaufwand immens ist, wenn Sie im laufenden Unterricht Ihre Aufmerksamkeit zu einem Großteil auf die TN richten müssen, die Sie nicht richtig verstehen. Somit kommen die anderen TN möglicherweise erheblich zu kurz. Ungleichgewichte können die Lernatmosphäre beeinträchtigen. Die Frage, inwieweit Sie zukünftig solche Probleme mit der Sprache lösen können und wollen, sollten Sie in einer ruhigen Minute für sich selbst beantworten – noch bevor Sie einen neuen Kurs ausschreiben und bewerben. Möglicherweise kann ein Assistenztrainer mit den benötigen Fremdsprachenkenntnissen zur Lösung Ihres Problems beitragen. Das Sprachverstehen ist für die Betroffene dann nur die erste Hürde, denn den Kursinhalt müssen sich alle ob mit oder ohne Sprachproblemen erarbeiten.

Außerdem kann man die Sprachfertigkeit auf die Sprachschicht bzw. Sprachebene beziehen. Wenn der Ausbilder in einem den TN nur schwer verständlichen „Fachchinesisch“ spricht und gehäuft Fachwörter, zum Beispiel aus der Kampfkunst- oder Kampfsportszene benutzt, welche den TN nicht bekannt sind, dann können die Aspekte Sprache und Verständnis auch eine Rolle spielen. Achten Sie darauf, die Ihnen selbstverständlich von den Lippen gehenden Fachwörter zu erklären um für absolute Laien verständlich zu bleiben. Reduzieren Sie allgemein den Gebrauch einer Fachsprache, wenn Sie nicht vor Fachpublikum sprechen. Ansonsten sehen wir keinen Bedarf uns mit diesem Aspekt weiter zu beschäftigen.

1.2.4 Sozialisation

Die Sozialisation und die Bereitschaft der TN zur Kooperation spielen eine Rolle bei Ihrem Bemühen, für eine gute Lernatmosphäre zu sorgen. Die TN dürfen dahingehend nur das Beste von Ihnen erwarten, jedoch obliegt es Ihnen natürlich keinesfalls allein, sie zu gestalten. Alle, nicht nur der Ausbilder, haben hier eine Mitverantwortung dafür, dass die Lernatmosphäre als angenehm erlebt wird. Wenn alle bereit sind, sich für ein gutes Lernklima einzusetzen, dann kann dies gelingen. Quertreiberinnen, chronische Besserwisserinnen und „Miese-Petras" müssen nötigenfalls sanft aber bestimmt von Ihnen darauf hingewiesen werden, was man von ihnen erwartet und was sie tun können um sich diesbezüglich zu integrieren. Dazu kann zum Beispiel gegenseitiges Helfen und Ermutigen gehören.

1.2.5 Bedürfnisse

Alle Menschen haben verschiedene Bedürfnisse und ihr Bestreben ist deren Befriedigung. So geht es natürlich auch Ihren Kursteilnehmerinnen. Um eine angenehme Kursatmosphäre zu gestalten, ist es lohnend hierauf einen Blick zu werfen. Wenn es Ihnen gelingt, zum Beispiel das Bedürfnis nach Sicherheit oder Anerkennung der Person zumindest teilweise zu stillen, dann fühlen sich die TN angenommen und es entsteht eine vertrauensvolle Basis im Umgang miteinander, was zu einer entspannten und damit angenehmen Trainingsatmosphäre führt. Unter „entspannt" verstehen wir kein lasches Üben, sondern eine Atmosphäre, die Raum bietet für vertrauensvolles Miteinander. Also lassen Sie uns als Nächstes einen genaueren Blick auf die Grundbedürfnisse werfen, die Sie mit Sicherheit zu einem großen Teil „bedienen" können. Aus unserer Sicht ist es für die Gestaltung einer vertrauensvollen Atmosphäre hilfreich, von der ersten Lerneinheit an den Frauen das „Du“ als Anredeform anzubieten und dadurch den Umgang miteinander aufzulockern.

Die Menschen haben verschiedene Bedürfnisse, welche sich in vier große Gruppen untergliedern lassen. Maslow[7] hat sie in der sogenannten Bedürfnispyramide zusammengefasst, an deren Basis die Grundbedürfnisse stehen.

Grundbedürfnisse – In der Basis der Pyramide sind die Grundbedürfnisse angeordnet, zu denen Essen, Trinken und Schlafen gehören.

Sicherheitsbedürfnisse – Sind die grundlegenden Bedürfnisse erfüllt, rücken die Bedürfnisse nach Sicherheit in den Fokus. Hierzu zählen zum Beispiel ein (sicherer) Arbeitsplatz und ein Platz zum Wohnen. Materielle Sicherheit ist ein wichtiges Bedürfnis, genauso wie Sicherheit und Schutz vor Gefahr und Krankheit. Sie sehen also, dass die Gesundheit und der Schutz vor Gefahr (für Leib und Leben) ein sehr wichtiges Bedürfnis, gleich nach Essen, Schlafen und Trinken ist.

Soziale Bedürfnisse – Zu ihnen zählen Freundschaften, die Zugehörigkeit zu einer oder mehreren Gruppen und Liebe.

Ich-Bedürfnisse – Maslow fasst hierunter alle Bedürfnisse zusammen, die mit Anerkennung und Geltung zu tun haben.

Selbstverwirklichung – An der Spitze der Bedürfnisse steht die Selbstverwirklichung.

---

[7] Abraham Maslow, US-amerikanischer Psychologe.

Erklärung der Pyramide: Die Menschen sind ihr Leben lang auf der Suche nach der Erfüllung all ihrer Bedürfnisse. Sobald die Grundbedürfnisse erfüllt sind, beginnen sich die Menschen an den Bedürfnissen der nächsthöheren Stufe zu orientieren. Die Erfüllung der Bedürfnisse erfolgt nicht ausschließlich nacheinander, sondern teilweise sich überschneidend. Es ist möglich, dass eine Person einen stabilen Freundeskreis hat, aber ihr Wohnraum plötzlich in Gefahr ist (zum Beispiel durch eine nicht vorhersehbare Kündigung). Der Wohnraum ist ein Sicherheitsbedürfnis während der Freundeskreis auf der Stufe darüber angesiedelt ist. Das Bedürfnis nach Sicherheit spielt in unserem Fall eine zentrale Rolle. Hier ist vor allem die körperliche und seelische Unversehrtheit gemeint. Sie gehört ebenfalls zu den grundlegenden Bedürfnissen, wenn auch nicht zu den Grundbedürfnissen. Wenn diesbezüglich Unsicherheiten bestehen, weil etwa die Angst vor blöder Anmache, Belästigung oder gar körperliche Gewalt eine Rolle spielen, dann ist ein Grundbedürfnis nicht oder nur unzureichend befriedigt. Das Angebot eines FSV-Kurses ist im Prinzip nichts anderes als eine Option, durch eigenes Handeln (nämlich die Teilnahme an einem FSV-Kurs) etwas für mehr eigene Sicherheit zu tun. Neben dem Hauptbedürfnis nach Sicherheit bezüglich der körperlichen Unversehrtheit, möchten die TN während des Kurses natürlich in die Gruppe der TN integriert sein, womit dann ein soziales Bedürfnis erfüllt werden soll. Hierfür sind bis zu einem gewissen Grad Sie als Ausbilder zuständig. Sie schaffen und fördern eine Atmosphäre in der Gruppe, die von Respekt und Rücksicht gekennzeichnet und von Vertrauen geprägt ist. Die TN erwarten im Kurs den Schutz der körperlichen und seelischen Unversehrtheit. Daher sollen Übungen so angelegt sein, dass das Verletzungsrisiko für Körper und Seele gering ist. Dem tragen Sie mit durchdachter Unterrichtsplanung Rechnung.

Je intensiver Sie sich mit den Bedürfnissen der Kundinnen auseinander setzen, umso mehr Bereiche werden Ihnen auffallen, für die Sie sich mitverantwortlich fühlen können. So zählt die Anerkennung zu den Bedürfnissen, die im Kurs erfüllt werden können und zwar maßgeblich von Ihnen. Sie geben den TN Rückmeldungen und anerkennen ihre Leistungen. Das tun Sie individuell, indem Sie die TN loben für gute Leistungen. Die Anerkennung einzelner Leistungen durch die Gruppe trägt ihren Teil dazu bei, dass sich TN wohl und geachtet beziehungsweise wertgeschätzt fühlen. Aber es gehört noch viel mehr dazu. Vertrauen und sich anvertrauen haben etwas mit Schutz und Sicherheit zu tun. Sie gestalten durch Ihr Auftreten und Ihre Kompetenzen den Kurs und die Frauen entwickeln ein Gespür dafür, ob und wie weit sie sich Ihnen anvertrauen und sich sicher fühlen können. Strahlen Sie Ruhe, Souveränität und Sicherheit aus, überträgt sich dies nach und nach auf die TN. Verfügen Sie über solche Qualitäten, dann sind Sie im Besitz von sogenannten Führungskompetenzen, also das, was eine Person dazu befähigt, Gruppen und Kurse zu leiten. Darüber können Sie im dritten Teil des Buches mehr erfahren.

„(...) Bindungen, Verwurzelung und Halt, die wir bei anderen finden“, sind „eine Quelle der Sicherheit und Zufriedenheit.“ (André / Légéron[8])

---

[8] Zitat - André / Légéron (2001): S. 92.

Gerade Frauen, die einen Selbstverteidigungskurs besuchen, haben aller Wahrscheinlichkeit nach ein erhöhtes Bedürfnis nach Sicherheit. Sonst würden sie ja keinen Kurs in Sachen Selbstbehauptung und Verteidigung bei Ihnen buchen. Was gehört nun dazu, wenn man ein besonderes Sicherheitsbedürfnis hat? Sicherheit in welchen Belangen? Wichtig ist hierbei zwischen verschiedenen Sicherheitsbedürfnissen zu unterscheiden. Einerseits suchen die TN jene Sicherheit, die sie in Ihrem Kurs erfahren durch das Entwickeln von Fähigkeiten und Fertigkeiten, die sie im Idealfall dazu befähigen, sich in einer gefährlichen Situation zielgerichtet zu verhalten. Andererseits wünschen die TN sich Sicherheit im Training bzw. im Kurs selbst: Schutz vor Verletzung, Sicherheitsregeln, die mögliche Verletzungen (welcher Art auch immer, die seelischen eingeschlossen) reduzieren bzw. ausschließen. Schutz und Sicherheit möchten die TN dahingehend erleben, dass sie im sogenannten „sicheren Rahmen" lernen können. In unserem Fall haben wir Nachforschungen angestellt, was die TN denn darunter verstehen. Das Ergebnis unserer Befragung war für uns bedeutsam: Sie wünschten sich einen Raum, der frei von fremden Männern und allgemein frei von Zuschauern ist. Zudem gehört für sie zu einem „geschützten Raum" die Möglichkeit Schwächen zeigen zu dürfen, wenn ihnen danach ist. Viel positives Feedback erreichte uns dahingehend, dass die TN sich bei uns immer sicher sein konnten, dass jede Form von gezeigten Emotionen, so wie sie auftraten, ernst genommen und akzeptiert wurden. Wir haben betroffenen TN immer wieder versichert, dass Gefühle dazu gehören und wir ihre jeweilige Situation respektieren und berücksichtigen. Ebenso durften sie sich vom ersten Moment an sicher sein, dass alles, was bei uns im Kurs besprochen wird, unter vier Augen, nicht nach außen getragen wird. Das

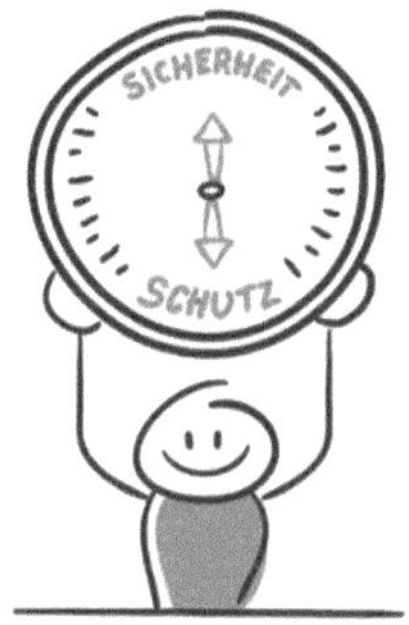

haben wir bisher stets zu Beginn jeden Kurses so kommuniziert (siehe auch 1.13.2).

Schließlich gehörte für viele unserer TN die Sicherheit dazu, dass sie jederzeit ohne Angabe von Gründen bei einer Übung „passen“, sprich aussetzen dürfen, und dass sie sich niemals deswegen schämen müssen. Als angenehm wurde uns ebenfalls rückgemeldet, dass man sicher sein konnte, niemals vor der Gruppe reden musste, wenn man das nicht wollte. Das macht also bei unseren Kursen eine zwanglose Atmosphäre aus. Sie sehen, zwanglos und sicher, sind zwei Attribute, die Ihren Kurs attraktiv machen, ohne, dass Sie sich dafür besonders anstrengen müssten. Natürlich wünschen Sie sich, dass möglichst alle TN alle Übungen mit machen und niemand vom Rand aus zuschaut. Aber da die Kundinnen Ihren Kurs bezahlt haben und sie freiwillig hier sind, werden Sie die Entscheidungen zu „passen“ oder eine Pause zu machen, akzeptieren müssen. Lassen Sie die Verantwortung der TN für ihr Handeln bei den TN. Jede Frau ist für sich selbst verantwortlich und das ist eine ganz wichtige Erkenntnis! Auch Sie sind schließlich für sich selbst verantwortlich.

Jede Entscheidung üben zu wollen oder nicht, hat Konsequenzen. Diese müssen die TN tragen. Macht eine TN zum Beispiel ein Rollenspiel nicht mit, so wird sie ihre Handlungskompetenz in Sachen Selbstbehauptung und Selbstverteidigung nicht so erweitern können, wie es laut Ihrer Kursplanung möglich sein kann. Gehen Sie auf solche zögerlichen Frauen zu und fragen Sie nach, was sie mit dem Besuch Ihres Kurses wirklich erreichen will. Lautet die Antwort nun, sich behaupten und verteidigen zu lernen, dann kommt sie um Szenario-Training bzw. Rollenspiele nicht herum. Die Kompetenzen bezüglich Selbstbehauptung und Selbstverteidigung entwickeln sich nicht nur durch die Rezeption dessen, was Sie im Kurs erklären, sondern vor allem durch das eigene Handeln und dies kann in FSV-Kursen vor allem durch vorwegnehmende, also präventive Szenario-Trainings entwickelt werden.

Für Ausbilder sollte es eine Selbstverständlichkeit sein, darauf zu achten. Aber kommunizieren Sie diese Sicherheiten zu Beginn Ihres Kurses?

Ein weiterer Aspekt, der zu einem gesteigerten Gefühl von Sicherheit führt, liegt in der Transparenz, für die alleine Sie verantwortlich sind. Transparenz bedeutet für Sie in diesem Fall, dass Sie Ihren Kursteilnehmerinnen viele Informationen zum Kurs und dem allgemeinen Ablauf zur Verfügung stellen. Dies muss ja nicht gleich alles auf einmal in einem „Informationsschwall" über den TN nieder gehen aber wenn es Nachfragen gibt, zum Beispiel persönliche Nachfragen am Ende eines Moduls, dann stellen Sie ihnen die für sie wichtigen Informationen bereitwillig zur Verfügung. Gerade unsichere Frauen sind oft dankbar für etwas mehr Informationen, zum Beispiel, was sie im Folgenden in einem Szenario-Training erwartet. Für Sie mag dies alles uninteressant, weil selbstverständlich erscheinen und nach außen wirken die TN nicht immer unbedingt alle „informationshungrig" aber wir haben die Erfahrung gemacht, dass in jedem Kurs einige Frauen dabei sind, denen es umso besser geht, je mehr sie im Detail wissen, weil Transparenz Sicherheit gibt. Dieses „Mehr-Wissen" gibt das Gefühl von mehr Sicherheit, weil die TN dann besser abschätzen können, was sie erwartet. Das reduziert zumindest im Einzelfall ein wenig die Erwartungsangst, die Angst vor Überforderung und Unbekanntem.

Doch wie stellen Sie es nun an, dass Sie dem Kurs einerseits nur die nötigen Informationen, am besten in gut zu bewältigenden mundgerechten „Häppchen“ anbieten (im Idealfall immer nur so viel Information, wie in dem aktuellen Augenblick notwendig) und andererseits den „Informationshunger“ der unsicheren TN stillen. Sie müssen einen goldenen Mittelweg finden, um diese Anforderung zu meistern. Schließlich haben Sie es in der Hand, wie Sie es mit der Transparenz halten wollen. Sie werden im Laufe des Buches sehen, dass hier wieder ein goldener Mittelweg und viel Flexibilität bezogen auf die Individualität der TN eine gute Mischung bringt, so dass alle ihren Spaß haben werden.

1.2.6 Lerntypen & Lernarten

Die Bedingungen, unter denen Lernen stattfinden kann, kennen Sie nun. Aber damit noch nicht genug! Verschiedene Experten haben sich mit den unterschiedlichen Arten des Lernens auseinander gesetzt. Unter anderem zählt zu ihnen Robert M. Gagné[9]. Er hat **acht verschiedene Arten des Lernens** klassifiziert. Diese werden unter anderem von Götz und Häfner vorgestellt:

- Signallernen
- Kettenbildung
- Diskriminationslernen
- Regellernen
- Reiz-Reaktions-Lernen
- Sprachliche Assoziation
- Begriffslernen

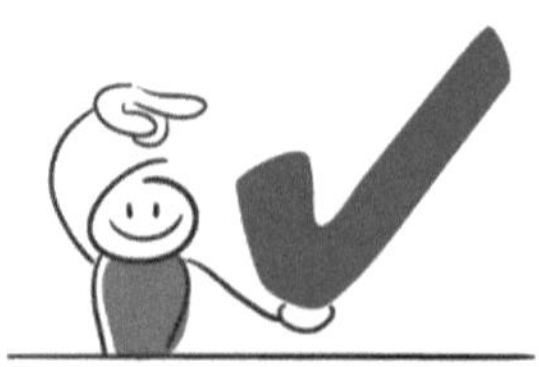

[9] Robert Mills Gagné, US-amerikanischer Pädagoge und Psychologe.

- Problemlösendes Lernen.

Natürlich werden nicht alle acht Arten des Lernens gleichermaßen in Ihren Kursen stattfinden aber wenn Sie sich bewusst machen, wie Lernen funktioniert, dann wird es Ihnen leichter fallen Ihren Unterricht entsprechend „lernfreundlich“ zu gestalten. Es ist uns an dieser Stelle nicht möglich auf alle Arten des Lernens einzugehen, denn dieses umfangreiche Thema ist bücherfüllend. Wir empfehlen Ihnen, sich bei Interesse zum Beispiel im Buch von Götz und Häfner oder in anderen Fachbüchern einzulesen. Zwei Lernarten haben wir im Folgenden hervorgehoben und praktisch auf Lernsituationen in unseren FSV-Kursen angewendet. Erst aus dem Verständnis für die unterschiedlichen Arten des Lernens und für die Lernbedingungen sind Sie in der Lage, daraus Konsequenzen für Ihre Unterrichtsgestaltung und die Gesamtplanung der Kurse zu ziehen.

Der Mensch erwirbt die Fähigkeit, komplexe Abläufe in einzelne Handlungsschritte zu untergliedern, die wie Perlen einer Kette nach einander folgen. Man nennt dies **Kettenbildung**. Komplexe Abläufe gelingen nur dann im Training, wenn die Übenden in die Lage versetzt werden, die notwendigen Einzelschritte in der richtigen Reihenfolge ablaufen zu lassen. Im Zuge der Lernprozessunterstützung beachten Sie bitte, dass Ihre sprachlichen Anleitungen zeitgleich beziehungsweise zeitnah und in der richtigen Reihenfolge mit den einzelnen Handlungsschritten erfolgen sollen. Kommentieren Sie die einzelnen Bestandteile der Kettenbildung und unterstützen Sie so das Erlernen von Handlungsabläufen. Kommentieren Sie also beispielsweise jeden Einzelschritt bei dem korrekten Fall zu Boden gegen ein Beinstellen von vorne.

Das **Regellernen** ist deswegen bedeutsam, da auch in FSV-Kursen einfache Regeln (für zielführendes Verhalten) vermittelt werden. Eine Regel lautet zum Beispiel „Ist der Weg frei, stoße vor!". Sie gehört zu den Prinzipien des Wing Tsun. In unseren FSV-Kursen gilt sie ebenfalls. Wenn der Weg zu den Augen frei ist, werden sie im Rahmen einer Verteidigungshandlung angegriffen. Kann eine Frau diese Regel nur verbal wieder geben und sie nicht anwenden, so hat sie nur die sprachliche Regel, gewissermaßen eine verbale Hülle, erlernt, nicht aber die Umsetzung der Regel in der Praxis. Erst wenn die Frau in der Lage ist, im Zuge einer Verteidigungshandlung tatsächlich die Augen des Angreifers mit einem Fingerstich zu attackieren, hat sie diese Regel verinnerlicht.

Ihre Festlegung, welchen Lernarten Sie in Ihrem Kurs den Vorzug geben, sollten sie nicht als starre Entscheidungen handhaben, sondern als eine Entscheidung, die Sie zunächst für diesen einen aktuellen oder geplanten Kurs ansehen. Lassen Sie zu, dass Sie aus neuen Erfahrungen erneut Konsequenzen ziehen. Beziehen Sie den Umstand mit ein, dass die TN von Kurs zu Kurs verschieden sind und Lernvoraussetzungen mitbringen, die unterschiedlicher kaum sein könnten. Ihre Kunden sind keine homogene Masse und Sie werden niemals alle TN „über einen Kamm scheren können". Folglich braucht es von Ihrer Seite aus die Fähigkeit, bereits in der Vergangenheit gezogene Konsequenzen flexibel zu handhaben. Wenn Sie wissen, wie Lernprozesse stattfinden, wird es Ihnen leichter fallen, entsprechend gute Lernarrangements zusammenzustellen.

Abschließend sei noch auf das kooperative Lernen hingewiesen, was sehr wünschenswert ist. Kooperative Lernformen fußen darauf, dass sich Menschen zunächst mit einem Problem beziehungsweise Thema alleine oder bei uns paarweise auseinander setzen. Nach einer Erarbeitungszeit geht die Arbeit des Einzelnen über in eine Austauschphase, in der Lernpaare oder bei uns Lerngruppen gebildet werden. Es kommt zum Austausch über die vorangegangenen Prozesse des Lernens und es werden Erkenntnisse in der Gruppe gewonnen, da sich alle Beteiligten einbringen. Die letzte der drei Phasen des kooperativen Lernens ist die Präsentation und Besprechung der Lernergebnisse der jeweiligen Gruppen.

1.2.7 Medienpräferenz

Wenn Sie wissen, welche Medien Ihre TN bevorzugen, dann eröffnet Ihnen dies ein breites Handlungsfeld, auf dem Sie sich bei der Unterrichtsgestaltung bewegen können. Es ist schwer, diese ohne genaues Nachfragen und Beobachten herauszufinden. Sollten Sie jedoch bei Einzelnen mitbekommen, welche Lernmedien bevorzugt werden, können Sie dies berücksichtigen. Verschiedene Wege werden sich öffnen und andere wiederum werden sich verschließen, wenn ein Medientyp zum Beispiel nicht einsetzbar ist. Eine Volksweisheit sagt aber nicht umsonst, dass sich dort, wo sich die eine Tür schließt, sich eine neue öffnet. Deswegen möchten wir Sie ermuntern nach neuen Wegen zu suchen, falls sich eine Tür vor

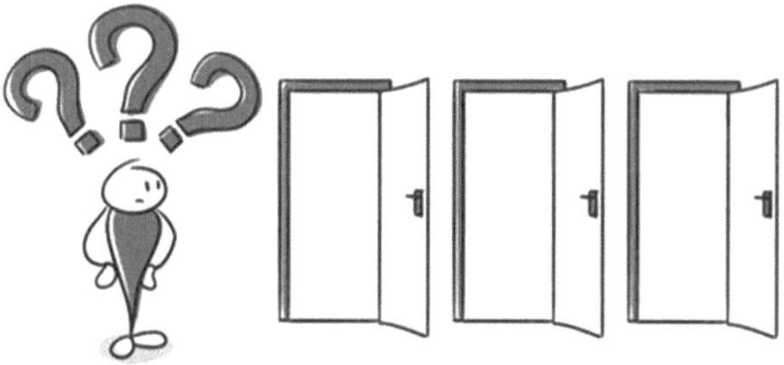

Ihnen verschließt. Der letzte Buchteil bietet Ihnen unterschiedlichste „Türen", ob sie sich für Sie öffnen oder schließen, entscheiden Sie aber erst nach Ihrer didaktischen Analyse.

Wann haben Sie selbst zuletzt ernsthaft etwas gelernt? Auf welche Weise behalten Sie Dinge besonders gut? Fällt Ihnen das Zusehen und Nachahmen leichter, können Sie mit Hilfe von Notizen oder besser unter Zuhilfenahme von Modellen lernen? Sie werden feststellen, dass diese Fragen gar nicht so einfach aus dem Stand heraus zu beantworten sind. Sie werden vermutlich erst einmal nachdenken müssen, auf welche Weise Sie besonders effektiv lernen. Dazu müssen Sie sich fragen, welche Lernkanäle Sie bevorzugt nutzen.

Auditive Lerner bevorzugen das Hören beim Lernen. Sie sprechen zu lernende Vokabel oder Jahreszahlen laut oder halblaut vor sich hin. Sie können sich Dinge dann besonders gut merken, wenn darüber gesprochen wird und deswegen können sie einem Unterrichtsgespräch, bei dem ein Ausbilder über Dinge berichtet, besonders gut folgen.

Kinästhetische Lerner brauchen Bewegung beim Lernen. Still stehen oder sitzen hemmt sie in ihrer Lernleistung. Vormachen und dann selbst ausprobieren oder Nachmachen dürfen, sind die Wege, über die sie am besten lernerische Erfolge erzielen. Dazu zählen zum Beispiel auch das Auf- und Ablaufen beim Vokabeln lernen in der Schule.

Haptische Lerntypen be-„greifen" das zu Lernende am allerbesten, wenn sie die Möglichkeit bekommen Unterrichtgegenstände anfassen zu dürfen, zum Beispiel Trainingsmesser erst in die Hand nehmen und „untersuchen". Fühlen und Begreifen sind Zugänge, die fast ausschließlich beim praktischen Arbeiten mit Unterrichtsmaterialien bedient werden können.

Visuelle Lerntypen nehmen den Großteil ihres Wissens durch Ansehen und Lesen auf. Wissen, das in Schriftform vermittelt wird, bleibt besonders gut im Gedächtnis.

Sie sollten zu den Lerntypen und ihrer Art Wissen aufzunehmen noch wissen, dass es meistens so ist, dass beim Lernen mehrere Kanäle genutzt werden. Die jeweilige Nutzung ist jedoch unterschiedlich ausgeprägt. In Ihrem SV-Kurs werden Sie nun mit verschiedenen Lerntypen zu tun haben. Dies gestaltet die Wahl der Lernmittel und Lernwege samt Unterrichtsgestaltung zunächst anspruchsvoll, da Sie im Grunde ja versuchen müssen, möglichst viele Lernkanäle anzusprechen. Darin sehen wir aber Ihre große Chance auf spannenden Unterricht. Wenn Sie nämlich gezwungen sind verschiedene Lernwege anzubieten und Ihr Vorgehen an den aktuellen Bedürfnissen Ihrer Kunden ausrichten, dann erreichen Sie eine Vielfältigkeit, die für fast jede TN die Möglichkeit bietet den bevorzugten Lernzugang zu nutzen. Welche Lernformen und Unterrichtmethoden sich in SV-Kursen anbieten, können Sie später nachlesen.

Dass jeder Kurs bezüglich der Lerntypen-Zusammensetzung verschieden ist, dürfte nicht überraschen. In einem unserer Kurse wurden wir gleich nach dem ersten Theorieteil am ersten Abend von wenigstens fünf Frauen gefragt, ob wir Ihnen den Inhalt der Theorie schriftlich als Informationsheft zur Verfügung stellen können. Hier hatten sich also die visuellen Lern-Typen zusammen getan.

1.2.8 Handicaps

Handicaps als mögliche Voraussetzung von TN sollten unserer Ansicht nach ebenfalls berücksichtigt werden. Hier sollen Sie alle Einschränkungen berücksichtigen, die von Ihnen und oder Ihren Assistenzausbildern besondere Aufmerksamkeit fordern. Diese beziehen sich in den allermeisten Fällen auf eine Beeinträchtigung der körperlichen Unversehrtheit. Eventuell sollten Sie es in Erwägung ziehen, speziell nach Erkrankungen Ihrer TN zu fragen, vielleicht im Zuge eines Anmeldeformulars. Für Ihr Handeln bei einem Notfall kann es wichtig sein zu wissen, wenn eine TN zum Beispiel an Diabetes oder Asthma leidet. Wollen Sie diese Information nicht mittels Fragebogen erheben, bleibt Ihnen noch die Möglichkeit zu Kursbeginn darauf zu verweisen, dass betroffene TN ihren Ausbilder kurz in einem Vier-Augen-Gespräch oder einer E-Mail auf etwaige Einschränkungen hinweisen mögen, zu ihrem eigenen Schutz bei einem Notfall. Diesbezüglich haben wir daraufhin ausschließlich positive Rückmeldung bekommen. Es tut dem Sicherheitsbedürfnis der TN im Übrigen gut, wenn sie wissen, dass man ihrer Gesundheit und Unversehrtheit einen hohen Stellenwert im Kurs beimisst.

Selbstverständlich können und sollen TN mit Rollstuhl an solchen Kursen teilnehmen, sofern dies räumlich möglich ist und ihr Handicap sie nicht so sehr einschränkt, dass die Risiken gegenüber dem Nutzen überwiegen. In solchen Fällen sollten Sie sich nicht scheuen, mit der TN ins Gespräch zu kommen, idealerweise vor Kursbeginn und mit ihr zusammen erörtern, welche Möglichkeiten es gibt und welche Unterstützung von Ihnen oder anderen Personen notwendig sein wird. Danach überlegen Sie sich in aller Ruhe, ob eine Teilnahme an Ihrem Kurs sinnvoll erscheint und ermöglicht werden soll oder nicht. Dies ist eine besondere Herausforderung, doch solche Herausforderungen können gemeistert werden. Unsere Erfahrung hat uns gezeigt, dass eine völlig erblindete Frau durch die Mithilfe anderen TN und einer guten Freundin einen Kurs vollständig besuchen und erfolgreich abschließen konnte. Besondere Herausforderungen erfordern besondere Maßnahmen aber letzten Endes müssen Sie sich mit Ihrer Entscheidung wohl fühlen. Tun Sie das nicht, wird der Kurs Ihre eigene Unsicherheit oder Unzufriedenheit schnell spüren.

Auch wenn körperliche Einschränkungen vorliegen, lässt sich der Aspekt der Selbstbehauptung (zum Beispiel die Wirkung von Körpersprache, Blick und Stimme) meist dennoch trainieren. Da die Selbstbehauptung der Selbstverteidigung voran geht und sehr bedeutsam ist, kann diese Säule im Kurs für die Betroffenen besonders wichtig. Wenn Gefahrenradar und Selbstbehauptung einen körperlichen Konflikt verhindern, ist dies ein gewonnener Kampf.

1.2.9 Kursgröße

Noch ein Wort zur Größe Ihres Selbstverteidigungskurses. Auf der einen Seite sollte der Kurs nicht allzu groß werden. Bei vierzehn bis sechzehn Teilnehmerinnen und einem Ausbilder-Team, das aus zwei Personen besteht, haben Sie ein sehr gutes personelles Verhältnis von Übenden zu Ausbildern. Bei dieser möglichen Konstellation können alle Frauen gut betreut werden. Es dauert nicht zu lange, bis die Trainer jede Frau bei einer Übung unterstützt haben und in einem solchen überschaubaren Kreis können sich auch andere Möglichkeiten der Unterrichtsgestaltung umsetzen lassen. Wir denken hier an all die teilnehmerorientierten Lernformen, wie zum Beispiel dem kooperativen Lernen.

Je mehr Teilnehmerinnen in einem Kurs mitmachen, umso anspruchsvoller ist das für die Ausbilder. Wir wollen nicht behaupten, dass bei gleichem Ausbilder-Team aber viel mehr Frauen im Kurs die Qualität sinken muss aber es besteht die Gefahr, dass die einzelne Frau nicht mehr so gesehen und betreut wird, wie es in einer kleineren Gruppe möglich ist. Zu diesem Zwecke finden bei uns zwei Frauenkurse parallel statt, der eine dienstags der andere donnerstags. Wir haben natürlich auch im Blickfeld, dass man mehr Geld erwirtschaften kann, wenn man möglichst viele Frauen zusammen in einen Kurs unterbringt. Wenn man jetzt noch bedenkt, dass von den angemeldeten Frauen meist nochmals welche krankheitsbedingt oder wegen fehlenden Interesses doch wieder absagen, kann man darüber nachdenken, die Maximalzahl auf zwanzig zu erhöhen. So haben Sie, wenn es gut läuft, auch nach vier Absagen noch immer sechzehn Teilnehmerinnen. Treffen Sie für sich und Ihre Kundinnen eine Entscheidung und experimentieren Sie gegebenenfalls bei einem weiteren Kurs mit der Teilnehmerzahl.

Als Ausbilder legen wir hohe Maßstäbe in Sachen Kundenbetreuung an. Die aus unserer Sicht maximale Teilnehmerinnenzahl für einen Frauenselbstverteidigungskurs liegt bei ca. 20 Personen.

Nun mögen unerfahrene Ausbilder vielleicht argumentieren, dass in einem regulären Trainingsbetrieb auch viel mehr Menschen miteinander trainieren. Da haben Sie zwar Recht aber bedenken Sie auch, dass diese Menschen auf Dauer zusammen trainieren und die Gruppe sich gut kennt. Das bedeutet unter anderem auch, dass Erfahrene den unerfahreneren Übenden helfen können, wenn der Trainer einmal nicht so viel Zeit haben sollte.

Dieser Aspekt fällt in einem Frauenkurs mit lauter unerfahrenen Frauen gänzlich weg. Der Zeitdruck, welcher in einem zeitlich engen Rahmen angelegt wird, führt zu Belastungen bei den Ausbildern. In kurzer Zeit soll möglichst viel gelernt und verbessert werden. Das alles liegt in der Hand der Ausbilder, die zusehen müssen, dass sie Zeit zum Vormachen, Kontrollieren und Vertiefen einplanen. Idealerweise hat jede Teilnehmerin eines Selbstverteidigungskurses mehrmals pro Termin direkten Kontakt mit einem Ausbilder,

der sich persönlich Zeit nimmt, ihre Fortschritte zu sehen. Bei über zwanzig Personen, die sich nur zehn bis zwölf Mal treffen, ist das eine nicht zu unterschätzende Herausforderung an den Ausbilder. Steht der Ausbilder in seinem Kurs alleine da, weil nicht wie bei uns im „Trainer-Tandem" unterrichtet wird, ist der Leistungsdruck sowieso erhöht.

1.3 Raum und Ort

In welchem Ort Ihr Kurs stattfinden soll, lässt sich noch relativ gut sagen. Der Kurs findet idealerweise in Ihrer Nähe statt, so dass Sie nicht weit zu fahren haben und der Standort andererseits gut für die Kundinnen erreichbar ist (Verkehrsanbindung und Infrastruktur, wie zum Beispiel Parkplätze). Des Weiteren kümmern Sie sich bitte rechtzeitig um einen Unterrichtsraum. Schauen Sie sich um, wenn Sie keine eigenen Räumlichkeiten Ihrer Schule, Ihrem Verein oder Ihrer Kampfkunstakademie nutzen können oder zur Verfügung gestellt bekommen. Ob Sie nun die Wahl eines geeigneten Raumes an der Teilnehmerzahl festmachen oder umgekehrt die Teilnehmerzahl an dem Ihnen zur Verfügung stehenden Raum anpassen, ergibt sich aus der Gesamtsituation, der Sie sich gegenüber gestellt sehen. Vielleicht haben Sie das Glück diesbezüglich über einen entsprechend großen Entscheidungsspielraum zu verfügen. Egal wie die Raumsituation aussieht: Stecken Sie deswegen nicht gleich den Kopf in den Sand, wenn die Räumlichkeit nicht Ihren Ansprüchen zu 100 % genügt. Ein guter Kurs lebt von den Menschen, die daran beteiligt sind und ein geeigneter Raum entscheidet sicherlich nicht ausschließlich darüber, wie wohl sich ihre TN fühlen und wie viel sie bei Ihnen lernen können. In unseren Augen stellen das Vorhandensein von Toiletten und Umkleidemöglichkeiten ein Mindestmaß bezüglich der Anforderungen an eine Lokation dar.

1.4 GESETZE UND LEHRPLÄNE

In den meisten Fällen dürften Sie nicht an Lehrpläne gebunden sein. Sind Sie in irgendeiner Weise an Lehrpläne gebunden, welche zum Beispiel durch Ihren Verein (durch Ihren Schulleiter) oder durch Sportverbände vorgegeben sind, müssen Sie sich zunächst einmal erkundigen, was Sie genau unterrichten müssen. Das hat für Sie den Vorteil, dass Sie sich selbst keine Gedanken um die Formulierung Ihrer Lernziele für den Kurs machen müssen. Andererseits mögen Sie sich vielleicht etwas eingeengt fühlen durch den starren, oft unflexiblen Rahmen eines Lehrplanes. Keine Sorge, so eng der Rahmen gesteckt sein mag, Sie werden auch unter diesen Umständen Mittel und Wege finden, dem Kurs Ihre Handschrift zu verpassen und sich selbst mit all Ihrem Wissen und Können einbringen. Da wir von Gesetzen und Lehrplänen reden, achten Sie natürlich bitte auf geltendes Recht. Geltende Gesetze, die Sie betreffen, berücksichtigen Sie selbstverständlich. Insbesondere, wenn Sie etwas zu aktuellen Straftatbeständen (StGB) erzählen, sollten Sie fachlich auf dem neusten Stand sein.

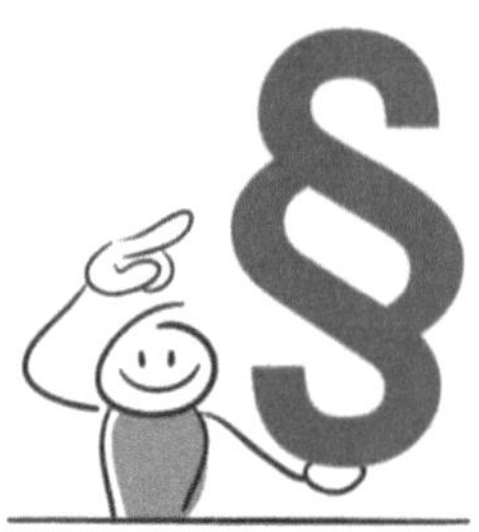

1.5 Lerninhalte – Das „Was?“ steht im Vordergrund

Für Frauenselbstverteidigungskurse gibt es sehr viele mögliche Lerninhalte, also das, was die TN in Ihrem Kurs lernen werden. Die Auswahl der Lerninhalte hängt von den verschiedenen Rahmenbedingungen ab, die Sie in diesem Kapitel kennen gelernt haben. Klären Sie zunächst, welche Voraussetzungen als „unveränderbar“ einzustufen sind. Das könnte beispielsweise der Umstand sein, dass Ihr Kurs nur als Wochenend-Kurs stattfinden kann. Dann passen Sie die anderen Voraussetzungen an die gegebenen Punkte an. Stehen Ihnen Assistenzausbilder zur Seite, können Sie anders planen, als wenn Sie den Kurs alleine leiten. Wenn alle diese Bedingungen geklärt sind, können Sie sich daran machen, die Lerninhalte auszuwählen. Oder aber sie zäumen das Pferd von hinten auf und legen als Erstes fest, welche Inhalte in Ihrem Kurs unterrichtet werden sollen und dann ordnen Sie alle anderen Bedingungen den Lerninhalten unter. Vielleicht möchten Sie einen Wochenend-Workshop zum Thema „Einsatz von Reizgas“ gestalten. Dann wählen Sie mögliche Lerninhalte aus und schreiben die anderen Rahmenbedingungen, wie zum Beispiel die exakte Dauer, Lernmittel (in diesem Fall zum Beispiel spezielles Übungs-Reizgas), die Örtlichkeit, die Teilnahme-Voraussetzungen sowie die Zahl der Teilnehmer fest.

Die gewählten Lerninhalte lassen sich beliebig intensiv behandeln. Versuchen Sie zu überlegen, für welchen Kundenkreis Sie den Kurs konzipieren und welche Voraussetzungen und Erwartungen die TN mitbringen werden. Logischerweise ist es etwas anderes, ob Sie einen SV-Kurs für die Mitarbeiterinnen des Arbeitsamtes anbieten, ob es sich um die Pflegekräfte einer Klinik oder um Rettungsdienstpersonal handelt oder ob Sie offene Kurse anbieten, bei denen sich Menschen treffen, die kein gemeinsames Arbeitsfeld haben.

Im zweiten Teil „Aus der Praxis für die Praxis“ haben wir Ihnen als Inspirationsquelle mögliche Lerninhalte aus den Bereichen Selbstbehauptung und Selbstverteidigung zusammengestellt. Leiten Sie daraus Lernziele und Kompetenzen ab, welche die Frauen bei Ihnen am Ende erreicht beziehungsweise erworben haben sollen.

1.6 LERNZIELE & KOMPETENZEN

Wenn Sie aus dem Lernzielkatalog Ihres Vereins oder Ihrer Schule auswählen, brauchen Sie sich selbst weniger Gedanken über die Definition von Lernzielen zu machen. Grundsätzlich überlegen Sie sich bitte, welche Lerninhalte Sie für so relevant halten, dass Sie sie unbedingt in Ihrem Kurs oder Workshop unterbringen wollen. Wir legen als Hauptziel für uns fest, dass wir die Selbstbehaup-

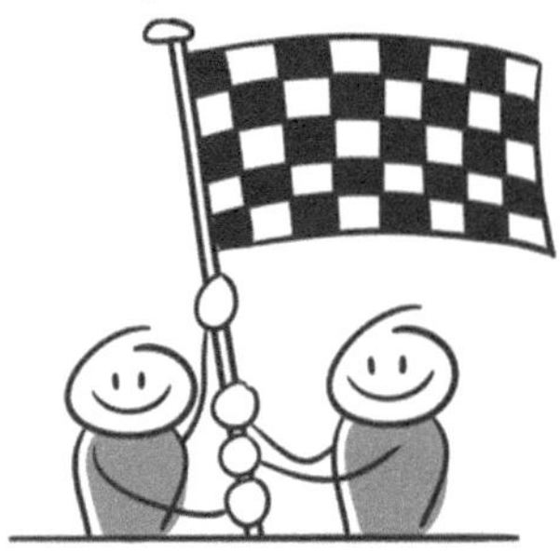

tungs- und Selbstverteidigungskompetenzen der Frauen weiter entwickeln und stärken wollen. Wir wollen die Frauen zuversichtlich stimmen, dass sie in der Lage sind, Grenzen zu kommunizieren und gegebenenfalls zu verteidigen. Weiter wollen wir den Frauen zeigen, dass sie sich auf ihre Intuition verlassen können und ihre Wahrnehmung schulen. Wenn es uns nun noch gelingt, den Frauen zu vermitteln, dass sie sich präventiv Pläne für bestimmte Situationen zurecht legen können und ihnen die Bedeutung konsequenten Handelns bewusst wird, dann haben wir viel

Gutes erreicht. Die Frauen lernen bei uns im Kurs eine Entscheidung für sich und die Selbstbehauptung beziehungsweise Verteidigung zu treffen und danach zu handeln. Wir wehren uns dagegen, den Frauen eine Vielzahl unterschiedlichster Techniken beizubringen, denn wir glauben, dass diese schnell wieder in Vergessenheit geraten. Zudem fällt es den Frauen, die ja meist ohne Vorerfahrung zu uns kommen, schwer, sich viele verschiedene Techniken zu merken um sie im Ernstfall anzuwenden. Deshalb versuchen wir den Frauen stattdessen zu zeigen, welche Ziele bei einem Gegner attackiert werden können und zeigen ihnen, welche Körperteile sie als Waffen einsetzen können um die Ziele anzugreifen. Unsere bevorzugten Ziele sind Augen und Genitalien. Der Grund ist einfach: Es gibt keinen Muskel, den der Angreifer trainieren könnte, um seine Augen oder die Genitalien zu schützen.

Bevor Sie nun konkretere Lernziele definieren können, müssen Sie sich über mögliche Lerninhalte Gedanken machen. Sobald Sie sich sicher sind, welche Inhalte zu Ihrem Kurskonzept und Ihren ersten Ideen passen, formulieren Sie die dazu passenden Lernziele. Alle von Ihnen definierten Ziele sollten überprüfbar sein. Ein Lerninhalt könnte zum Beispiel die Körpersprache sein. Zu diesem Aspekt überlegen Sie sich bitte alles, was die TN Ihrer Meinung nach dazu können und wissen sollen. So nähern Sie sich mit großen Schritten der Formulierung Ihrer Lernziele. Die Lerninhalte und

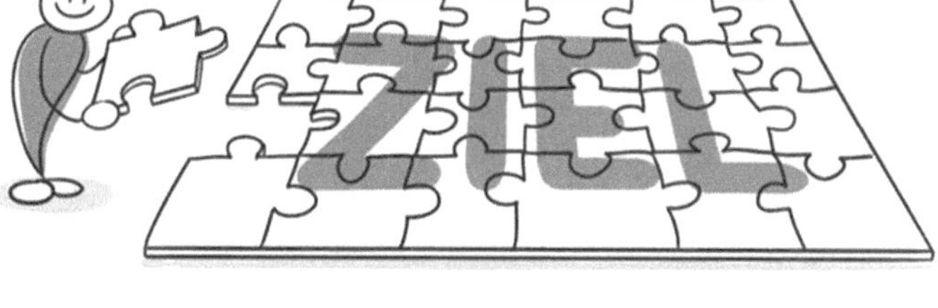

Lernziele ähneln sich für gewöhnlich, selbst wenn sie von unterschiedlichen Personen formuliert werden. Das liegt daran, dass Ausbilder für SV-Kurse und im Schwerpunkt für Frauen-SV-Kurse gemeinhin sehr ähnliche Vorstellungen darüber haben, was „frau" unbedingt kennen können und wissen sollte. Die Verben „kennen" und „wissen" sind Beispiele für sogenannte Operatoren. Sie geben Auskunft darüber, auf welchem Anspruchsniveau Menschen etwas lernen. Das bloße Aufzählenkönnen der Bestandteile der Körpersprache ist ein wenig anspruchsvolles Lernziel. Das Ziel, in einem Rollenspiel gezeigte Körpersprache erkennen und benennen zu können, ist eine Stufe darüber angesiedelt. Noch anspruchsvoller wird es, wenn die TN neben den bisher benannten Lernzielen noch in der Lage sein sollen, in einem Rollenspiel selbst ihre Körpersprache einzusetzen.

„Jedes erreichte Ziel ist ein hervorragender Startplatz für einen Aufbruch zu neuen Ufern." (Ernst Ferstl[10])

Wenn dies den TN gelingt und Sie als Ausbilder nun beobachten können, dass die TN ihre Körpersprache zum gewollten Zwecke einsetzen, dann können Sie das Erreichen eines Lernzieles damit überprüfen. Es ist wichtig, dass Sie Ihre Lernziele für die TN so formulieren, dass Sie am Ende überprüfbare Ziele vorliegen haben.

---

[10] Ernst Ferstel, geb. 1955, österreichischer Lehrer, Dichter und Aphoristiker.

Erst wenn die Ziele überprüfbar sind, haben Sie die Möglichkeit den Lernfortschritt in Ihrem Kurs wahrzunehmen und aufgrund dessen Kurskorrekturen vorzunehmen. Wir meinen, dass es deswegen umso wichtiger ist, regelmäßig die angedachten (Teil-) Lernziele zu überprüfen und nicht erst am Ende Ihres Kurses in einem Abschlussparcours. Je häufiger Sie die zu erreichenden Lernziele überprüfen, umso besser stehen Ihre Chancen, Korrekturen vorzunehmen. Beachten Sie, dass Sie Lernziele untergliedern können in Grob- und Feinlernziele. Ein Grobziel könnte lauten: „Die TN sollen die Bedeutung der Körpersprache erläutern können". Ein dazu passendes Feinlernziel würde lauten: „Die TN sind in der Lage die Bestandteile der Körpersprache aufzuzählen". Ein weiteres Feinlernziel, welches dem Grobziel zuzuordnen ist, lautet vielleicht: „Die TN sind in der Lage spezifische Merkmale der Körpersprache bei einem beobachteten Rollenspiel zwischen den Ausbildern zu erkennen und zu benennen". Das dazu gehörige deutlich anspruchsvollere Lernziel würden Sie möglicherweise folgendermaßen benennen: „Die TN können an einem Rollenspiel, in welchem sie beteiligt sind, die Körpersprache zu ihrem Vorteil gezielt einsetzen."

Wie Sie nun sehen, gibt es verschiedene Möglichkeiten der Abstufungen bei den verschiedenen Anforderungsniveaus. Sie werden sich sicherlich irgendwann die Zeit nehmen und sich mit den möglichen Lerninhalten auseinander setzen. Wenn Sie wissen, welche Inhalte Sie zum Bestandteil Ihres Kurses machen möchten, können Sie daran gehen und sich überlegen, auf welchem Anforderungsniveau Sie diese Inhalte unterrichten möchten. Passen Sie Ihre Unterrichtsplanungen dahin gehend an. Es dürfen keine Diskrepanzen entstehen bei der Vermittlung der Lerninhalte und dem, was Sie am Ende von den TN erwarten. Plakativ gesprochen meinen wir: Solange Sie die TN nur anhalten, sich die Merkmale der Körpersprache einzuprägen, aber Sie den TN nie eine Gelegenheit bieten, sie einzuüben und sie bewusst zu nutzen, dann können Sie am Ende nur erwarten, dass die TN dem ersten Anforderungsniveau folgend die Merkmale der Körpersprache benennen können. Wollen Sie mehr als die bloße Aufzählung der Merkmale erreichen, dann müssen Sie in Ihrer Unterrichtszeit Raum geben um die Anwendung, das höchste Anforderungsniveau, trainieren zu lassen. Wenn Sie bei der Umsetzung Ihrer Planungen die Lernziele nicht aus den Augen verlieren, werden Sie dort ankommen, wo Sie ankommen wollen und keine bösen Überraschungen bezüglich dem Erreichen der Kursziele erleben. Machen Sie es sich in jedem Kurs und an jedem Kursabend zur Gewohnheit die für den Kursblock beziehungsweise Abend ins Auge gefassten Ziele zu überprüfen. Dann können Sie jederzeit korrigierend eingreifen und flexibel reagieren. Lassen Sie eine Überprüfung der Lernziele im Kurs aber nicht in jeder Einheit für die TN offensichtlich werden. Wenn die TN dies fordern, können Sie hin und wieder „Test-Situationen" (Szenario-Trainings, Abschlussparcours,...) inszenieren, in denen sich alle TN beweisen können und sollen. Ständigen Stress durch Überprüfungen sollten Sie den TN jedoch ersparen, damit keine Angst vor dem Machen von Fehlern entsteht. Sobald TN Angst haben, etwas falsch zu machen und dabei „erwischt" zu werden, kann kein entspanntes Lernen mehr stattfinden. Angst ist ein Erfolgskiller des Lernens. Seien Sie kreativ bei der Überprüfung der Lernziele und bleiben Sie vor allem locker im Umgang mit Fehlern. Sie sind Lerngeschenke, denn aus ihnen kann man lernen. Vermitteln Sie Ihren TN, dass es kein falsch oder richtig gibt: Es gibt lediglich zielführende und nicht zielführende Verhaltensweisen.

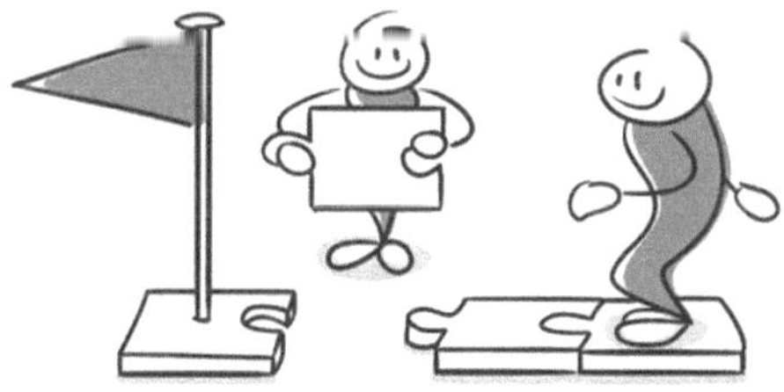

Strukturieren Sie Ihre Ziele in grobe, allgemeine Ziele und unterteilen Sie diese in Klein- beziehungsweise Feinziele. Da Sie als Ausbilder den Lernweg häufig schon mental vor sich sehen, dürfte es Ihnen keine Schwierigkeiten bereiten, den Lernweg mit den Etappenzielen (Klein- oder Feinlernziele) so zu gestalten, dass er für Ihre Kundinnen gut zu bewältigen ist.

Götz und Häfner fordern, dass keine Lernziele in die Konzeption aufgenommen werden, die innerhalb des Kurses nicht erreichbar sind, die im Widerspruch zu anderen Zielen stehen und die nicht durch Sie als Kursleiter überprüfbar sind. Manche Ziele sind, so wie sie zunächst formuliert wurden, nicht gut überprüfbar. Das Erreichen des folgenden Ziels kann man beispielsweise nicht so ohne weiteres überprüfen: „Die TN sollen sich in die Rolle eines Vergewaltigungsopfers hinein versetzen können." Hier handelt es sich um ein nicht überprüfbares Ziel. Auf direktem Wege ist es nicht möglich zu beobachten, ob und wenn inwieweit sich eine TN in eben diese Rolle hineinversetzen kann. Sie können vielleicht noch anhand der nonverbalen Körpersignale der Frau eine Regung der Betroffenheit beobachten aber das Hineinversetzen ist nicht unmittelbar beobachtbar und auch nicht einfach möglich. Ist die Frau aufgrund der gestellten Anforderung betroffen? Ist die Mimik von daher signifikant für die Deutung als erfolgreich erreichtes Lernziel verwertbar? Nein! Wählen und formulieren Sie Ihre Ziele geschickter und überlegen, Sie, woran man feststellen kann, ob es von den TN erreicht wurde.

Sorgen Sie für erreichbare Lernziele. Dies hat unter anderem erheblichen Einfluss auf die Motivation Ihrer TN. Unter Motivation verstehen wir das Bemühen von Lernenden in einer Sache erfolgreich zu sein, also die Lernziele zu erreichen. Bedenken Sie, dass Motivation nur zustande kommt, wenn Aussichten auf Erfolg bestehen; also für die Lernenden eine Chance besteht, die von Ihnen gesteckten Ziele zu erreichen. Dazu müssen die TN zumindest die groben Ziele (des Kurses bzw. des jeweiligen Kursabends) kennen. Die Einschätzung zur Erreichbarkeit der Ziele wird durch die TN vorgenommen. Wenn die Ziele so hoch gesteckt sind, dass sie von der breiten Masse der TN als nicht erreichbar eingestuft wird, dann sollten Sie die von Ihnen vermutlich berechtigterweise ausgewählten Ziele für die TN in kleinere Lernziele, in kleine Lern- Etappen untergliedern.

Machen Sie den TN die Etappenziele auf dem Weg durch den Kurs deutlich und nicht nur das „End-Ziel“. Oft ergibt sich daraus ein Ansporn, wenn man erkennt, dass das Erreichen kleinerer Ziele im Bereich des Möglichen liegt, selbst wenn man noch nicht daran glaubt, das große Ziel zu erreichen.

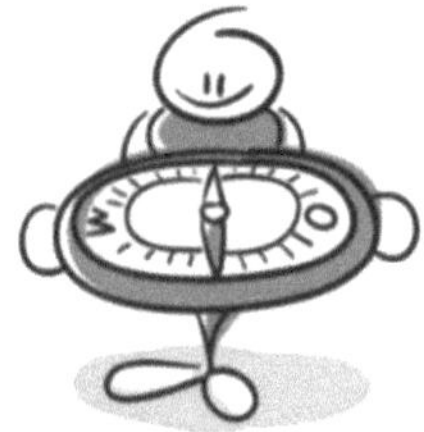

„Entweder finden wir einen Weg oder wir schaffen einen!“ (Hannibal)

Jedes Lernziel ist eingebettet in eine ganze Reihe von Lernzielen. Die vorherigen Lernziele einer Lerneinheit in Ihrem Kurs sollen erreicht worden sein, damit sie als stabiles Fundament für die nächste Kurseinheit dienen können. Ihre Kursplanung baut darauf auf.

Lernziele sollten Sie dann in Ihr Konzept aufnehmen, wenn sie kursrelevant sind und das Ziel für die TN Ihres Kurses von persönlicher Bedeutung ist.

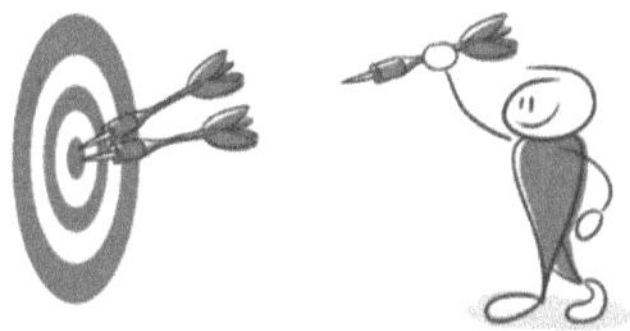

Wenn die TN etwas über Körpersprache, Mimik und Stimmeinsatz erfahren und die dazu gehörigen Lernziele erreicht haben, können sie in den folgenden Lerneinheiten darauf aufbauend neue, bisher noch nicht da gewesene Situationen meistern und ihr Verhaltensrepertoire dahingehend erweitern. Lernziele werden in verschiedene Anforderungsbereiche klassifiziert. Die einfachste Form wäre das Nennen oder Aufzählen von Dingen oder Sachverhalten. Dabei müssen keine geistigen Höchstleistungen vollbracht werden, weil Lerninhalte einfach nur wiedergegeben aber nicht auf eine neue Situation angewendet werden. Letzteres ist ein sehr hohes Anforderungsniveau, welches man in aufeinander aufbauenden Lernprozessen erreichen kann. Man spricht hier auch von einer Transferleistung auf unbekannte Situationen.

Bloom hat sich ausführlich mit Lernzielen und ihrer Zuordnung zu den unterschiedlichen Anforderungsbereichen beschäftigt. Man spricht hierbei auch von Lernziel-Taxonomien, eben der Klassifizierung von Lernzielen nach bestimmten Kriterien, den Lernstufen. Der Weg des Lernens wird von Ausbildern häufig vom Einfachen zum Schwierigen und vom Überschaubaren zum Komplexen geführt. Wobei hier angemerkt sein muss, dass es natürlich auch andere oder sogar umgekehrte Lernwege geben kann. Viele Wege führen also nach Rom!

Die erste Lernzielstufe nach Bloom betrifft das Kennen von Fakten. Um das Wissen über Dinge und Sachverhalte zu überprüfen wird eine Lernende oft aufgefordert etwas zu nennen, zu beschreiben, aufzuzählen oder wiederzugeben. Die zweite Stufe nach Bloom betrifft das Verstehen. Frauen im Kurs sollen Dinge erkennen, beschreiben oder Sachverhalte in eigenen Worten erklären. Deutlich anspruchsvoller wird es auf der dritten Stufe, denn nun muss das Bekannte angewendet werden. Sie haben zuvor erklärt wie die Technik des Handballenstoßes aussehen soll. Sie haben die Frauen aufgefordert dazu „Trocken-Übungen", zum Beispiel an einem Schlagpolster, umzusetzen. Jetzt kommt die Anwendung in einer neuen Situation. Die Frauen greifen sich gegenseitig nach Ihren Vorgaben an und sobald sich die Möglichkeit ergibt, sollen die Verteidigerinnen sich jeweils mit einem Handballenstoß zum Gesicht des Angreifers wehren. Dieser Schritt gelingt nur, wenn die vorherigen Lernprozesse erfolgreich stattgefunden haben. Dies bedeutet, dass die Frauen auf dem ersten Anforderungsniveau die Begrifflichkeit „Handballenstoß" mit der richtigen Bewegung in Verbindung bringen, also Begriff und Technik übereinstimmen. Zweitens müssen die Frauen den Ablauf der Technik am Schlagpolster verstanden haben (zweite Stufe) und können deswegen auf dem Niveau der Anwendung nun die passende Lücke in der Deckung des Angreifers abwarten und sich mit einem Handballenstoß zur Wehr setzen. Die TN sollen befähigt werden, das Gelernte zur Lösung anderer Probleme einzusetzen.

Die sich anschließende Kompetenzstufe ist die Analyse. Frauen in Ihrem Kurs können die Abwehrhandlung einer anderen TN beobachten, beschreiben und im Hinblick auf verschiedene Vorgaben analysieren. Sie erkennen zum Beispiel „Fehler“ bei einer anderen Frau (zum Beispiel fehlerhafte Daumenhaltung bei einem Handflächenstoß) und können erklären, was verbessert werden muss, damit die Verteidigung gelingt.

Die hohe Kunst der Synthese als vorletzter Stufe nach Bloom erfordert jede Menge Eigeninitiative der TN. Es geht darum in immer wieder neuen Situationen verschiedene bereits erlernte Verteidigungstechniken kreativ zu kombinieren um bestmöglich aus einer Gefahrensituation zu entkommen. Möglicherweise erkennt die eine Frau ihre Chance zur Gegenwehr in einem gekonnten Knieschlag, während eine andere Frau in ihre Abwehrhandlung stattdessen ihren Ellenbogen einbaut. Wenn es Ihnen gelingt den Selbstverteidigungsunterricht so aufzubauen, dass die Frauen am Ende in der Lage sind, ihre Techniken und Verteidigungsprinzipien auf diese Weise kreativ zu Abwehrhandlungen zu kombinieren, dann haben Sie als Ausbilder Vieles richtig gemacht. Wenn eine bestimmte Technik unerwartet nicht einsetzbar ist, dann muss die Frau in der Lage sein, ohne langes Zögern eine andere „Waffe“ aus ihrem Repertoire erfolgversprechend einzusetzen.

Diesem sehr hohen Niveau schließt sich als Letztes die Stufe der Evaluation an. Wer sie erreicht hat, ist in der Lage reflektiert auf eine Sachlage zu schauen und sich eine eigene Meinung und ein eigenes Werturteil zu bilden.

All diese Anforderungsniveaus betreffen jedoch vor allem kognitive Lernziele, während in Ihrem FSV-Kurs auch motorische und affektive Lernziele eine Rolle spielen. Die ausführliche Darstellung der Taxonomien für motorische und affektive Lernziele nach Bloom würde an dieser Stelle jedoch den Rahmen unseres Buches sprengen.

1.7 Der Ausbilder als Lernvoraussetzung

Auch Sie als Ausbilder sind wichtiger Teil der Lernvoraussetzungen. In erster Linie ist das deswegen so, weil ohne Sie der Kurs nicht stattfinden wird. Ihre Kompetenzen als Ausbilder, die Art wie Sie mit den TN umgehen, die Art wie Sie sprechen und Vieles mehr können das Lernen fördern oder hemmen. Ihre Lehrerpersönlichkeit trägt wesentlich zum Erfolg des Kurses bei. Ermutigung und Wertschätzung gehören ebenso dazu wie die Fähigkeit Ausbildungsinhalte zu strukturieren. Wir wollen diesen Aspekt hier nicht zu sehr vertiefen, da wir im dritten Teil auf Ihre besondere Rolle als Ausbilder detailliert eingehen. Auf einige Dinge wollen wir hier allerdings schon einmal vorausschauend den Fokus richten. In unseren Kursen liegt uns am Herzen, dass die Frauen eine oder maximal zwei feste Bezugspersonen als Ausbilder haben, die während des Kurses nicht mehr ausgetauscht oder vertreten werden. Sie als Ausbilder begleiten die Frauen durch den Kurs und zu Ihnen baut sich, wenn alles glatt läuft, ein stabiles Vertrauensverhältnis auf. In unseren Kursen gibt es keine männlichen Zuschauer beziehungsweise gar keine Zuschauer, die nicht im Kurs angemeldet sind. Es handelt sich im wahrsten Sinne des Wortes um eine geschlossene Gesellschaft, die von Außenstehenden nicht gestört werden darf. Wir berücksichtigen dabei die Wünsche unserer Kundinnen, ungestört und in einem geschützten Rahmen trainieren zu dürfen. Darauf legen unsere Frauen immer sehr großen Wert. Für den Fall, dass ein Ausbilder erkrankt, kann der Assistenzausbilder die ein oder zwei Veranstaltungen alleine leiten, weil er den Frauen von Anfang an vertraut ist. Schwieriger wird es, wenn beide Ausbilder verhindert sind. Wir hatten zu diesem Zweck im Kurs gefragt, wie wir diese Fälle handhaben sollen und die Frauen einigten sich einstimmig und fast sofort darauf, dass sie den Folgetermin lieber einmal ausfallen lassen und am Ende nachholen wollten, als sich mit einem ihnen fremden Ersatztrainer auseinander setzen zu müssen. Dieser gehört ebenfalls zu unserem festen Trainerteam und hätte problemlos den einen Abend leiten können, da er mit unserem Konzept genauso vertraut ist. Die prompte Reaktion der Frauen zeigte aber deutlich, dass den Frauen dies unangenehm war. Deswegen versuchen wir umso mehr darauf zu achten, dass es nicht zu solchen Situationen kommt. An dieser Stelle wiederholen wir eine Grundregel: Schaffen Sie Vertrauen und gefährden Sie dieses nicht durch unbedachte Ausbilderwechsel.

Als Ausbilder schaffen Sie außerdem eine vorbereitete Lernumgebung für den Kurs. Überlassen Sie dies nicht dem Zufall. Viele gute Kurskonzepte berücksichtigen diesen Ansatz bereits. Sehen Sie in den Frauen, die Ihren Kurs gebucht haben, motivierte und engagierte Lernerinnen, die in angenehmer Lernumgebung etwas lernen wollen. Sie haben die bestmögliche Ausgangssituation bereits vor Beginn des ersten Kursabends: Es haben sich lauter Menschen angemeldet, die aus freien Stücken zu Ihnen kommen und zwar mit dem Wunsch etwas lernen zu dürfen. Gestalten Sie für diese Menschen eine positive Lernumgebung, mit ausgewählten Übungsgegenständen und tollen Ideen für ein funktionales Kurskonzept. Das ist Ihre Aufgabe als Kursleiter.

1.8 Zeitmanagement

Sie werden sicherlich schon von den unterschiedlichen Kursangeboten und ihren zeitlichen Rahmen gehört haben. Wenn Sie nicht durch Zeitvorgaben eingeschränkt werden, wägen Sie die Vor- und Nachteile der verschiedenen Möglichkeiten zeitlicher Gestaltungsrahmen gegeneinander ab. Treffen Sie dann eine Entscheidung. Einige Möglichkeiten stellen wir Ihnen hier exemplarisch vor.

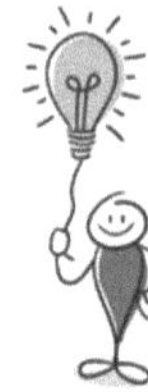

„Es ist nicht wenig Zeit, die wir haben, sondern es ist viel Zeit, die wir nicht nutzen." (Seneca)

Einige Vereine bieten ihren Kunden **Halbjahreskurse** an. Sie dauernd, wie der Name schon sagt, meist ein halbes Jahr und bringen ein großes Zeitkontingent mit sich, das der Ausbilder sinnvoll nutzen kann. Das wöchentliche Vertiefen und Wiederholen bereits erlernter Inhalte und das stetige Vernetzen von „Altbekanntem" mit Neuem sorgt für eine hohe Behaltenswahrscheinlichkeit. Die Chancen, dass TN solcher Kurse in Stresssituationen angemessen reagieren, sind höher als bei sehr kurzen Intensivkursen. Zwei Ausbilder, meist eine Frau und ein Mann, leiten gemeinsam im Tandem-Unterricht den Kurs. Meistens findet der Kurs einmal pro Woche für 90 bis 120 Minuten je Abend statt. An den einzelnen Abenden bleibt viel Zeit, die verschiedenen Unterrichtsinhalte zu vermitteln und es bleibt noch etwas Raum um auf spezielle Wünsche der TN einzugehen. Aufgrund der regelmäßigen Treffen über einen längeren Zeitraum stellt sich eine stabile Vertrauensbasis zwischen TN und Ausbildern ein. Es bleibt Zeit für Gesprächsrunden, Rollenspiele und Erfahrungsaustausch. Manche Kursangebote enthalten am letzten Abend eine Art Abschlussübung bzw. einen besonderen Parcours, der sich aus verschiedenen Elementen des Stress- und Szenario-Trainings zusammensetzt. Hier hoffen die TN, ihre neu erworbenen Fähigkeiten und ihr neu erworbenes Wissen austesten zu können. Wie man über einen solchen Abschlussparcours als Ausbilder denken mag, ist jedem selbst überlassen. Diese Form eines Abschlusstests hat Vor- und Nachteile, die jeder Ausbilder für sich gründlich gegeneinander abwägen muss. Unsere Ansichten dazu werden wir Ihnen nicht vorenthalten (siehe Kapitel 2.2.11).

Einige Ausbilder bieten **FSV-Wochenend-Workshops** an. Hier ist die Zeit sehr knapp bemessen. Deswegen kann nur entlang eines engen Zeitplans gearbeiteten werden. Spielraum für spontane, längere Gesprächsrunden bleibt kaum. Der Ausbilder muss sein Konzept genau im Kopf haben und ebenso die Uhr im Auge. Wochenend-Kurse ergeben in modularer Weise wiederum neue Möglichkeiten. Sie sind ein Angebot an die vielen Interessenten, die beruflich zum Beispiel im Schicht- und Wechseldienst arbeiten oder sonstige zeitliche Einschränkungen mitbringen. Die Module werden in regelmäßigem Zyklus als Wochenend-Seminare angeboten und beinhalten dann jeweils ein Ausbildungsmodul aus dem SV-Programm. Die Module sind einzeln und unabhängig voneinander beschulbar und bieten somit den Vorteil, dass Kunden, die an dem einen Wochenende keine Zeit haben, das folgende Seminar einige Wochen später dennoch besuchen können. Ein weiterer Vorteil besteht darin, dass während eines Blockmoduls am Stück mehr Zeit zur Verfügung steht, um das eine Thema zu behandeln. Anschließend bleibt Zeit, das neue Wissen zu verarbeiten. Der Input in diesen Stunden ist zwar hoch aber das ist in dem Fall so gewünscht.

Legen Sie nun endgültig den zeitlichen Rahmen für Ihren gesamten FSV-Kurs fest. Bevor Sie dies nicht getan haben, wird es mit der weiteren Planung nicht voran gehen.

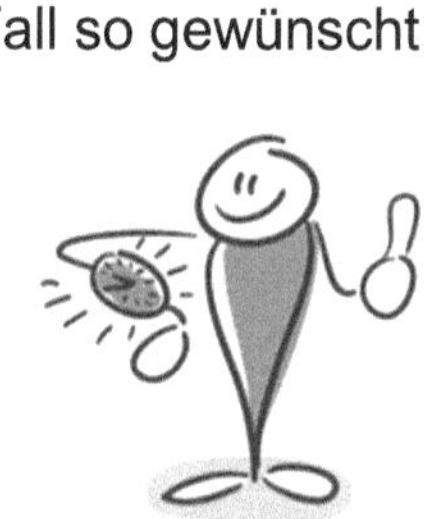

Lerninhalte und zeitlicher Rahmen bedingen sich gegenseitig. Haben Sie viel Zeit, können Sie sehr frei unter allen möglichen Lerninhalten auswählen, was Ihnen wertvoll und wichtig erscheint. Sind Sie an zeitliche Vorgaben gebunden, müssen Sie inhaltliche Abstriche machen. Werden für das Kurskonzept zehn bis zwölf Termine mit jeweils zwei Zeitstunden veranschlagt, steht Ihnen erfahrungsgemäß eine Menge Lernzeit zur Verfügung um verschiedene wichtige Themen anzusprechen. Je nach Ihren Möglichkeiten bietet es sich an, zusätzlich zu den zehn- bis zwölfwöchigen FSV-Kursen noch einzelne Workshops anzubieten, welche Themen zum Inhalt haben, die für einen FSV-Kurs zwar interessant sein können aber aufgrund der zeitlichen Rahmenbedingungen nicht vermittelbar sind. So haben wir aus diesen Überlegungen heraus zusätzliche Angebote in jeweils vierstündigen Workshops (meist samstags) im Programm. Beispielsweise können Interessierte sich bei einem Workshop mit dem Thema „erlaubte und verbotene Waffen und Gegenstände“ mit der Handhabung von CS-Gas und Pfefferspray vertraut machen. Dies geschieht sowohl in der Theorie als auch praktisch und mit dem Ziel, dass die TN am Ende unter Stress geübt haben, die Spraydose aus der Jacke oder Tasche zu ziehen und sich damit zur Wehr zu setzen. Dazu werden den TN jeweils Übungssprays ohne reizende Gase zur Verfügung gestellt, damit ein wenigstens einigermaßen realistisches Training möglich ist. Dazu können Sie im letzten Teil des Buches noch weitere Details nachlesen und vielleicht finden Sie dort Anregungen für Ihre Planungen.

Es sind kurze FSV-Workshops über ein einzelnes Wochenende möglich. Die Lernerfahrungen sind sehr intensiv, da konzentriert über mehrere Stunden an diesem für die TN neuen und teilweise heiklen Thema gearbeitet wird. Sicherlich kann man in solchen Workshops das notwendige Wissen vermitteln, um ein Verständnis für Selbstverteidigung und vor allem für Selbstbehauptung aufzubauen. Wir fürchten jedoch, dass diese Intensivkurse keine „Langzeit-Wirkung“ entfalten, was die Verteidigungsfähigkeit anbetrifft. Die Erfahrungen im Bereich Lehren und Lernen zeigen, dass erst die wiederholte Übung und Anwendung des Gelernten zu einer hohen Abrufwahrscheinlichkeit in Stresssituationen führt. Deswegen kann man bei den Anbietern von Intensivkursen oft häufig sogenannte „Refresh-Kurse“ buchen. Sie dienen dazu, dass Kundinnen aus dem Intensivkurs nach einer gewissen Zeit meist an einem Einzeltermin das einst Gelernte wiederholen und erneut in unterschiedlichen Situationen anwenden üben.

Je mehr Zeit im Kurs zur Verfügung steht, umso höher kann die Selbstbehauptungs- und Selbstverteidigungsfähigkeit werden. Nicht nur die Anzahl der Unterrichtseinheiten spielt eine Rolle, sondern auch, ob sie geballt aneinander hängen (Intensivkurs) oder ob sie regelmäßig über einen längeren Zeitraum verteilt liegen.

Lerninhalte, die über längere Zeit immer wieder abgerufen werden (zum Beispiel zwölf Wochen), gehen eher ins Langzeitgedächtnis über. Sie sind allerdings aufwendiger als sogenannte Crashkurse, da sich die TN weniger intensiv und insgesamt nur kurz mit der Thematik beschäftigen. Das Prinzip kennen Sie aus Ihrem Kampfkunst- oder Kampfsporttraining.

Entsprechende Kursangebote können Sie nun konzipieren. Welche Angebote Sie wählen, müssen Sie selbst entscheiden. Die Verantwortung und auch die Überlegung, was Sie persönlich besser oder schlechter finden sollten, können und wollen wir Ihnen nicht abnehmen.

Sie verkaufen nur das richtig gut, was Sie verantworten und aus Überzeugung anbieten können.

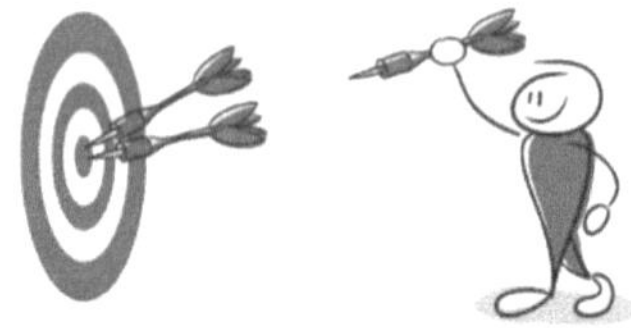

Einen Markt für solche Kurse gibt es. Was genau Sie anbieten können, hängt auch vom Markt der Nachfrage ab, der natürlichen Schwankungen unterliegt. Bieten Sie das an, wovon sie selbst überzeugt sind. Erscheinen Ihnen zwölf Wochen zu „langatmig“ und fühlen Sie sich damit unwohl, dann versuchen Sie es mit kürzeren Kursen. Sind Sie der Überzeugung, dass ein vierstündiger Crash-Kurs Geldmacherei und für die TN nicht vorteilhaft ist, dann orientieren Sie sich an Viertel- oder Halbjahreskursen.

1.9 KURSORGANISATION

Es gibt verschiedene Möglichkeiten einen Kurs oder Workshop zu organisieren: Trainerzentrierte und teilnehmerzentrierte Formen der Ausbildung. An dieser Unterteilung wird bereits deutlich, wohin die Reise gehen soll. Einmal steht der Ausbilder im Zentrum der Organisation, einmal die Lerner. Sehr ausbilderzentriert ist zum Beispiel der Vortrag, ebenso wie das von Ihnen gelenkte Unterrichtsgespräch. Bei beiden Formen stehen Sie als Trainer im Zentrum, die TN sind auf sie fokussiert und Sie lenken den Kurs unmittelbar durch einen Vortrag oder Sie moderieren ein gemeinsames Gespräch. Bei all dem stehen Sie im Mittelpunkt, während bei teilnehmerorientierten Organisationsformen die TN in den Mittelpunkt rücken. Das wäre beispielsweise bei Einzel-, Gruppen- oder Partner-Arbeitsphasen der Fall. Sehr teilnehmerorientiert wären offene

Arbeitsformen, die ein sehr hohes Maß an Eigeninitiative der TN erforderlich machen und aufgrund der Rahmenbedingungen meist nicht umgesetzt werden können. Ein Beispiel dafür sind Lernstationen, an denen die TN sich eigenständig zum Beispiel theoretisches Wissen an dafür ausgearbeiteten Arbeitsmaterialien zu jeder Station aneignen.

Bei den trainierzentrierten Ausbildungsformen nehmen alle zur selben Zeit denselben Lerninhalt auf und verarbeiten gleichzeitig die Lernanreize. Zumindest ist das so gedacht. Wir wissen aus der Praxis, dass man nicht alle TN zu selben Zeit in gleicher Intensität erreichen kann. Zumindest besteht aber die Möglichkeit, dass die Gruppe in ihren Arbeits-, Lern- und Kommunikationsprozessen leichter gesteuert werden kann.

Unter die Rubrik der Sozialformen fallen die Einzelarbeit, die Partner-, die Gruppenarbeit und der Frontalunterricht. Im Selbstverteidigungskurs können alle drei Formen vorkommen. Meistens werden Sie sich vermutlich für die Partnerarbeit entscheiden. Genau zwei Frauen üben etwas gemeinsam, das Sie zunächst vorgemacht haben. Eine Gruppenarbeitsphase ergibt sich, sobald mehr als zwei Personen zusammen arbeiten und üben. Dies kann bei verschiedenen Übungsformen vorkommen, zum Beispiel im Schubs-Kreis oder bei der Verwendung von Poolnudeln in der gesamten Gruppe. Beide Übungsformen stellen wir Ihnen später vor. Die Einzelarbeitsphase ergibt sich zum Beispiel beim Fitness-Training. Sie geben die Übungen, wie zum Beispiel Liegestützen oder Strecksprünge vor und jede Einzelne macht die Übung mit. Manche Fitness-Übungen lassen sich partnerweise durchführen, zum Beispiel können Sit-Ups zu zweit trainiert werden, wenn zwei Partner auf dem Rücken liegen, die aufgestellten Füße miteinander verhaken und sich dann gleichzeitig in die sitzende Position aufrichten und sich dann wieder zeitgleich auf den Rücken legen.

Wir können an dieser Stelle die Thematik nicht weiter vertiefen, weil dies den Rahmen unseres Buches sprengen würde. Informationen zu Sozial- und Unterrichtsformen können Sie sowohl im Internet als auch in einschlägiger Fachliteratur finden.

Neben dem „Frontal-Unterricht" und den Partner- oder Gruppenübungsphasen ergeben sich noch andere Organisationsformen, zum Beispiel die des Selbststudiums. Das mag im ersten Moment etwas befremdlich klingen, da Sie ja einen Kurs anbieten möchten, zu welchem die TN vor Ort vorbeischauen sollen. Unter gewissen Umständen kann es aber durchaus vorstellbar sein, dass Sie einzelne Themen im Unterricht nur am Rande anschneiden und den TN die Möglichkeit des Selbststudiums zur eigenständigen Erarbeitung ermöglichen. Für eine Wissensvertiefung können Sie Lernmedien einsetzen, mit denen die TN zu Hause arbeiten können. Dazu zählen zum Beispiel schriftliche Anleitungen zur progressiven Muskelentspannung (nach Jacobson) oder Informationshefte. Zur Organisation Ihres Kurses gehört die Frage, ob Sie externe Fachkräfte (zum Beispiel eine Ansprechpartnerin des Landeskriminalamtes) einladen oder Ansprechpartner entsprechender Hilfsorganisationen, die ihre Arbeit vorstellen (Weißer Ring, ...).

1.10 Unterrichtsmethoden

Das Ermitteln von Lerninhalten, das Definieren von Lernzielen und die Analyse der Lernbedingungen münden in die Überlegung, wie der Weg zum Erreichen der Lernziele aussehen kann. Nachdem nun also das „Was?" geklärt ist, kommen wir zu der Frage, wie denn nun das „Was?" vermittelt werden soll. Einzelne Planungsschritte führen Sie entlang eines imaginären Weges, den Sie kennen und dadurch, dass Sie einen Schritt nach dem anderen machen, gelingt es Ihnen diesen Lernweg mit Ihrem Kurs zurückzulegen und am Ziel einzutreffen. Den Weg, auf dem Sie sowohl Ihre

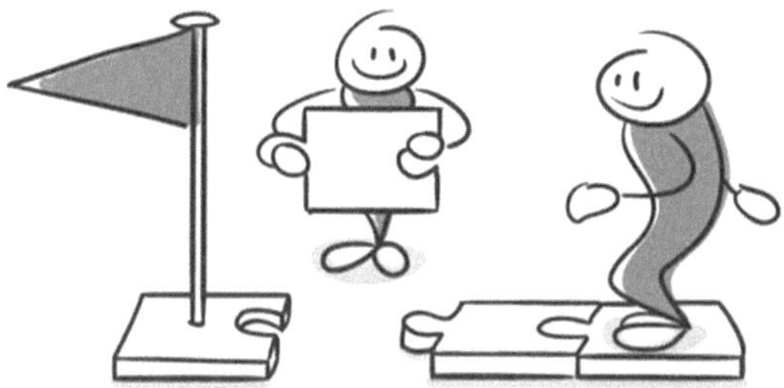

als auch die Ziele Ihrer TN erreichen, gehen Sie mit Ihren Kurs gemeinsam. Sehen Sie sich hier in der Rolle eines „Wegbereiters“ und „Reiseführers“.

Der Begriff „Methode“ wird in der Literatur nicht überall einheitlich verwendet. Diese fehlende Trennschärfe sollte Sie aber zunächst nicht weiter bei Ihren Planungen stören. Es geht allgemein um die Frage, wie Wissen vermittelt werden kann. Die Unterrichtsformen sind sogenannte Großformen, etwa die Organisation des Unterrichtsgeschehens in Form eines Unterrichtsgespräches, eines Lehrgangs, eines Projektes oder in Form eines Praktikums. Letzteres ergibt sich in Ihrem Fall aber nur als Sonderfall, falls Sie innerhalb Ihres Kurses noch Assistenz-Ausbilder anlernen. Dieser Fall dürfte eher selten vorkommen, sofern Sie keine eigene Schule oder einen Verein leiten. Dennoch kann ein angehender Ausbilder an der Seite eines erfahrenen Trainers ebenfalls lernen, quasi parallel zum Lernen der TN.

Erproben Sie neue Methoden dosiert und nicht alle auf einmal. Wenn ein Lernweg nicht funktioniert, suchen Sie einen anderen Weg, notfalls einen Umweg bei gleichem Ziel. Schließlich können Sie zuallerletzt noch das Ziel anpassen, falls Sie das ursprüngliche Ziel nicht wie gewünscht erreichen können. Dies sollte aber wirklich der allerletzte Schritt sein, wenn sonst nichts mehr hilft, denn Ihre Ziele haben Sie ja aus gutem Grund genauso ausgewählt, wie

Sie vor Ihnen liegen. Alle Methoden werden irgendwann langweilig, wenn sie sich im Laufe der Zeit abnutzen. Deswegen ist es interessanter, wenn die Unterrichts- und Lernmethoden immer wieder abgewechselt werden. Entwerfen Sie sowohl für den gesamten Kurs in der Grobplanung als auch für die einzelnen Lerneinheiten in der Feinplanung eine abwechslungsreiche Mischung aus Spiel, Spaß und Ernst.

1.11 Lehr- und Lernmittel

Ein Schlagpolster gehört hier genauso dazu, wie ein Flipchart. Im Verlauf des Buches erhalten Sie viele verschiedene Anregungen, welche Lernmittel Sie einsetzen können. Die Art und Weise wie Sie die Lernmittel einsetzen, legen Sie bei der Planung Ihrer Unterrichtsgestaltung fest. Dazu gehört, dass Sie sich Gedanken darum machen, wann etwas zu welchem Zweck, mit welchem (Lern-) Mittel in Ihren Kursabenden oder Modulbausteinen gelernt werden soll. Versuchen Sie nicht, „verzweifelt" ein Lernmittel (etwa die Poolnudel oder Trainingsmesser) einzusetzen, nur um der Methode oder des Unterrichtsgegenstandes wegen. So etwas geht meist schief. Es macht überhaupt keinen Sinn etwas einsetzen zu wollen, bloß, weil Sie den Unterrichtsgegenstand persönlich so unheimlich toll finden. Trainingsmesser erfreuen sich bei vielen Kampfsportlern und Kampfkünstlern großer Beliebtheit aber in einem Frauenselbstverteidigungskurs haben sie unserer Meinung eigentlich nichts verloren.

Lassen Sie sich inspirieren, wie vielfältig die Einsatzmöglichkeiten unterschiedlicher Hilfsmittel sind und seien Sie kreativ. Letzten Endes deklarieren Sie sogar einen Alltagsgegenstand zu einem

Hilfsmittel im Training. Wir wünschen viel Spaß beim Stöbern in unserer Ideensammlung (siehe Kapitel 4.6). Wir haben für Sie eine Liste mit verschiedenen Gegenständen angelegt, die in unseren Kursen eingesetzt werden. Zunächst stellen wir sie Ihnen ohne den entsprechenden Übungszusammenhang vor. Für den Fall, dass Sie sich das ein oder andere Mal vielleicht ungläubig die Augen reiben und sich nach dem Sinn oder Unsinn beim Einsatz verschiedener Dinge in unseren Kursen fragen, verweisen wir Sie den zweiten Teil des Buches. Hier stellen wir Ihnen verschiedene Übungen vor, mit denen wir erfolgreich arbeiten.

Die folgende Zusammenstellung dient in erster Linie der Unterstützung von Ausbildern, die gerade auf der Suche nach Anregungen hinsichtlich verschiedenen Trainingsmaterials sind. Eine ausführliche Liste mit genauen Beschreibungen zu Einsatzmöglichkeiten befindet sich außerdem im Anhang des Buches. Wir weisen darauf hin, dass diese Gegenstände nicht immer alle und nicht nur in unseren FSV-Kursen, sondern im gesamten Kursangebot unserer Akademie eingesetzt werden. Diese Liste stellt zudem nur einen Auszug dessen dar, was bei uns verwendet wird:

- Absperrband / Flatterband
- Autoschlüssel / Schlüsselbund
- Augenbinde
- Blumensprenzer
- Bücher
- Bruchtests, wiederverwendbare
- Cardio-Uhr / Pulsuhr
- Checkkarte / EC-Karte / Plastikkarten
- CS-Gas
- Dummy / Wurfpuppe
- FIST-Anzug / Redman-Anzug

» Flipchart
» Gehstock
» Gehörschutz
» Hanteln
» Holzstöcke / Langstock
» Kissen / Sitzkissen
» Kobutan / Kubotan / Palmstick
» Kettle-Balls
» Kunststoffflaschen
» Langstock
» Luftballons
» Medizinbälle
» Musik
» Pappe / Pappkarton
» Poolnudeln
» Pratze / Schlagpolster
» Reizgas / Trainings-Reizgas
» Rucksack / Sporttasche / Handtasche
» Sandsack
» Schaumstoffmatten / Bodenmatten
» Schlagpolster
» Spiegel
» Schutzbrille
» Skelett
» Schwungtuch
» Socken, ausgestopfte
» Spiegelwand
» Terra-Band
» Taschenlampe / Stroboskop
» Taue
» Übungswaffen
» Wasserpistole

1.12 Konzeptgestaltung & Evaluation

Die Rahmenbedingungen, unter denen Ihr Kurs stattfinden wird, sind geklärt. Sie haben sich über viele Aspekte Gedanken gemacht und vor Ihrem geistigen Auge dürften nun zahlreiche Ideen entstanden sein, wie ein für Sie gelungener Kurs aussehen könnte. Der nächste Schritt wird die konkrete Kursplanung sein. Jeder Ihrer Kurse benötigt so etwas wie einen „roten Faden“. Dieser hält die Unterrichtsplanung zusammen. Wir konzentrieren uns nun auf die konkreten Planungsschritte, damit Sie am Ende dieses Kapitels verstehen, worauf es bei guter Unterrichtsplanung ankommt. Selbst wenn Sie kein Freund von theoretischer Planungsarbeit sind, kann sie hilfreich sein, um bisherigen Kursen eine neue Richtung zu geben. Hin und wieder sind solche Anpassungen erforderlich, da sich die einzelnen Rahmenbedingungen im Laufe der Zeit immer wieder verändern können.

Neue Ausbilder werden diese Planung sicherlich gründlicher vornehmen als jene unter Ihnen, die bereits einige Erfahrungen als Ausbilder sammeln durften. Es gibt Ausbilder, die sich sicherer fühlen, wenn sie auf möglichst genau geplante Entwürfe für einzelne Lernmodule zurückgreifen können. Erfahrene Ausbilder benötigen oftmals nur ein grobes Gerüst, eine sogenannte Grobplanung, um daraus dann vor Ort mehr oder weniger spontane, erfolgreiche Unterrichtseinheiten entstehen lassen. Das hängt von Ihnen und Ihren persönlichen Vorlieben ab. Die Grobplanung beinhaltet die Verteilung der Lerninhalte Ihres FSV-Kurses auf die gesamte Kurslänge. Sie legen also zunächst fest, wie viele Bausteine beziehungsweise Lerneinheiten Sie gestalten und tragen dann ein, welche Inhalte für den jeweiligen Lernblock vorgesehen sind.

Die Detailplanung bezieht sich auf eine der vielen einzelnen Lerneinheiten. Hierbei planen Sie zum Beispiel den Ablauf eines einzelnen Kursabends von der Begrüßung bis zur Verabschiedung und zwar in allen Details.

Möglicherweise schwirren Ihnen bereits zahlreiche gute Einzelideen durch den Kopf, die schon sehr detailliert sind. Wir bitten Sie, sich dazu knappe Notizen anzufertigen, denn oftmals sind spontane Ideen nicht die Schlechtesten. Die Erfahrung zeigt, dass es wichtig ist, zunächst den groben Rahmen eines Kurses oder Workshops abzustecken. Die Erfahrung zeigt außerdem, dass es wichtig ist, zunächst den groben Rahmen eines Kurses oder Wirkshops abzustecken.

Wenn Sie den groben Rahmen entwickelt und zeitlich fixiert haben, können Sie sich daran machen, jede Lerneinheit bzw. jedes Modul detailliert auszugestalten und zu planen.

1.12.1 Grob-Planung – Alles kann, nichts muss!

Für die weitere Arbeit an der Grobplanung gehen Sie nun bitte immer der nun folgenden Fragestellung nach:

Was soll wann und von wem in welcher Reihenfolge gelernt werden?

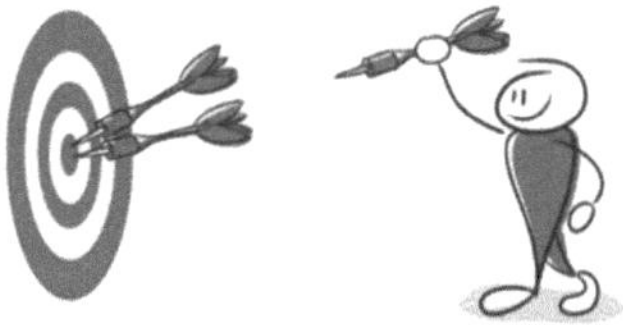

Der letzte Fragebestandteil „von wem" bezieht sich auf die TN-Voraussetzungen, die Sie an dieser Stelle bitte wieder mit einfließen lassen. Wählen Sie aus den möglichen Lerninhalten jene Themen aus, am besten grob die zehn bis fünfzehn wichtigsten und notieren Sie diese als Stichworte auf ein Blatt für die Planung eines zehnwöchigen FSV-Kurses.

Schauen Sie sich nun im zweiten Schritt an, in welcher Reihenfolge diese Lerninhalte aufeinander folgen sollen. Achten Sie darauf, dass die Inhalte sinnvoll und für völlig Unbefangene logisch aufeinander aufbauen. Gehen Sie vom Einfachen zum Schweren. Sie können Ihren Kurs logischerweise nicht mit dem Thema „Richtiges Verhalten in Parkhaus, Bahn und Bus“ beginnen. Legen Sie sich nun ein Blatt an, auf dem Sie eine Zeitverlaufsachse einzeichnen. Teilen Sie die Zeitachse nun in so viele gleichgroße Abschnitte, wie Sie Lerneinheiten festgelegt haben möchten. Sollten Sie mehrwöchige Kurse planen, so tragen Sie auf der Zeitachse also so viele Abschnitte ein, wie es insgesamt Termine für den Kurs gibt. Sind Sie mit der Grobplanung eines Intensivkurses beschäftigt, so teilen Sie die Zeitachse in gleichgroße sinnvolle Zeitabschnitte also zwei Tage (zwei große Abschnitte) oder in insgesamt acht Stunden ein.

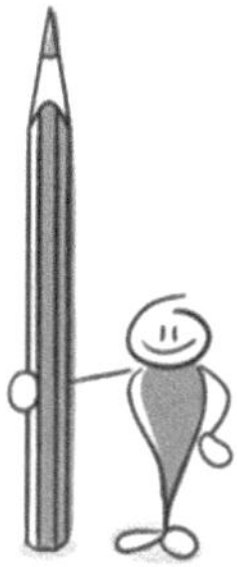

Links tragen Sie bitte den Kursbeginn (Datum oder Uhrzeit) ein und am Ende der Achse das Ende des Kurses. Auf die Zeitachse gehören die jeweiligen Termine (Datum oder Uhrzeit) der einzelnen Module. Die Trennlinien für die einzelnen Abschnitte verlängern Sie bitte nach unten und tragen unter der Achse in den jeweils entstanden Spalten stichpunktartig Ihre ausgewählten Lerninhalte ein. Achten Sie unbedingt darauf, den Zeitplan nicht mit zu viel Inhalt zu füllen. Die Frage, ab wann etwas zu viel ist, kann man pauschal leider nicht beantworten. Hier werden Ihre bisherigen und Ihre zukünftigen eigenen Erfahrungen, das Maß der Dinge sein. Im Verlauf des nächsten Kapitels können Sie sich anhand unserer Erfahrungswerte aber ein Bild davon machen, was möglicherweise zu viel sein kann. Wenn Ihnen die Blattstrukturierung mit einer Zeitachse nicht zusagt, können Sie für die ersten Planungen auch eine Tabelle verwenden. Im Anhang finden Sie dazu ein Muster von uns.

1.12.2 Detail-Planung von Lerneinheiten

Aus dem Gröbsten in Sachen Planung sind Sie raus! Jeder Abschnitt in Ihrer Grobplanung entspricht also nun einer Lerneinheit, die Sie im weiteren Verlauf möglichst genau als Unterrichtsplan entwickeln. Dieser Plan hilft Ihnen vor Ihrem geistigen Auge so etwas wie Struktur und Ordnung in das große Ganze zu bringen. Es ist nicht notwendig diese Detailpläne minutiös auszuarbeiten. Es schadet umgekehrt ebenso wenig, sich mit jedem Ausbildungsblock erneut und diesmal intensiver auseinander zu setzen.

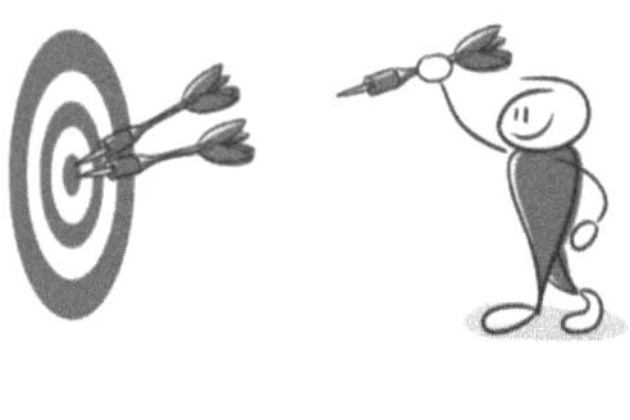

Was soll wann und von wem in welcher Reihenfolge mit welchen Mitteln und auf welche Weise (wie) getan werden, um ein Ziel zu erreichen?

Die bei der Grobplanung verwendete Leitfrage muss nun um einige Aspekte erweitert werden. Die Frage lautet nun: Was soll wann und von wem in welcher Reihenfolge mit welchen Mitteln und auf welche Weise (wie) getan werden, um ein Ziel zu erreichen? Sie stellen fest, dass die Eingangsfrage Sie nun endlich dazu auffordert, Ihre Kreativität, Ihr Fachwissen und Ihren Optimismus darauf zu verwenden, erfolgversprechende Unterrichtseinheiten auszuarbeiten. Berücksichtigen Sie bei allem was Sie nun im Detail planen zuerst die unvorbelastete neugierige TN. Überlegen Sie sich (gewissermaßen „auf Vorrat“) Übungsvarianten, die für Frauen mit Gewaltvorerfahrungen geeignet sind und ihnen ebenfalls Lernerfolge ermöglichen. Diese Form der Anpassungen nennt man Binnendifferenzierung. Sie differenzieren innerhalb der Gruppe auf verschiedene Leistungsniveaus, damit alle gemeinsam und dennoch auf unterschiedlichen Anforderungsstufen lernen können. Notfalls bauen Sie kleine „Umwege“ ein, wenn der Lernweg für eine Frau bildlich zu steil sein sollte. Ein Umweg weist in unserem Fall dann eine weniger starke Steigerung des Weges auf und ist somit für belastete Frauen leichter zu bewältigen. Das Ziel kann bleiben, jedoch ändert sich der Weg. Er kann auf längerer Strecke durch eine langsamere Zunahme der Steigerung gegangen werden. Scheint das Ziel unerreichbar, können Sie gegebenenfalls für betroffene Frauen ein davor geschaltetes Teillernziel formulieren.

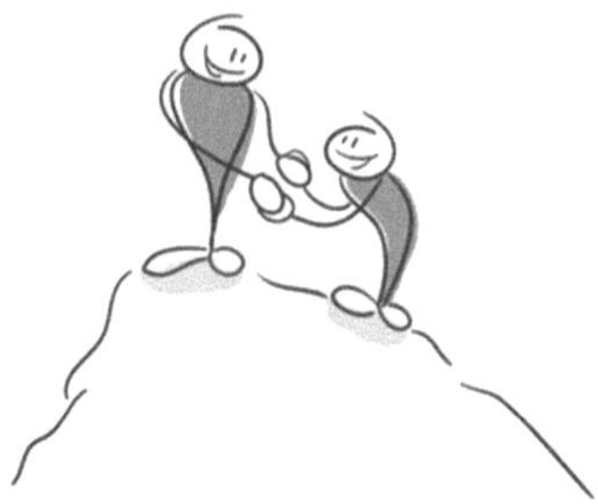

Jetzt ist die Zeit gekommen, sich mit der Frage zu beschäftigen, welche Lehr- und Lernmittel (siehe Kapitel 4.6) Sie einsetzen können und möchten. Setzen Sie Schlagpolster ein? Können der Einsatz eines Flipcharts oder die Verwendung von Poolnudeln zum Erreichen des Lernziels hilfreich sein? Schauen Sie sich mögliche Lehr- und Lernmittel im Anhang an. Lassen Sie sich inspirieren und wählen Sie das für Sie und Ihre TN geeignete Material aus. Die Art und Weise wie gelernt wird, welche Aktions- oder Sozialformen den

Lernprozess ermöglichen und welche Lernmethoden Ihnen geeignet erscheinen, wird Sie jetzt einige Zeit beschäftigen. Lassen Sie sich, sofern möglich, ausreichend Zeit bei diesen Planungsschritten. Ideen müssen notiert und überdacht werden. Es ist normal, dass Sie einzelne Schritte wieder verwerfen und an andere Ideen anpassen müssen.

Bereits zu Beginn dieses Kapitels haben wir Ihnen den allgemeinen Aufbau von Lerneinheiten erklärt. Die drei bis vier Phasen dienen nun als grobe Richtlinie. Beginnen wir also mit den Überlegungen zur **Eröffnung Ihrer Lerneinheit**. Nach offiziellem Beginn der Veranstaltung können Sie getrost fünf Minuten Ihrer wertvollen Zeit für Begrüßung und Organisation einplanen. Erfahrungsgemäß vergehen tatsächlich meist etwa fünf Minuten, bis wirklich alle angekommen und startklar sind. Selbst wenn Sie diese fünf Minuten nicht benötigen, planen Sie diese trotzdem fest ein. Sie können später, falls der Zeitplan nicht eingehalten werden kann, als „zeitlicher Puffer" dienen, damit Sie am Ende dennoch nicht in Verzug kommen. Diese Taktik machen sich viele Ausbilder zu Nutze. In der Lehrerausbildung ist es üblich, in Verlaufsplänen sogenannte *„Gelenkstellen" oder „Sollbruchstellen"* einzubauen. Sie erweisen sich als höchst vorteilhaft, wie Sie selbst sicherlich noch in der Praxis erleben werden. Ähnlich sieht es mit bewusst vorbereiteten zeitlichen „Puffern" aus. Mit ihrer Hilfe können Unterrichtseinheiten notfalls verlängert werden, damit Sie nicht schneller als gedacht und vor dem vereinbarten Ende der Lerneinheit fertig sind und sich etwas ausdenken müssen, womit Sie die TN beschäftigen können. Erfahrene Kollegen sind dazu meist spontan im Stande, neue oder angehende Kursleiter jedoch nicht zwangsweise. Gelenkstellen erleichtern es Ihnen auf kleine zeitliche Unwägbarkeiten elegant zu reagieren.

Eine *„Sollbruchstelle“* im Zeitplan ist eine Art „Notausgang“ für Ausbilder und für den Fall gedacht, dass Sie langsamer vorankommen, als das vorgesehen war. Sie können nun entweder einfach am Ende der Zeit das Modul beenden. Dies kann den TN dann als ungewollter Bruch einer gut angelegten Lerneinheit vorkommen und wird eher als „Abbruch“ wahrgenommen. Wenn Sie in Ihrer Planung die ein oder andere „Sollbruchstelle“ einplanen, an der Sie bewusst den Unterricht scheinbar regulär beenden könnten, dann wirkt das Ende nicht abrupt, sondern gewollt. Das ist für die TN angenehmer, weil diese sich im Gegensatz zum Ausbilder oft in ihr Handeln versenken und die Zeit nicht so genau im Auge behalten.

Die Nutzung von *„Sollbruchstellen“* oder *„Gelenkstellen“* sollten jedoch mit wachsender Erfahrung die Ausnahme bleiben. Bitten Sie Ihre TN von Anfang an darum, sich bei Ihnen wenn möglich frühzeitig als fehlend zu entschuldigen. Das hat nicht nur etwas mit Höflichkeit zu tun, sondern ist für den Ausbilder sehr hilfreich. Wenn statt sechzehn TN plötzlich nur noch zehn Personen trainieren, wird sich die Dauer einzelner Unterrichtsphasen im ursprünglichen Zeitplan verändern, meist verkürzen. Bei vielen TN müssen Sie grundsätzlich mehr Gesprächszeit einplanen, durch eine höhere Zahl der Beteiligten in moderierten Gesprächsrunden oder dergleichen. Schrumpft Ihre Gruppe unerwartet deutlich, zum Beispiel krankheitsbedingt, verändern sich die Gesprächszeiten oftmals. Dies ist nie genau vorher zu sagen, wie so Vieles nicht, Sie sollten diese Möglichkeit jedoch in Betracht ziehen.

Sie haben nun fünf Minuten für die Begrüßung eingeplant und können sich nun Ihrem Ermessen nach überlegen, wie Sie den Unterrichtseinstieg beginnen wollen. Was für einen Einstieg wählen Sie? Wie machen Sie die TN neugierig auf das, was sie heute erwarten wird? Zeigen Sie Fotos, Zeitungsausschnitte? Haben Sie die Möglichkeit eine kurze Filmsequenz zu zeigen? Mit welcher

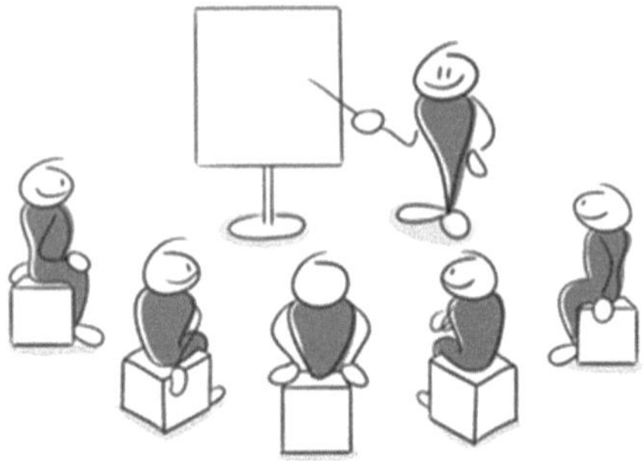

Fragestellung können Sie die Lerneinheit überschreiben, damit die Frage so viel Aufforderungscharakter besitzt, dass die TN sich motiviert an die Lösung des gestellten Problems machen und um zu versuchen eine Antwort auf die „Frage des Tages“ zu finden. Der Grobplanung können Sie das Thema der jeweiligen Einheit entnehmen und sich nun an den gewünschten Lerninhalten entlang voran arbeiten. Wir zeigen pro Termin (im zehnwöchigen Kurs) je nach Schwierigkeit der Thematik nicht mehr als drei bis vier neue Dinge. Das mag in den Ohren des einen oder anderen Ausbilders sehr wenig klingen. Wenn Sie aber zum Beispiel bei eineinhalb Zeitstunden pro Termin fünf Minuten für die Begrüßung einplanen, dann weitere fünf bis zehn Minuten für den Einstieg und ein Warm-Up benötigen und am Ende noch etwa fünfzehn Minuten für Anwendungs- und Wiederholungsaufgaben mit modifizierten Aufgabenstellungen plus ein wenig Zeit für ein Fitness-Workout, dann bleiben Ihnen etwa 60 Minuten Zeit für die Erarbeitung neuer und die Wiederholung bereits bekannter Lerninhalte. Wenn diese 60 Minuten dann für drei neue Dinge verwendet werden, bleiben also ca. 20 Minuten für das Erklären, Demonstrieren und Üben-Lassen in verschiedenen Übungsformen. Vergessen Sie nicht, dass für Sie als Ausbilder viele Bewegungen, Koordinationsübungen und Abwehrtechniken eine Selbstverständlichkeit sind. Sie rufen lediglich bei Ihnen fest verankerte Bewegungsmuster und Verhaltensweisen ab, über die Ihre Kundinnen nicht verfügen. Bemessen Sie die effektive „Lernzeit“ deshalb großzügig. Selbst bei ausreichender Lernzeit kann ein Zuviel an Neuem zu Überforderung führen. Deswegen sind die Übungsphasen zur

Anwendung des Neuen so bedeutungsvoll. Wie lange braucht eine TN denn dann nun, bis sie eine Technik beherrscht? Eine ähnlich formulierte Frage stellt auch Pfeifer (2010) und beantwortet sie mit den Ergebnissen einer russischen Studie, aus der hervorgeht, dass 375 bis 450 Wiederholungen notwendig sind um eine erlernte Technik richtig ausführen zu können. Tatsächlich einsatzbereit, außerhalb der gewohnten Trainingssituation, ist sie erst nach 1600 bis 1800 Wiederholungen und dann ist sie noch nicht automatisiert. Dieses Wissen sollte Sie in der Rolle des Ausbilders bei all Ihren Überlegungen hinsichtlich der Trainingsintensität berücksichtigen.

An dieser Stelle soll nicht der Eindruck entstehen, dass wir nichts von Wochenend-Crashkursen halten. Jedoch veranlasst uns die Studie dazu, die Frage zu stellen, wie ein Wochenendworkshop damit werben kann, Frauen innerhalb von sechs Stunden an einem Samstagnachmittag fit für den Überlebenskampf auf der Straße zu machen. Wir denken, dass diese Versprechen unmöglich zu erfüllen und damit unseriös sind. Dennoch können Sie ja einmal anfangen auszurechnen, wie lange der Übungszyklus für eine Technik, sagen wir den Handballenstoß, dauert und wie viel Zeit dann bei 1800 Wiederholungen benötigt wird. Sie werden, wie wir auch, zu der Erkenntnis kommen, dass hier etwas nicht mit rechten Dingen zugehen kann. Etwas anderes ist es, wenn dies ein Schnupperworkshop ist, der die Frauen in die Thematik „hineinschnuppern" lässt und auch nur als solcher beworben wird. Sie können in vier- oder sechsstündigen Kursen natürlich im Bereich der Gewaltprävention ansetzen und vor allem etwas zum Thema Selbstbehauptung anbieten. Selbstverständlich können Sie in kurzer Zeit die ausgewählten Techniken oder Vorgehensweisen erläutern und üben lassen aber die Zahlen der russischen Studie sprechen für sich: Von einem sicheren Anwenden-Können kann hier noch nicht die

Rede sein. Kennen und Können sind eben zwei Paar Schuhe. Deswegen empfehlen wir, bei Crashkursen auch ausdrücklich darauf hinzuweisen, dass in so kurzer Zeit keine Selbstverteidigungsfähigkeit mit Langzeitwirkung erreicht werden kann. Solche Crashkurse können für Ihre Kundinnen allerdings ein gelungener Einstieg in weitere Kurse oder Ihr reguläres Trainingsangebot bedeuten und von Ihnen aus diesem Grund als werbewirksames Mittel der Neukundinnen-Gewinnung eingesetzt werden. Die Nachfrage nach solchen Kursangeboten ist derzeit noch sehr groß.

Lassen Sie uns wieder den Blick auf Ihre Kursplanung richten. Überlegen Sie sich für die Zeit kurz vor dem Ende der jeweiligen Lerneinheit eine „Übungs-Ergänzung" in Form von Kooperationsspielen (siehe Kapitel 4.8) oder Variationen, um die verbleibende Zeit sinnvoll zu „füllen".

„Fertigkeiten müssen entwickelt und regelmäßig trainiert werden, um jederzeit situationsangemessen abrufbar zu sein." (Eberspächer[11])

Nachdem Sie also zum Beispiel drei bis vier neue Techniken oder zwei Techniken und einen intensiven Theorieblock zu „Notwehr und Nothilfe" in einer Einheit geplant haben, folgt nun die dritte Phase, in der am Ende wiederkehrende Anforderungen zunehmend routinierter in Angriff genommen werden sollen.

[11] Zitat – Eberspächer (2007): S. 25.

Fassen Sie Gelerntes zusammen und lassen Sie sich nun entsprechende Übungen, Situationstrainings oder gar Rollenspiele einfallen, in denen die TN das neu erworbene Wissen vertiefen und anwenden üben können. Dazu müssen Sie Situationen erschaffen, in denen das neue und erwünschte Verhalten abgerufen werden muss. Beachten Sie, dass Sie die Erschaffung solcher Anwendungssituationen nicht mit von Ihnen favorisierten „Spezialeffekten" übertreiben. In einem regulären Training, in dem nur knapp zehn bis fünfzehn Minuten Vertiefungszeit bleibt, können Sie nicht alle TN in ein Stresstraining schicken oder alle einzeln im Kreis etwas anwenden lassen. Sie merken es schon: Wenn vierzehn TN jeweils nur zwei Minuten einzeln etwas vorführen oder Einzelaufgaben einzeln nacheinander bewältigen sollen (zum Beispiel in unserem Schubskreis), benötigen Sie dafür sage und schreibe 28 Minuten der zur Verfügung stehenden Zeit. Dafür fehlt oft die Zeit! Hier bieten sich Übungen an, die allen TN Gelegenheit geben, etwa partnerweise unter erschwerten Bedingungen die Anwendung zu üben. Schalten Sie einfach einmal das Licht aus oder lassen Sie am Ende laute Musik laufen. Sie werden sehen, dass sich bereits solche Kleinigkeiten auf Motivation, Engagement und Anwendungswillen auswirken. Dies ist besonders wichtig, wenn zuvor ohne Stimmeinsatz oder ohne großen körperlichen Einsatz trainiert wurde. Sollten Sie es vorziehen, neue Techniken oder Verhaltensmuster „steril", also aus dem Angriffskontext heraus genommen, trainieren zu lassen, so ist es wichtig, am Ende der Lerneinheit die neu erworbenen Fähigkeiten in einen Kontext (Angriffssituation) zu übertragen. Diese sollte noch immer im gewohnten Trainingsumfeld stattfinden und ohne Leistungsbeurteilungscharakter aber unserer Meinung nach sollten die Frauen lernen sich in Situationen zielführend zu verhalten und nicht einzelne Techniken gegen isolierte Angriffe zu trainieren.

Legen Sie fest, wieviel Zeit Sie grob für die einzelnen Unterrichtsphasen verwenden möchten. Wenn Sie danach wissen, wieviel Zeit Sie für die Vermittlung neuer Dinge übrig haben, dann können Sie sich Gedanken machen, auf welche Weise diese gelernt werden sollen und welche Lehr- und Lernmittel die TN dabei unterstützen können. Bedenken Sie, dass das Vormachen und Nachmachen-Lassen (also das Lernen am Modell) zeitökonomisch und damit effektiv ist. Auf der anderen Seite entgeht den TN so die Chance, für ein Problem selbst eine Lösung durch Versuch und Irrtum zu finden. Es ist zwar eine sehr schöne Sache, wenn TN sich selbst die Lösung für ein Problem erarbeiten, aber dies ist sehr zeitintensiv und bedarf eines guten Zeitmanagements. Der Ausbilder tritt in dieser sehr teilnehmerinnenorientierten Phase in den Hintergrund.

Die TN „alleine" lernen zu lassen und als Ausbilder in den Hintergrund zu treten, heißt, dass Sie mehr Kontrolle über die Lernprozesse abgeben müssen, da Sie in dieser Phase aus dem Hintergrund heraus nicht mehr lenkend eingreifen (sollen), ansonsten wäre es ja keine teilnehmerzentrierte Arbeitsphase mehr. Sie bekommen die Führungs- und Lenkungsmöglichkeiten, sprich „die Zügel" erst wieder in die Hand, wenn Sie diese Phase beenden und selbst wieder im Mittelpunkt stehen.

Bei Intensivkursen und Wochenendworkshops haben Sie diese Zeit verständlicherweise nicht. Findet unter Ihrer Leitung jedoch ein Halbjahreskurs statt, sollten Sie Ihre Möglichkeiten prüfen, das selbstentdeckende Lernen zumindest in eng umrissenen Zeiträumen zuzulassen. Es ist für alle eine Bereicherung. Damit Sie sich darunter etwas mehr vorstellen können, lesen Sie sich weiter hinten im Buch das Schildkröten-Spiel durch. Hierbei können Sie die TN unter anderem selbst Erfahrungen im Bereich der Willensschulung sammeln lassen und zunächst ohne Ihre Anregungen Wege für sich entdecken lassen, wie man die Partnerin gedreht bekommt.

Steht genug Zeit zur Verfügung und das haben Sie ja in der Hand, können nach dem Spiel oder in einer kleinen Pause Erfahrungen besprochen und ausgetauscht werden, so kann jede TN auch von anderen Frauen lernen und sich selbst einbringen mit ihren gemachten Erfahrungen. Man nennt solche Formen des Lernens auch kooperative Lernformen. Diese führen dann zu Selbstverstärkungsprozessen. Auch Sie selbst lernen und vertiefen Ihr Wissen, während Sie anderen etwas beibringen und das können auch die TN Ihres Kurses gewinnbringend tun.

1.12.3 Zusammenfassung der Planungsarbeit

Grundsätzlich ist eine Lerneinheit, egal für welche Kurs- oder Workshop-Art Sie sich entschieden haben, immer ähnlich aufgebaut. Jedes Modul sollte einem eigenen Thema gewidmet sein, wie zum Beispiel die „Bedeutung von Körpersprache in Theorie und Praxis". Module können aus einzelnen Kursabenden bestehen oder innerhalb eines Wochenendkurses auch nur aus einzelnen Unterrichtsstunden. Klare Strukturen helfen zum einen Ihnen als Ausbilder, zum anderen helfen sie vor allem Ihren Kundinnen. Oft sind Menschen dankbar für vorgegebene Strukturen, die auch zu Seminarbeginn transparent gemacht werden. Eine Gliederung der Veranstaltung hilft der TN, sich leichter zu orientieren, was sie gerade lernt und erfährt. Das neu erworbene Wissen kann in den von Ihnen vorgegebenen Gliederungspunkten mental „verankert" werden. Aus diesem Grund geben wir in unseren BEST-Seminaren zu Beginn die Veranstaltungsgliederung oder wenn Sie so wollen, den roten Faden bekannt. An diesem „Gerüst" können sich dann alle TN orientieren.

Eine Lerneinheit beginnt üblicherweise nach der **Begrüßung** mit dem Einstieg in die Thematik, der sogenannten Eröffnung. Die TN werden auf das Thema der Lerneinheit eingestimmt, meist in Verbindung mit einer sich aus dem Einstieg ergebenden Fragestellung, die während dieser Lerneinheit im Zentrum steht. Ist der Einstieg von Ihnen gut gemacht und stellen Sie früh einen Bezug zur Lebenswelt der TN her, entwickelt sich aus ihm Neugier und Interesse, welche für den Lernerfolg in jeder Einheit von großer Bedeutung ist. Der Einstieg ist, zeitlich betrachtet, der kleinste Baustein einer Kurseinheit. Sie können zwischen Unterrichtseinstieg und der Erarbeitungsphase noch eine Wiederholungsphase einschieben, um die Kursinhalte der letzten Module quasi als „Aufwärm-Einheit" zu vertiefen. Didaktisch und pädagogisch gut angelegte Lernspiralen unterstützen die Lernerin. Die Häufung an Wiederholungen sorgt dafür, dass neues Wissen über kurz oder lang ins Langzeitgedächtnis „wandert" und immer besser abrufbar wird.

Nach dem **gelungenen Einstieg** und der **Hinführung zum Thema** geht es nun um die Erarbeitung neuer Lerninhalte. Jetzt vermitteln Sie neues Wissen, lassen Ihre TN sich Wissen selbstständig aneignen und setzen die unterschiedlichsten Lernmethoden, Materialien, Aktions- und Sozialformen ein, damit möglichst viele verschiedene Lerntypen angesprochen werden. Das von Ihnen festgelegte Zeitkonzept begrenzt die zeitliche Dauer der sogenannten „Erarbeitungsphase". In unserem Übungsbeispiel soll jeder der zehn Termine versuchsweise eineinhalb bis zwei Zeitstunden dauernd.

Nachdem Sie die zuvor geplanten Lerninhalte innerhalb der gegebenen Zeit erarbeitet haben, wird die zweite Phase abgeschlossen und nahtlos von der dritten und letzten Phase jeder Lerneinheit abgelöst. Das zuvor **neu erworbene Wissen** soll zunächst **zusammengefasst werden** und dann in verschiedenen Anwendungsaufgaben trainiert und damit vertieft werden. Dies ist sehr wichtig und

Sie sollten darauf achten, dass diese letzte Arbeitsphase nicht aufgrund von Zeitmangel ausfällt. Jetzt zeigt sich nämlich, ob die Lerninhalte verstanden wurden und auf leicht modifizierte Situationen angewendet werden können. Wenn dies den TN gelingt, haben Sie zuvor gute Arbeit geleistet und Ihre Lernmodule sinnvoll aufgebaut.

Das zeigt nämlich, dass die Frauen alle aufeinander aufbauenden Kompetenzniveaus erfolgreich durchlaufen haben. Die Fähigkeit neues Wissen auf noch nicht trainierte Situationen erfolgreich anzuwenden bedeutet, dass die TN eine hohe Kompetenzstufe zu diesem Lerninhalt erreicht hat. Sie müssen demnach Übungen beziehungsweise Situationstrainings entwickeln, bei denen das erwünschte Verhalten abgerufen werden muss. Sie bietet sich dann als Wiederholungsphase in der nächsten Lerneinheit an. Leider können wir Ihnen kein allgemein gültiges „Zeit-Rezept" geben, in etwa: „Die Erarbeitungsphase umfasst 20 Minuten". Die Dauer der einzelnen Phasen variiert und hängt von Ihrem Kurs- und Zeitplan ab.

Ablauf einer Unterrichtseinheit:

- ✓ *Eröffnung / Begrüßung*
- ✓ *Einstieg*
- ✓ *(Wiederholung)*
- ✓ *Erarbeitung*
- ✓ *Sicherung*
- ✓ *Vertiefung*

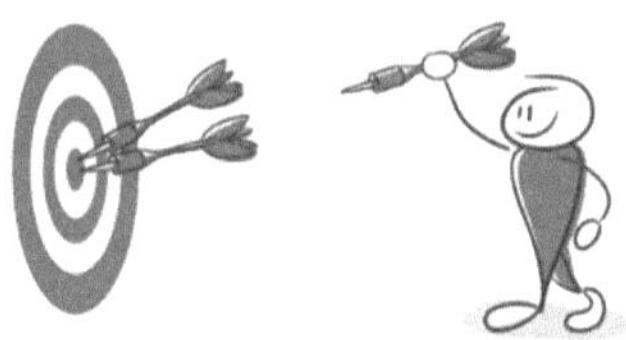

1.13 PLANUNGSHILFEN

Neben den bisherigen Informationen zur Konzeption eines Kurses möchten wir Sie noch mit verschiedenen Hilfen versorgen, die Ihnen die Planung und deren Umsetzung erleichtern sollen.

1.13.1 Werbung für Ihren Kurs

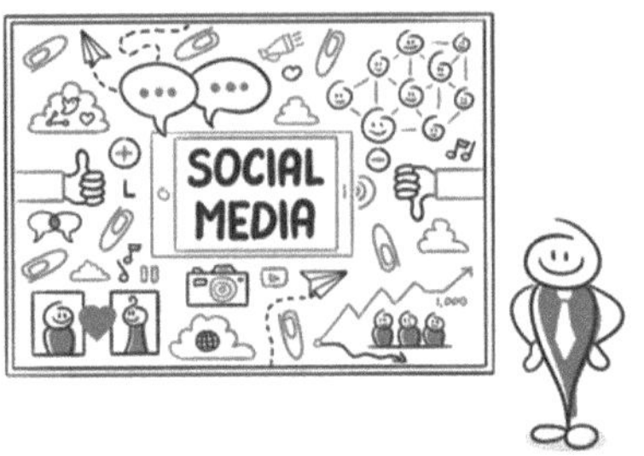

Wenn Ihre Kursplanung schließlich steht und Sie sich Klarheit verschafft haben, wo und wie Ihr Kurs stattfinden wird, können Sie mit den Werbemaßnahmen beginnen. Von alleine spricht es sich nicht herum, dass Sie einen guten FSV-Kurs anbieten und deswegen ist es wichtig, dass Sie Werbung dafür machen, auch wenn Sie dazu erst einmal ein wenig Geld in die Hand nehmen müssen. Werden Sie kreativ und überlegen Sie sich, wo Sie Ihre potentiellen Kundinnen am ehesten antreffen. Dort starten Sie die Werbekampagne. Wenn Sie erfolgreich sein wollen, gehört Klappern zum Handwerk, wie man so sagt. Es gibt wirklich viele Möglichkeiten, wie Sie auf sich aufmerksam machen können. Zuerst rücken wir das Internet in den Fokus. Wenn Sie über einen Homepage verfügen, dann bewerben Sie dort Ihr Kursangebot. Nutzen Sie soziale Netzwerke. Wenn dort etwas auf Interesse stößt, wird es viele Male geteilt und viele Menschen erfahren von Ihnen. Sparen Sie nicht an einem entsprechenden Internetauftritt und halten Sie Interessentinnen stets auf dem Laufenden. Aber nicht nur das Internet bietet ungeahnte Möglichkeiten, sondern auch das Auslegen von Flyern und das Verteilen von Plakaten und oder Visitenkarten. Universitäten und Hochschulen sind gute Anlaufstellen, ebenso Kindergärten, Arztpraxen, Ämter, Behörden, Rathäuser, der Kinderschutzbund, Frauenhäuser, Geschäfte im Ort und so weiter. Überlegen Sie sich, welche Frauen zu Ihrem bevorzugten Kundenkreis gehören und finden Sie dann heraus, wo dieser am ehesten anzutreffen ist.

Vielleicht können Sie bei einem Dorf- oder Stadtfest einen Stand gestalten, bieten Sie an Volkshochschulen einen Schnuppertag an oder sogar gleich Ihren Kurs. Natürlich sind mit der Werbung auch Kosten verbunden. Dennoch ist es wichtig, dass Sie auf sich aufmerksam machen. Zu Werbezwecken bieten sich auch kostenlose Schnuppertage an. Diese kosten Sie natürlich zunächst Zeit und Personal etc. Wenn Sie auf diese Weise jedoch potentielle Kundinnen anlocken können, die nach einem kostenlosen Schnuppertag Ihren Kurs buchen, haben Sie mehr als gewonnen. Ein gewisses Risiko tragen Sie immer, wenn Sie finanziell in Vorlage treten, um Werbung zu machen aber Sie erhöhen auch erheblich die Chancen, dass man Ihr Kursangebot entdeckt und nutzt. Wer nicht wagt, gewinnt nicht!

1.13.2 Das Kennenlernen der Teilnehmerinnen

Bevor wir konkret auf das erste Kennenlernen eingehen, möchten wir Ihnen noch den Tipp geben, in Ihrem Kurs vom ersten Termin an eine E-Mail-Adressen-Liste auszulegen oder der Einfachheit halber eine Liste für die Telefonnummern. Wenn Sie die Möglichkeit haben, richten Sie eine FSV-Kurs-Gruppe bei einem der zahlreichen Anbieter für Messanger ein, über die Sie bei Bedarf ohne viel Aufwand über wichtige Termine etc. informieren können. Es kann ja immer mal vorkommen, dass ein Termin entfallen muss. Am schnellsten und unkompliziertesten verbreiten Sie solche Informationen via Messanger oder in sozialen Netzwerken. Sie sollten Wert darauf legen, dass

diese nur von Ihnen zum Verbreiten von Nachrichten genutzt wird. Ansonsten laufen Sie Gefahr, dass Kundinnen genervt sind und die Gruppe verlassen, wenn sie ständig unerwünschte Nachrichten erhalten. Bitten Sie auch die Frauen in Ihrem Kurs darum, Sie persönlich anzuschreiben und nicht in solche Gruppen. So halten Sie das Nachrichtenaufkommen übersichtlich und kommunizieren nur das Wichtigste.

Allem voran planen Sie bitte für den ersten Termin bzw. allgemein die erste Lerneinheit das Kennenlernen des Kurses ein, entweder in Form einer Vorstellungsrunde oder in Form eines „Kennenlern-Spiels". Wenn möglich, sollte (wie bereits erwähnt) das „Du" als Anredeform gewählt werden, sofern alle TN damit einverstanden sind. Dies unterstützt die Entwicklung einer vertrauten, angenehmen Lernatmosphäre. Das Kennenlernen planen Sie als festen Bestandteil ein. Es wird erfahrungsgemäß einige Zeit in Anspruch nehmen, bis alle Frauen sich in einer Vorstellungsrunde knapp in, sagen wir 15 bis 30 Sekunden, vorgestellt haben. Unsere Ausbilder stellen sich etwas umfangreicher vor (Name, Alter, Beruf, FSV-Erfahrung, Qualifikationen, sonstige Freizeitaktivitäten ...) So vergehen schnell zehn bis fünfzehn Minuten bei etwa sechszehn TN.

Vorstellungsrunden fallen manchen Menschen sehr schwer, weil es ihnen unangenehm ist, in einer Runde vor lauter Fremden etwas über sich zu erzählen. Sie sollten sich bei der Vorstellungsrunde alle sehen können. Ein Stirninnenkreis bietet sich daher zum Kennenlernen an. Wir legen Wert auf den Namen, den Vornamen und das Alter. Vielleicht können die Frauen noch kurz etwas zu ihrer Motivation sagen, aus der heraus sie den Kurs besuchen. Machen Sie den Anfang und stellen sich und eventuell Ihre Assistenztrainer vor. Sie können dabei einen kleinen Gegenstand, wie zum Beispiel einen Knautschball oder dergleichen weiterreichen, so dass die Person, die sich vorstellt den Gegenstand in der Hand hält. In manch einer Runde ist ein Stoffmaskottchen weiter gereicht worden. Solch ein Gegenstand erleichtert manchen Menschen das Sprechen vor einer fremden Gruppe enorm. Die Hände der sich Vorstellenden haben etwas zu tun und die Nervosität findet so ein Ventil. Auf den Beruf der TN legen wir keinen Wert bei der Vorstellungsrunde, da er nichts zur Sache tut und unter Umständen zu Verunsicherung führt, wenn sich eine TN aufgrund ihres sozialen oder beruflichen Status nicht wohl fühlt.

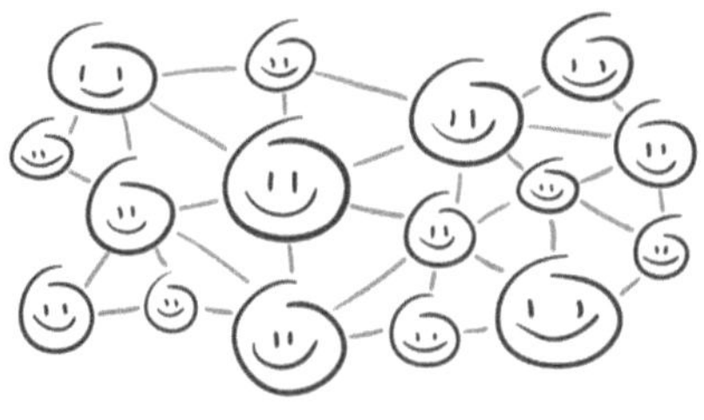

Aber nicht nur die TN sollen Sie und die anderen Frauen kennen lernen. Auch Sie sollen Gelegenheit haben, die TN ein wenig kennen zu lernen. Wir wissen, dass es am Anfang der Ausbilder-Karriere nicht einfach ist, sich sowohl um Organisatorisches zu kümmern, gleichzeitig einen ersten Eindruck von Ihren Kundinnen zu gewinnen und gleichzeitig locker und frei den Kurs zu moderieren. Wir können Sie beruhigen, im Laufe der Zeit wächst Ihre Erfahrung diesbezüglich und Sie werden merken, dass dies immer leichter gelingt. Sind Sie schon länger in der Aus- und Weiterbildung tätig, dürfte dies für Sie keine Hürde darstellen und Sie können sich ganz besonders dem ersten Eindruck widmen, den Sie von Ihren Kundinnen gewinnen. Die Art und Weise, wie sich die Frauen vorstellen und was sie über sich selbst aussagen, gibt Ihnen bereits erste wichtige Hinweise darauf, wie Sie mit den Menschen umgehen können. Sind Damen dabei, die selbstbewusst und offen sind? Wirken einige sehr verunsichert und nervös? Wie ist die Körpersprache Ihrer Kundinnen? Nutzen Sie alle Sinneseindrücke, die Sie gewinnen können. Ziehen Sie Rückschlüsse und beobachten Sie im Verlauf des ersten Termins, ob sich Vermutungen bestätigen. Gerade, wenn Sie im Vorfeld bereits wissen, dass in Ihrem Kurs auch gewaltvorbelastete Frauen teilnehmen, achten Sie auf diese.

Einige Dinge sollten Sie unserer Meinung nach unbedingt gleich zu Beginn nach der Begrüßung oder der Vorstellung des Kurskonzeptes abklären. Dazu gehören in erster Linie Regeln, die für unsere BEST-Kurse immer gelten. Sie geben Klarheit und Sicherheit und deswegen gehören sie direkt zu Beginn des Kurses erwähnt.

Als Erstes stellen wir uns als Ausbilder-Team vor und natürlich unsere Akademie. Dann präsentieren wir das Konzept des Kurses, kurz, was die Frauen erwarten wird. Danach erfahren die Frauen von uns, dass wir zwar gut ausgebildete Trainer haben, die ein großes Einfühlungsvermögen besitzen und die bei Bedarf auch entsprechend professionelle Hilfsangebote vermitteln können. Sie erfahren aber auch, dass wir keine ausgebildeten Therapeuten sind und schon alleine deswegen die Verantwortung der Frauen für sich selbst bei ihnen bleibt. Die TN müssen auf sich selbst achten und wenn es ihnen mit einer Übung nicht gut geht, seien es physische oder psychische Probleme, dann müssen sie eigenverantwortlich entscheiden, was sie leisten können und wollen.

Jede Frau im Kurs hat das Recht jederzeit und ohne Angabe von Gründen eine Pause zu machen oder wie wir sagen eine „Auszeit“ zu nehmen. Des Weiteren gilt für alle, dass bei „Stopp!“ auch tatsächlich sofort Schluss ist, egal in welcher Situation. Durch diese einfachen Regeln schaffen Sie einen Sicherheitsrahmen, der ein sich Einlassen erleichtert. Viele Frauen haben uns bei unseren Auswertungen der Kurse rückgemeldet, dass diese „Sicherheitsvorkehrungen“ für sie eine große Hilfe waren, einen sicheren Einstieg zu finden, weil die Gewissheit da war, dass man jederzeit Kontrolle hat über das, was mit einem passiert. Bei weniger ängstlichen Frauen ist das Sicherheitsbedürfnis nicht so hoch angesiedelt. Aber auch sie haben oftmals rückgemeldet, dass sie diese Regeln trotzdem toll fanden, weil dann für alle TN klar war, dass es in Ordnung ist, sich aus dem Geschehen für einen Moment herauszuziehen.

Die dritte Regel unserer BEST-Kurse lautet, dass alles was in unseren Kursen besprochen wird, vertraulich ist und nicht nach außen getragen wird. Im Verlauf des Kurses öffnen sich manche Frauen zunehmend. Da ist dieser Vertrauensgrundsatz wichtig.

Benötigt eine Frau eine Pause oder möchte sie eine Übung aussetzen, bitten wir sie darum, dies dem Übungsleiter oder Kursleiter mitzuteilen und sich in unsere Ruhezone zurückzuziehen. Wir fragen nicht nach, warum jemand etwas nicht möchte, wir lassen gewähren. Manchmal sind es nur Anlauf-Schwierigkeiten und Frauen lernen schnell, Vertrauen zu fassen, dann erledigt sich das Problem des nicht Mitmachen-Wollens schnell von alleine. Stecken schwerwiegendere Gründe dahinter, fragen wir nach, was sich die Frauen vom Kurs erwarten. Die Frau bekommt von uns die Frage gestellt: „Was willst Du hier erreichen?". Im Idealfall bekommen wir eine Antwort, wenn nicht, fordern wir dazu auf, sich diese Frage in Ruhe erneut zu stellen, denn sie kann nur von den Frauen selbst beantwortet werden. Es ist im Übrigen eine Frage, die sich nicht nur im Kurs stellt. Diese Frage begleitet das Leben jedes Einzelnen und auch Sie dürfen sich am Ende des Buches die Frage stellen: „Was will ich?" in Sachen Kursgestaltung. Natürlich stellen wir die Frage nicht in jedem Kurs. Wir setzen sie meist dann ein, wenn wir das Gefühl haben, dass jemand sich öfters gezielt um Übungen drückt, die scheinbar „unangenehm" sind. Mit der Frage versuchen wir der Frau zu helfen, indem wir sie mit ihren Wünschen konfrontieren. Lautet ihre Antwort „Ich will mich verteidigen lernen / sicherer werden", dann geben wir ihr zu bedenken, dass dies nur dann gelingen wird, wenn sie bereit ist, sich auf unser Kurskonzept einzulassen. Natürlich können Sie ein paar „Extra-Sicherheiten" einbauen, zum

Beispiel, dass die Betroffene nicht aus der Gruppe weggeht, sondern sich dazu setzt, selbst wenn sie nichts beitragen will. Vielleicht können Sie sie davon überzeugen die Übung zumindest zu probieren mit der Versicherung, dass Ihr „Stopp“ sofort zum Abbruch der Übung führt und dass sie ihr Gesicht nicht verliert, wenn es nicht klappt. In unseren Kursen hat sich gezeigt, dass dies oft schon hilft und die Frau dann doch mitmacht. Sie haben es ja schon gelesen: Alle TN sind individuell verschieden und selbst wenn eine Frau Ihnen versichert, dass sie keine Negativerfahrungen gemacht hat, dann heißt das noch lange nicht, dass dies stimmt. Es muss schon ein sehr großes Vertrauen zu Ihnen bestehen, wenn eine Frau Ihnen von so etwas berichtet. Ein letzter Gedanke zu der Frage „Was will ich?“ führt uns an den Punkt, an dem Sie erkennen sollen, dass sie Menschen aus der Passivität holt. Es ist manchmal unbequem diese Frage zu beantworten, weil dann die Erkenntnis folgt, dass man für seine Wünsche eintreten und handeln muss, wenn einem etwas nicht gut tut.

Der Umgang mit einer panischen oder weinenden Frau ist problematisch und erfordert enormes Fingerspitzengefühl der Ausbilder. Weinende Frauen sollten eine Rückzugsmöglichkeit bekommen. Wir schauen ab und an nach den Frauen und achten darauf, wie es ihr geht. Ein Einzelgespräch ist nach einigem zeitlichen Abstand unbedingt notwendig, denn es muss geklärt werden, ob und inwiefern die Frau weiter am Kurs teilnehmen kann. Liegt eine massive Traumatisierung in der Vergangenheit als Grund vor, dann müssen Sie individuell eine Lösung erarbeiten. Über eine Empfehlung Therapeuten oder sonstige Fachkräfte zu Rate zu ziehen sollten Sie unbedingt nachdenken. So hart es auch klingt, aber in unseren Kursen ist kein Platz für Trauma-Therapie oder individuelles Konfrontationstraining, allein schon deswegen nicht, weil wir die Gefahr einer Retraumatisierung reduzieren wollen. Das ist nämlich nicht nur für Sie und die Betroffene anstrengend, sondern auch für Ihre anderen zahlenden Kundinnen.

Frauen, die unseren Kurs mit dem Ziel besuchen, nach einer Vergewaltigung herauszufinden, ob sie jetzt „hart“ genug sind, um sich zu wehren, weisen wir darauf hin, dass sie von uns nicht konfrontiert werden!

1.13.3 Checklisten als Planungshilfe

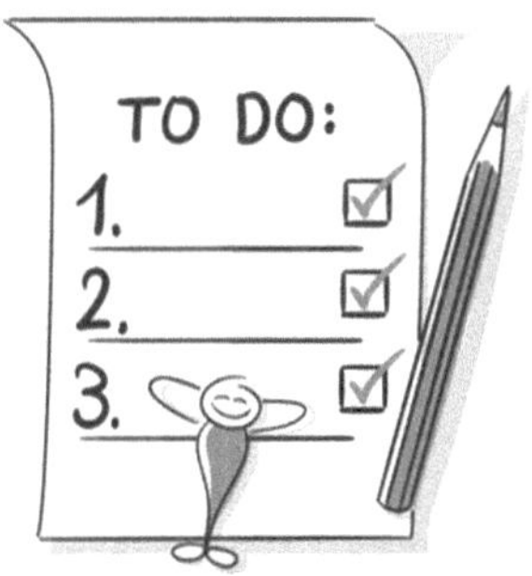

Weitere Hilfen können Sie sich selbst erstellen, indem Sie verschiedene Listen anlegen zu Dingen, die in jedem Kurs wiederkehrend von Bedeutung sind. Eine Teilnehmer-Liste benötigen Sie immer wieder. Hier würde es sich anbieten, eine Liste am Computer zu erstellen und diese immer wieder bei Bedarf auszudrucken. Hinzu kommen Listen, mit Punkten, die Sie als Checkliste bei der Vorbereitung abhaken können. Dies strukturiert Ihre Tätigkeiten und lässt Sie im Idealfall mit einem Blick erfassen, was als Nächstes getan werden muss. Solche Checklisten (siehe auch Kapitel 4.9) helfen also, die Übersicht zu behalten. Mit einmal angelegten Listen ersparen Sie sich beim nächsten Kurs, vorausgesetzt sie sind sinnvoll und gut angelegt, jede Menge Aufwand bei der Vorbereitung und Planung:

- TN-Listen, Email-Adressen,
- Vorbereitende Listen (Durchführungslisten),
- Liste aller benötigten Übungsmaterialien,
- Checkliste für den Verbandskasten,
- Einkaufslisten mit zu besorgenden Getränken

oder Snacks, zum Beispiel für den Abschlussabend,
- Listen mit Spielen und Übungen, Verlaufspläne.

1.13.4 Auflockerung ernster Unterrichtseinheiten

Ernste Lerninhalte lockern Sie am besten ein wenig auf, zum Beispiel mit ein wenig Humor oder dem Auslösen eines Lachens. Dem Lerninhalt soll auf diese Weise sicherlich nicht die Ernsthaftigkeit genommen werden. Die Frauen sind sich dieser unserer Erfahrung nach sehr bewusst, schätzen es aber dennoch, wenn wir die Stimmung hier und da nicht gar zu ernst werden lassen. Lachen löst Spannungen und vielleicht ist es gar keine schlechte Idee die Anspannung der Frauen nach der Besprechung des Vergewaltigungs-Themas wieder aufzulösen, denn Ihre Kundinnen sollen den Kurs nicht mit dem Gefühl der Angst verlassen.

1.13.5 Der Abschluss einer Lerneinheit

Was immer Sie sich als Lerneinheiten im Detail ausgedacht haben: Versuchen Sie diese am Ende der Unterrichtseinheit mit Entspannung und mit individuellen Erfolgserlebnissen der Frauen enden zu lassen. Das Ende des Kursabends bleibt meist länger im Gedächtnis als der Einstieg und deswegen ist es klug, das Ende mit positiven Erfahrungen zu verknüpfen. Gewisse Parallelen finden Sie auch darin, dass bei Argumentationen immer die besten und überzeugendsten Argumente zum Schluss benannt werden, weil man weiß, dass diese nachhaltiger im Kopf bleiben. Profitieren Sie davon und entlassen Sie die Frauen mit positiven Empfindungen nach Hause. Sie können das Ende der Einheit situationsabhängig gestalten. Vielleicht möchten Sie eine kleine Fitness-Einheit als Abschluss durchführen. Diese bringt alle noch einmal so richtig in

Schwung. War der Kursabend schon insgesamt aufgrund der Thematik stressig und belastend, bietet sich womöglich eine kurze Phase der gemeinsamen Entspannung an. Gerade, wenn Sie vor Schluss noch ein Stressbelastungstraining angesetzt hatten, sollten Sie großen Wert darauf legen, dass die TN nicht unter dem Einfluss des Rest-Adrenalins sofort ins Auto steigen und den Heimweg antreten. Zu groß ist die Gefahr, dass es zu Unaufmerksamkeiten im Straßenverkehr kommt. Uns hat eine Frau darüber berichtet, dass sie nach der einen oder anderen Übung, welche wir gar nicht also so besonders belastend eingeschätzt hatten, ins Auto gestiegen war und erst dann für sie plötzlich und unerwartet das große Kniezittern begann. Gottseidank war diese Frau nicht trotzdem einfach losgefahren, sondern hat noch eine Weile Musik im Auto gehört und konnte dann ca. zehn Minuten später sicher nach Hause fahren. Aus diesem Erlebnis haben wir Ausbilder gelernt! Es ist wichtig die TN nach dem Training kurz zu beobachten und gegebenenfalls das Gespräch zu suchen, denn nicht jede Frau kommt so schnell aus dem Hochstress wieder herunter. Nutzen Sie die kurze Zeit nach dem Training, bis alle wieder umgezogen sind oder zumindest wieder Straßenschuhe tragen, für kleine Gespräche mit Einzelnen. Während Fenster geschlossen und Jacken angezogen werden, ist immer noch kurz Zeit für die TN. Sollten Kundinnen Ihres Kurses von sich aus noch das Gespräch suchen, hören Sie zumindest kurz zu, falls Sie es nicht sehr eilig haben. Manchmal ergeben sich daraus für Sie neue und interessante Erkenntnisse. Sie selbst lernen fast jedes Mal etwas dazu. Erscheinen Nachfragen zu verschiedenen Themen zu komplex um sie sofort und knapp beantworten zu können, verweisen Sie freundlich aber bestimmt darauf, dass Sie diese beim nächsten Mal aufgreifen werden. Vergessen Sie das dann nicht, weil Sie sich sonst womöglich unglaubwürdig machen. Werden Sie mit Dingen, Ängsten oder Sorgen einer Frau konfrontiert, die Sie aktuell in genau diesem Moment selbst überfordern, dann reagieren Sie ruhig und gelassen. Erklären Sie der TN, dass Sie sich der Sache annehmen, auch wenn das für Sie nur bedeuten würde, einen professionellen Ansprechpartner ausfindig zu machen. Teilen Sie Ihr mit, dass Sie sich für individuelle Anregungen und Hilfen gerne selbst bis zum nächsten Termin Gedanken machen möchten.

Das wird man Ihnen nicht verübeln. Ganz im Gegenteil zeugt das von Kompetenz, wenn man Probleme nicht „abwürgt" oder davor „flieht", sondern sich ihnen zur gegebenen Zeit annimmt.

Sie müssen nicht alles wissen, Sie müssen nur wissen, wo es steht, sagt ein Sprichwort. Sie sollten Ansprechpartner kennen, die Sie den Frauen nennen können. Besorgen Sie sich Broschüren von der Polizei, dem Weißen Ring, dem Frauenhaus in der Nähe und so weiter. Geben Sie solche Informationen gegebenenfalls mit nach Hause.

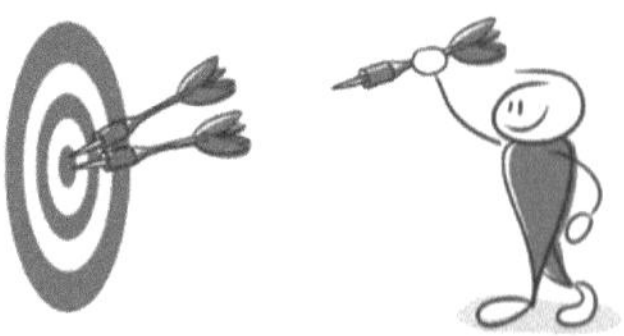

Womit auch immer die TN nach dem Training noch kommen, nehmen Sie Sorgen, Anregungen und Ängste ernst aber kommunizieren Sie klar, was Sie zu leisten im Stande sind und was nicht. Trennen Sie unmissverständlich in Bereiche, auf die Sie eine Antwort finden können und in Bereiche, für die Sie Fachkräfte empfehlen würden. Diese Einteilung ist von Ausbilder zu Ausbilder unterschiedlich und hängt von bisherigen Erfahrungen ab.

1.13.6 Erfahrung sammeln und auswerten

„Aus Fehlern lernt man" dürfte für Sie keine neue Weisheit sein. Wir möchten Sie ermutigen, Fehler nicht als etwas Schlimmes anzusehen, denn wer Fehler vermeiden will, erreicht seine Ziele langsamer, weil er zu sehr darauf konzentriert ist, keine Fehler zu machen.

Sie haben sicherlich bereits Einiges an Ausbilder-Erfahrung sammeln können und diese Erfahrungen werden Ihnen weiterhin helfen erfolgreiche Lerneinheiten zu planen und umzusetzen. Verdrängen Sie schlechte Ausbilder-Erfahrungen nicht, sondern setzen Sie sich bewusst und konstruktiv mit ihnen auseinander. Lernen Sie aus Ihren Erfahrungen und ändern Sie etwas, wenn es möglich ist.

„Ich bin nicht gescheitert - Ich habe 10.000 Wege entdeckt, die nicht funktioniert haben" (Thomas Edison)

Nehmen Sie sich am Ende jedes Kurses die Zeit einen Blick auf den Verlauf zu werfen. Werten Sie Ihre Arbeit aus und arbeiten Sie jene Bereiche heraus, die verbesserungswürdig und ausbaufähig sind. Sie werden sehen, dass Sie sich genau durch diese Auswertung zu wesentlichen Fortschritten verhelfen. Sicherlich kostet es Mut sich einer Bewertung zu stellen aber aus unserer Erfahrung können wir Ihnen nur mit auf den Weg geben, dass dies eine sehr lohnende Art ist, seine Kurse und seine Ausbilder-Kompetenzen immer weiter zu professionalisieren. Auch den sehr erfahrenen Ausbildern schadet hin und wieder eine Auswertung des Unterrichts nichts, denn dann kann überprüft werden, ob man seinen eigenen hohen Standards noch genügt oder ob sich bereits so viel

Routine eingeschlichen hat, dass zum Beispiel das eigene Einfühlungsvermögen in die TN anfängt zu leiden. Bewertung und Feedback können in verschiedenen Weisen eingefordert aber auch gegeben werden. Der Zeitpunkt der Rückmeldung kann variieren. Sie werden sie im Folgenden kennen lernen.

1.13.7 Grundlagen der Evaluation

Sie dürfen uns glauben, dass sich in Ihrem Kurs eine ganze Menge Dinge auswerten und bewerten lassen. Wenn Sie sich gerade ernsthaft mit dem Überarbeiten bisheriger Kurskonzepte beschäftigen, so sollten Sie sich unbedingt mit dem Thema Feedback beschäftigen. Feedback ist wertvoll und wird Ihre Bemühungen um erfolgreiche Kurse unterstützen. Im Zuge des Qualitätsmanagements sollte das Thema Ihre Beachtung finden.

Sie können Ihre Planungskompetenzen, Ihre Ausbilderkompetenzen oder etwa den Gesamtverlauf eines Kurses aus- und bewerten. Was und wie intensiv Sie Ihre Arbeit auswerten möchten, entscheiden Sie selbst. Wir möchten Ihnen an dieser Stelle lediglich Anregungen dazu geben und Sie ermutigen, sich auf diese Auswertungsarbeit einzulassen.

Üblicherweise findet die Auswertung am Ende jedes Kurses und jedes Workshops statt. Je länger die Kurse dauern, beispielsweise die Halbjahreskurse, umso sinnvoller erscheint es zwischendrin, etwa in der Kursmitte, eine kurze Feedback-Runde einzulegen. Manchmal ist es möglich, ein kurzes Feedback am Ende jedes Kurstages einzuholen. Dies wäre zum Beispiel bei Zwei- oder Dreitageskursen sinnvoll.

Es gibt zwei allgemeine Wege Kurse und Workshops auszuwerten. Da wäre als Erstes die Selbst-Auswertung. Dabei werten Sie Ihre eigenen Leistungen aus. Gerade zu Beginn der Ausbildertätigkeit traut sich der ein oder andere Kursleiter möglicherweise noch nicht an eine Fremdauswertung heran. Unter diesem Umstand ist eine Selbstauswertung auf jeden Fall besser als keine Fremdauswertung, die dann die zweite Möglichkeit darstellt.

Bevor Sie sich nun vertiefend über die verschiedenen Möglichkeiten der Kursauswertung informieren, möchten wir Ihnen mit auf den Weg geben, dass jedes noch so gut gemeinte Feedback nur so gut ist, wie derjenige, der es einfordert und annimmt. Insbesondere zur Fremdauswertung finden Sie im vierten Buchteil noch einige Informationen (siehe Kapitel 4.2 und 4.13).

Selbstauswertung

Vielleicht möchten Sie sich am Ende jeder Kurseinheit einen kleinen Moment Zeit nehmen und sich fragen, was Ihnen am jeweiligen Kurstermin gut gelungen und was weniger gut gelungen ist. Für den Fall, dass Sie Ihr Kurskonzept sogar am Computer erstellt und ausgedruckt in einer Mappe haben, können Sie jede Stundenfeinplanung vornehmen und auf die Rückseite kurze Notizen anfertigen. Bei den ersten Unterrichtsversuchen werden Sie vermutlich häufiger Probleme mit der Zeitplanung gehabt haben, was im Übrigen völlig normal ist. Erst im Laufe der Zeit stellt sich ein gutes Zeitgefühl bezüglich des Unterrichtens ein: Mal ist man zu früh fertig, mal dauert ein Unterrichtsbaustein plötzlich viel länger als geplant. Wenn Sie nun darüber nachdenken und sich dazu Notizen machen, ist das Gold wert, für den Fall, dass Sie dieses Konzept erneut verwenden wollen. Dann ist Ihnen Ihre Selbstbewertung nämlich ein verlässlicher Ratgeber in Sachen Ausbildungsplanung.

Zur Selbstauswertung können des Weiteren Videoaufnahmen gezählt werden. Aus eigener Erfahrung wissen wir, dass das Anschauen und Auswerten dieses Filmmaterials zu großartigen Einsichten bezüglich des eigenen Verhaltens führen kann. Man sieht anschließend Vieles in einem anderen Licht. Jetzt wird nämlich für Sie sichtbar, wann Sie sich gut verkaufen und wo Sie noch Defizite haben. Dies müssen Sie im Kurs aber zuvor ansprechen und abklären.

Fremdauswertung

Rückmeldungen durch andere Personen sind eine Bereicherung, wenn sie richtig genutzt werden. Sicherlich stellen Sie sich im ersten Moment und ohne entsprechende Feedback-Erfahrung jetzt vor, wie unangenehm das sein muss, wenn eine Gruppe von zehn bis sechzehn Menschen Sie als Ausbilder, den Kurs oder sonstige Aspekte bewertet. Sie lernen dabei vor allem immer wieder, Ihren Blick für alle TN des Kurses zu schärfen.

1.14 Kurskosten

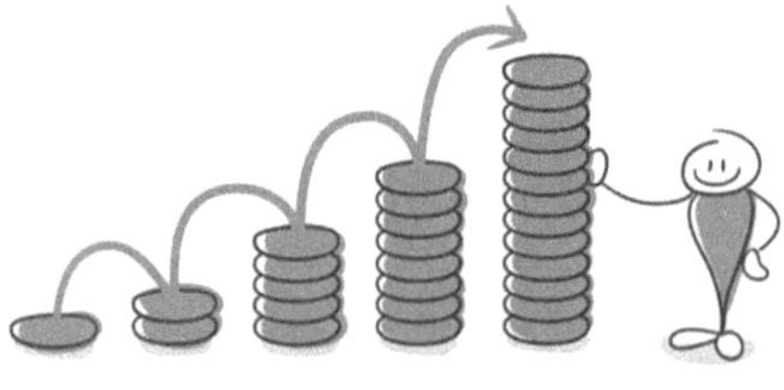

Im Rahmen Ihrer Planung dürfen schließlich die finanziellen Fragen nicht ungeklärt bleiben. Tragen Sie alle Ausgaben zusammen, die sich ergeben werden. Denken Sie an Hallen- beziehungsweise Raummiete, Nebenkosten, Honorare für Gastreferenten, die Honorare für die Kursleiter, so Sie nicht selbst den Kurs leiten, sondern als Schulleiter oder Vereinsvorsitz die Organisation zu verantworten haben. Auch diverse Anschaffungen, wie Trainingsmaterialien oder der Druck von Flyern und Info-

Broschüren, kurz Ihre Werbungskosten, zählen dazu. Dann machen Sie sich Gedanken um Ihr Honorar und darüber wieviel ein Kurs kosten muss, damit Sie über die Runden kommen. Schauen Sie über den Tellerrand, was andere Kursleiter für ihre Kurse verlangen und was sie Gegenzug für das Geld anbieten. Wie immer ergibt sich der Preis für die Teilnehmerinnen aus Angebot und Nachfrage. Aus diesen Informationen können Sie nun Überlegungen ableiten, was die Teilnahme an Ihrem Kurs mindestens kosten sollte und wo die Obergrenze liegen wird.

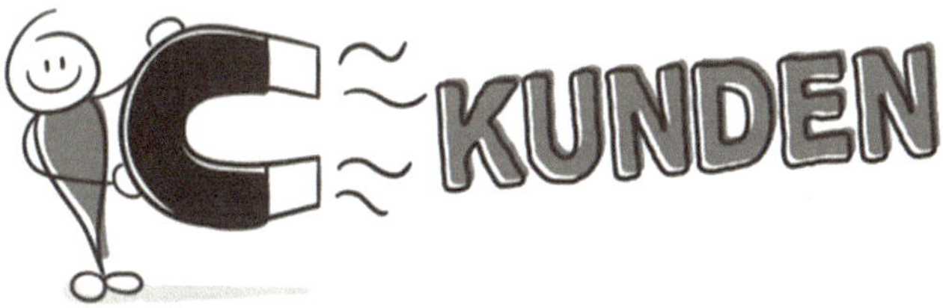

2 Buchteil II Aus der Praxis

Der nun vor Ihnen liegende zweite Teil des Buches ist aus praktischen Erfahrungen gewachsen und deswegen für die praktische Umsetzung gedacht. Einiges von dem was Sie hier lesen, ist Ihnen möglicherweise beim Studium des ersten Buchteils zumindest in Grundzügen bereits begegnet. Wir finden, erst wenn Sie einen Aspekt aus verschiedenen Blickwinkeln betrachten, schärft sich Ihr Blick für das große Ganze. Zudem ergibt die Betrachtung einer Sache aus unterschiedlichen Blickrichtungen neue Möglichkeiten. Alles zielt darauf ab, dass Sie die Sach-, Ich-, Sozial- und Lernkompetenzen Ihrer Kursteilnehmerinnen entwickeln. Dieses Zusammenspiel ist wichtig für ein erfolgreiches Kurskonzept. Gerade die Lernkompetenzen sind in Selbstverteidigungskursen vor allem durch Handlungskompetenz, Erfahren und Erfassen zu erreichen.

„Den größten Fehler, den man im Leben machen kann, ist, immer Angst zu haben, einen Fehler zu machen.“ (Dietrich Bonhoeffer)

Das Zitat trifft auch auf Ihre Kursplanung zu. Packen Sie Ihre Ideen mutig an! Im ersten Kapitel dieses zweiten Teils haben wir Informationen über verschiedene Themen zusammengestellt, von denen wir glauben, dass sie als Unterrichtsgegenstand in einem Theorie-Modul oder als theoretischer Einschub in einer Praxiseinheit Anwendung finden können. Für besonders geeignet halten wir dafür zum Beispiel Themen wie „Körpersprache“, „Gefahrenradar“ und Viele mehr. Wichtig ist dabei, dass solche theoretischen Themen und deren Umsetzungsmöglichkeiten in einem SV Kurs praxisnah und nicht von der Realität losgelöst unterrichtet werden. Unserer Auffassung nach gehören Theorie und Praxis eng zusammen und bedingen einander. Man kann sie nicht einfach voneinander trennen. Deswegen beginnt jeder Kursabend bei uns mit einem kleinen Theorie-Baustein zu dem Thema, das in der Praxis anschließend wieder aufgegriffen.

Das zweite Kapitel besteht aus einer Zusammenstellung der verschiedenen möglichen praktischen Lerninhalte. Sie werden nicht alle und nicht alle in gleicher Intensität in einem Kurskonzept unterbringen können und wollen. Verstehen Sie diese Zusammenstellung bitte einfach als ein großes Buffet, an dem Sie mehrmals vorbeigehen und sich bedienen können. Wählen Sie das aus, was Ihrer Ansicht nach gut geeignet ist. Vielleicht ziehen Sie es ja in Erwägung, neu entdeckte Lerninhalte hinsichtlich der Umsetzbarkeit in Ihrem nächsten Kurs zu untersuchen und sich an etwas Neues zu wagen.

„Man kann niemanden überholen, wenn man in dessen Fußstapfen tritt." (Francois Truffant)

Im dritten Kapitel haben wir von uns getestete und für gut befundene praktische Übungen aus unserem Ausbildungsalltag zusammengestellt. Ob und inwiefern sie auf welche Art und Weise bei Ihnen Verwendung finden können, entscheiden Sie selbst. Da jeder Kurs in seiner Konzeption anders ist und in gleich konzipierten Kursen die Lernatmosphäre, die Teilnehmervoraussetzungen und dergleichen nicht identisch sind, bekommen Sie von uns kein maßgeschneidertes Konzept. Wir geben Ihnen anhand unserer Erfahrungen Anregungen, wie Kurse aufgebaut werden können. Sie dürfen gerne einen Blick auf unsere Verlaufsplanungen werfen und diese als Grundlage Ihrer Planung verwenden. Aber ein Patentrezept können wir Ihnen leider nicht anbieten und es wäre vermessen, so etwas zu wollen. Wir sind schließlich nicht allwissend oder alles könnend, sondern sind genau wie Sie Ausbilder in Selbstverteidigungskursen, mit der Bereitschaft unsere Erfahrungen mit anderen zu teilen. Beachten Sie bei Ihrem Kurskonzept, dass die TN Zeit und Raum für das Lernen benötigen. Insbesondere das entdeckende und selbstständige Lernen benötigt viel Zeit. Versuchen Sie möglichst vielfältige Übungen anzubieten um allen Lerntypen ein Lernen zu ermöglichen. Das fünfte und letzte Kapitel im Teil „Aus der Praxis" enthält Hinweise zu möglichen Sicherheitsvorkehrungen in verschiedenen Bereichen, die Sie in Betracht ziehen sollten.

2.1 KURSINHALTE

Nun ist es soweit: Wir stellen Ihnen verschiedene Themen vor, die in unseren Frauen-SV-Kursen behandelt werden. Aus dem großen Fundus lassen wir je nach Art des Workshops verschiedene Themenschwerpunkte in die Kurse einfließen. Es ist nicht möglich, alle Themen in einem solchen Kurs unterzubringen. Aber wir schöpfen immer wieder aus der Fülle dieser Ideen und entwickeln derzeit neue Kurs-Konzepte. Dabei stellen wir die Lerninhalte je nach Teilnehmerkreis entsprechend zusammen. Bei Anfragen von Kliniken oder Rettungsdiensten besprechen wir andere Themen-Schwerpunkte und zeigen andere Dinge, wie wenn Firmen mit dem Tätigkeitsfeld „Wach- und Sicherheitsdienste" für Weiterbildungen bei uns für Seminaren anfragen. Die Möglichkeiten der Zusammenstellung ist unendlich groß ist. Deswegen haben wir lediglich eine Unterteilung der Lerninhalte in Theorie und Praxis vorgenommen. Es bleibt unbestritten, dass es zahlreiche Überschneidungen geben wird. Das Thema Notwehrrecht ist sehr theoretisch aber es kommt immer ein Stück weit darauf an, wie Sie das Thema vermitteln. Beim Thema „Einsatz der Körpersprache“ handelt es sich um ein Thema, das sowohl eines theoretischen Hintergrundwissens (Ritualverhalten, Dominanzgebaren) als auch der praktischen Übung bedarf. Dagegen ist die Ausführung eines Kniestoßes vor allem praktischer Natur. Behalten Sie bei allen Überlegungen im Auge, dass Kennen und Können stets zwei Paar Schuhe sind. Das Wissen über etwas befähigt uns nicht automatisch dazu, es sicher anwenden zu können. Deswegen legen wir großen Wert darauf, das Kennen theoretischer Aspekte mit dem Können in praktischen Übungen zu verknüpfen. Je dichter sich das Netz aus Verknüpfungen von Theorie und Praxis im Kopf der Frau entwickelt, umso besser stehen die Chancen, Wissen, Fähigkeiten und Fertigkeiten abrufen zu können. Entwickeln Sie mit Ihren Kundinnen in Theorie und Praxis Konzepte sich gegen Gewalt zu schützen und individuell passende Strategien sich zu wehren. Dabei stehen die Stärken und Möglichkeiten im Vordergrund, welche die einzelnen Frauen mitbringen. Bieten Sie Hilfe zur Selbsthilfe. Stärken Sie die Ressourcen der Kursteilnehmerinnen.

Das BEST Kurskonzept von Volker Martin setzt sich aus den zwei Bereichen Selbstbehauptung und Selbstverteidigung zusammen. Der Schwerpunkt in diesem Frauen-Basis-Kurs liegt auf den sexuell motivierten Taten von Männern gegenüber Frauen. Darunter fallen auch alle Begleiterscheinungen, wie zum Beispiel der Pre-Fight, also Annäherung und verbale Aggression. Das Konzept von Volker

Martin berücksichtigt dabei vor allem die Vorstufe der Selbstverteidigung, nämlich die Selbstbehauptung. Ziel jeden Konfliktes sollte es sein, Gewalt zu vermeiden. Ein vermiedener Kampf ist ein gewonnener Kampf. Volker Martin geht davon aus, dass unter Beachtung wesentlicher Verhaltensgrundsätze das nicht erwünschte Selbstverteidigungsszenario vermeidbar ist. Während es bei Männern untereinander (oder auch Frauen unter einander) maßgeblich um das Dominanz- und Revierverhalten geht, sind Konflikte zwischen Mann und Frau häufig im sexuellen Bereich motiviert. Oft versucht der Mann gegenüber der Frau seine sexuelle Macht auszuüben und zu bestärken. In extremster Form greifen hier Aggression, Gewalt und Triebbefriedigung ineinander, sie können aber auch einzeln auftreten. Dies kommt insbesondere bei häuslicher Gewalt vor oder beim Ausspielen von (psychischer) Macht in Bezug auf ein Arbeitnehmerin-Arbeitgeber-Verhältnis.

2.1.1 Theoretische Lerninhalte

Zu den theoretischen Lerninhalten gesellen sich all jene Dinge, die von Ihren Kursteilnehmerinnen in der Theorie verstanden werden müssen, um sich in Ausnahme-Situationen adäquat verhalten zu können. Wir stellen Ihnen in diesem Kapitel einige jener Themen vor, von denen wir denken, dass sie unbedingt in einem FSV-Kurs angesprochen werden sollten. Sie sollten sich bei Bedarf zu verschiedenen Aspekten das nötige Fachwissen aneignen, falls Sie nicht selbst darüber verfügen oder entsprechende Fachleute als Gastreferenten zu Ihnen in den Kurs einladen. Pfeiffer (2010) weist in seinem Buch darauf hin, dass es nicht notwendig sei, in dem zeitlich oft eng bemessenen Rahmen eines FSV-Kurses das Thema Notwehrrecht anzuschneiden. Wir sehen dies dagegen als sehr wichtig an, den Frauen dazu etwas zu erzählen. Es ist vielleicht alles eine Frage der Intensität, mit der man vorgeht. Bei unseren Kursen wird dieses Thema angeschnitten und die Rückmeldungen waren diesbezüglich sehr positiv. Auch ist es zum Beispiel denkbar, Fachleute des Landeskriminalamtes als Gastreferenten einen Kursabend gestalten zu lassen, bei dem von geschulten Beamtinnen erklärt wird, was genau die Frauen beispielsweise bei der Polizei erwartet, wenn sie gegen einen Sexualstraftäter Anzeige erstatten. Zeitnot lässt sich von Anfang an vermeiden, wenn die Kurse entsprechend konzipiert werden und wenn Sie statt zehn nun doch zwölf Kursabende einrichten möchten, ist das ja normalerweise kein Problem, wenn dies bereits zu Beginn der Planung klar ist. Was die Teilnahme an Ihrem Kurs kosten soll, müssen Sie ebenfalls rechtzeitig festlegen. Die Kosten hängen von verschiedenen Faktoren und unter anderem natürlich auch davon ab, ob und wie viele Gastreferenten Sie einladen (siehe auch 1.14).

Da wir davon ausgehen, dass Sie zu den meisten der hier aufgelisteten Themen über ausreichendes Fachwissen verfügen, halten wir uns hier mit detaillierten Ausführungen zurück. Sollten Sie noch ganz am Anfang Ihrer Karriere als Kursleiter stehen, empfehlen wir Ihnen dringend, sich intensiv mit dem nötigen Fachwissen auseinander zu setzen. Gerade im Bereich Selbstverteidigung legen wir Ihnen das Buch „Blitz Defense – Angriff ist die beste Vereidigung“ von Keith R. Kernspecht ans Herz, da unserer Meinung nach sehr ausführlich, praxisorientiert und gut verständlich das Thema Selbstverteidigung in Theorie und Praxis behandelt wird.

Folgende theoretische Lerninhalte können in einem Kurs eine Rolle spielen und sind bei uns in vielen unserer BEST-Kursangebote enthalten:

- Die Begrifflichkeiten Selbstbehauptung und Selbstverteidigung,
- Grundverständnis der Körpersprache,
- Umgang mit der Körpersprache (Mimik, Gestik, Körperhaltung und Körperpositionierung),
- Grundverständnis der Sprache,
- Einsatz der Stimme,
- Umgang mit Stress,
- Bewahrung kognitiver Eigenschaften während der Stressphase,
- Intuition und der „Gefahrenradar" – Sensibilisierung für Gefahren,
- Handlungshinweise bei Gefahr,
- Selbstbildnis und Selbstbewusstsein,
- Sexualstraftaten aus rechtlicher Sicht,
- Notwehr, Nothilfe,
- Erlaubte Waffen und Hilfsmittel in der Selbstverteidigung,
- Sexuell motivierte Annäherung (Mann bei Frau),
- Erwartungen der TN an den Kurs,
- Verfolgbare Ziele im Kurs,
- Begriff Grenzen,
- Grenzen wahrnehmen und sichtbar machen,
- „Nein" sagen lernen / Grenzen ziehen und sie verteidigen,
- Gute und schlechte Geheimnisse.

2.1.2 Praktische Lerninhalte

Aus der Praxis, für die Praxis! Folgende Lerninhalte eignen sich für die praktischen Einheiten. Manche Dinge müssen aber zunächst trotzdem gründlich erklärt werden und oftmals ergeben sich aus dem Teilnehmerinnenkreis noch verschiedene Fragen. Wir empfehlen Ihnen die Lerneinheiten so aufbauen, dass die Inhalte wiederkehrend in verschiedenen Übungen und Trainingssituationen auftauchen. Spiralförmig angeordnete Lerninhalte bauen aufeinander auf und verstärken sich gegenseitig. Während allen Übungsphasen erproben unsere TN verschiedene Verhaltensweisen experimentell und bauen sie in den darauf aufbauenden Übungen aber bereits jetzt schon in ihren Alltag ein, zum Beispiel den Einsatz der Körpersprache. Zu den im theoretischen Teil vorgestellten Themen gibt es in unseren Kursen auch immer einen praxisbezogenen Teil, der vermittelt wird:

- Erkennen, wo für fremde Personen die persönliche Distanzschwelle liegt, indem der Ausbilder auf jede einzelne TN zu geht und sie dann Stopp ruft, wenn er die Distanzschwelle unterschreitet,
- Grenzen setzen mittels Körpersprache,
- Einsatz der Stimme, indem die Grenze verbalisiert wird („Lassen Sie mich in Ruhe!“, ...),
- Kombination von Stimmeinsatz und Aufzeigen der Grenzen,
- Schutzpositionen,
- Verteidigung gegen Umklammerungen von vorne unter den Armen,
- Verteidigung gegen Umklammerungen von vorne über den Armen,
- Verteidigung gegen Umklammerungen von hinten unter den Armen,
- Verteidigung gegen Umklammerungen von hinten über den Armen,
- Verteidigung gegen Schwitzkasten und jegliche Art von „Bierzelt-Schunkel-Attacken“,

- Verteidigung gegen Arm um die Schulter legen,
- Verteidigung gegen Handgelenkfassen einseitig gegenüber,
- Verteidigung gegen Handgelenkfassen einseitig diagonal,
- Verteidigung gegen Handgelenkfassen beidhändig,
- Verteidigung gegen Handgelenkfassen überkreuzt,
- Verteidigung gegen beidhändiges Würgen von vorne,
- Verteidigung gegen beidhändiges Würgen von hinten,
- Zielführendes Verhalten im Aufzug, in Bus und Bahn sowie als Mitfahrer in PKW, als Fahrerin in PKW, bei der Nutzung des ÖPNV,
- Richtig zu Boden fallen,
- Schutzposition in der Bodenlage,
- Gesichertes Aufstehen aus der Bodenlage,
- Verteidigung am Boden gegen sexuell motivierte Übergriffe.

2.2 Praktische Übungsformen

Auf den folgenden Seiten finden Sie verschiedene Übungsformen, die in verschiedenen Variationen so oder so ähnlich in FSV-Kursen eingesetzt werden, sowohl von uns als auch von uns bekannten Kursleitern. Es handelt sich allerdings nicht um die Verteidigungsübungen zu einzelnen Angriffen, sondern um allgemeine Übungen zur Verbesserung der selbstverteidigungsspezifischen Fertigkeiten. Sie sind fachkompetent genug, dass wir Ihnen nicht erklären müssen, wie Sie sich gegen das Ergreifen Ihres Handgelenks wehren können.

Darüber, ob die einzelnen Übungen sinnvoll eingesetzt werden können und die TN in einem FSV-Kurs voran bringen, kann man bekannter Weise streiten. Wir möchten Ihnen unsere Gedanken diesbezüglich nicht vorenthalten. Zu jeder Übungsform finden Sie eine entsprechende Beschreibung.

Für weitere Informationen zur Verwendung der eingesetzten Lehr- und Lernmittel können Sie den Materialanhang zu Rate ziehen. Achten Sie darauf, dass nicht immer dieselben Frauen miteinander trainieren. „Erzwingen“ Sie öfters Partnerwechsel unter den TN, denn sonst üben die ein und selben miteinander und der Reiz liegt ja darin, dass man seine Reaktionen an verschiedenen individuell angreifenden Menschen austesten kann. Ansonsten tritt bei der allerbesten Freundin schnell ein „Gewöhnungseffekt“ ein.

Starten Sie langsam und umsichtig mit ersten Angriffen, bei denen es zu Körperkontakt kommt. Fallen Sie nicht mit der Tür ins Haus! Ihre Kundinnen sind diesbezüglich meist ungeübt und hegen eine gewisse Scheu davor Körperkontakt zu fremden Menschen zuzulassen. Je nach Vorerfahrungen haben Menschen Angst vor Körperkontakt. Fragen Sie zuvor, ob Sie eine Person anfassen dürfen.

Achten Sie außerdem darauf, den Frauen auch zu zeigen und beizubringen, wie man „richtig“ angreift. Wir wissen, dass dies im ersten Moment verstörend klingen kann aber wir sprechen aus Erfahrung, dass viele Frauen eben gar nicht wissen, wie man schlägt oder jemanden festhält. Die Angriffe von Frauen in der Rolle des Bösewichts sind zu Beginn oft lasch und wenig realistisch. Berücksichtigen Sie dies, wenn Sie davon sprechen, dass sich die Frauen nun gegenseitig mit einem Schlag oder einer Umklammerung angreifen sollen. Was bedeutet das für Sie? Wie soll ein Angriff genau aussehen? Wie fühlt er sich an? Bei uns kommen die Frauen immer wieder in den „Genuss“ sich von uns Ausbildern zu Beginn der Übung einmal entsprechend angreifen zu lassen. Dabei sollen sie sich nicht wehren, sondern nur erspüren und erfahren, wie ein solcher Angriff sich anfühlt und wir fordern sie auf, ihre Trainingspartnerin auf die gleiche Weise anzugreifen. Einem langjährigen Trainingspartner können sie verbal erläutern, wie er angreifen soll. Eine völlig unbedarfte Frau aus Ihrem Kurs wird, selbst wenn Sie gut erklären können, damit zunächst Schwierigkeiten haben. Manchmal hilft es den TN einen Angriff an sich selbst zu spüren, um ihn besser imitieren zu können. Das richtige Angreifen ist der Schlüssel zum Lernerfolg. Sie wissen selbst, dass Sie nichts lernen können, wenn der Partner Sie nur halbherzig mit einem Fauststoß attackiert und dieser nicht genau auf Sie, sondern ein wenig nach rechts oder links zum Ziel versetzt verläuft. Sie sind dann nicht gezwungen sich in Ihrer Verteidigungshandlung zu bemühen. Was für Sie als Ausbilder einfach und logisch klingt, muss für Ihre Kundinnen nicht automatisch einfach sein.

Auch bei den Verteidigungshandlungen der Frauen im Kurs sollten Sie immer wieder einfordern, dass die Frauen sich auch tatsächlich vorstellen, dass sie angegriffen werden. Je realistischer sie sich in die Situation einfühlen, umso hilfreicher ist dies für das Training der Behauptung und Verteidigung.

2.2.1 Willensschulung

Alle Übungen, bei denen die Durchsetzung oder Entwicklung des eigenen Willens im Vordergrund steht, sind für FSV-Kurse interessant, sofern sie nicht mit großem Aufwand verbunden sind. Wir finden solche Übungen deswegen wichtig, weil die Frau im Notfall den Willen zur Gegenwehr entwickeln muss. Ohne den Willen zur Verteidigung wird diese, wenn überhaupt, nur halbherzig in Angriff genommen und der Erfolg bleibt auf der Strecke. Der unbezwingbare

Wille ihr Leben mit allen zur Verfügung stehenden Mitteln zu verteidigen ist überlebenswichtig. Im kleinen Rahmen können die Frauen zumindest erfahren, dass man mit dem Willen etwas zu erreichen, Fortschritte erreichen kann. Um unsere Frauen diesbezüglich stark zu machen, sind folgende Übungen denkbar.

Weit oben auf der Beliebtheitsskala einfacher Übungen ohne Materialaufwand steht das **Schildkröten-Spiel** (siehe auch Kapitel 4.8.10). Dafür gehen die TN partnerweise zusammen, idealerweise etwa gleich schwere bzw. gleich große Partnerinnen. Eine Frau begibt sich auf den Boden und kniet sich wie eine Schildkröte. Ihre Partnerin hat nun die Aufgabe, die „Schildkröte“ auf den Rücken zu drehen.

Ebenso denkbar ist der Einsatz von wiederverwendbaren „**Bruchtests**“. Wir sind uns dessen bewusst, dass deren Einsatz die Stimmen der Befürworter und Gegner gleichermaßen herauf beschwört. Es ist eine Frage der angestrebten Ziele, die im Vordergrund stehen, um Bruchtests dieser Art abzulehnen oder zu befürworten. Mit dem Ziel Mut, Willen und auch ein Stück weit Vertrauen in den Ausbilder und sich selbst zu entwickeln, sind Bruchtests sinnvoll einsetzbar. Die Frauen lernen, dass selbst hinter untrainierten Armen so viel Schlagkraft steckt, dass damit ein Bruchtest durchgeschlagen werden kann. Ebenso entdecken die Frauen dabei, was für einen Schaden ein gut gezielter Handballenstoß in die Gesichtsmitte des Angreifers anrichten kann. Vielen Frauen fehlte in unseren Kursen der Glaube daran, dass sie grundsätzlich die Fähigkeiten besitzen, jemanden mit „bloßer“ Hand zu verletzten. Es geht nicht darum, ein falsches Gefühl der Sicherheit zu vermitteln im Sinne von: Wenn du dieses Brett zerschlagen kannst, wirst Du jeden Kerl umhauen! Das wäre kontraproduktiv, leichtsinnig und sogar gefährlich, den Frauen das glaubhaft machen zu wollen. Wohl aber können die Frauen bei einem Bruchtest verstehen, dass man mit einem

Handballenstoß dieser Art auch eine Nase brechen kann. Die einschießenden Tränen schränken den Angreifer in seinem Sichtfeld ein und der Schmerzreiz einer gebrochenen Nase tut sein Übriges. Für unbesiegbar sollten sich die Frauen deswegen nicht halten. Hinter einem solchen Bruchtest in einem FSV-Kurs steckt die Idee einiger Ausbilder, den Aspekt der Überwindung von Unsicherheit oder Angst zu thematisieren. Es kostet fast alle Frauen Überwindung beherzt das Brett durchzuschlagen. Das Überwinden der Angst und die Entdeckung des eigenen Mutes stehen dann aber im Vordergrund und nicht das Zertrümmern von Holz. Wir verwenden aktuell keine Bruchtests, kennen aber Kurse, in denen gegen Ende des Workshops solche Tests angeboten werden. Wir wollen sie hier der Vollständigkeit halber erwähnen, was Sie daraus machen, bleibt ja Ihre Entscheidung.

Der Aufgabe, absichtlich einen prall gefüllten **Luftballon** mit den eigenen Händen in der Luft zu zerdrücken erfordert bei der einen oder anderen Frau Überwindung. Es ist nicht die Verletzungsgefahr, sondern das Wissen, dass es irgendwann knallt, das die TN zögern lässt. Hier wird ebenfalls der Wille gefordert, den Ballon zerplatzen zu lassen. Hilfsmittel sind nicht erlaubt, ebenso wenig das Zertreten oder ein Drücken gegen die Wand. Der Ballon soll bewusst vor allen anderen Frauen der Reihe nach zum Platzen gebracht werden.

Schieben und Drücken. Zwei Frauen stehen einander gegenüber und drücken die Handflächen aneinander. Durch geschicktes Drücken und Wegnehmen von Druck können die Frauen ihr Gegenüber aus dem Gleichgewicht bringen. Zwischen den beiden Frauen kleben Sie eine Linie aus Kreppklebeband (Baumarkt) auf oder legen ein kurzes Seil aus. Wer seine Partnerin als erste über die Linie bugsiert hat, gewinnt. Diese Übung kann variiert werden und aus einer Schiebe-Zug-Kombination bestehen. Wenn auch das

Ziehen an den Handgelenken erlaubt wird, erfordert dies jedoch bereits ein hohes Maß an Koordinationsfähigkeit bei den TN, damit niemand mit den Köpfen zusammen stößt.

2.2.2 Fingerstiche zu den Augen

Das praktische Training der Fingerstiche zu den Augen erfordert Umsicht bei allen Übungsteilnehmern. Wir finden es wichtig, dass diese Techniken richtig trainiert werden. Zu sagen bleibt uns dazu nur, dass es wichtig ist, dass die TN lernen wirklich ihre Fingerkuppen auf die geschlossenen Augenlider des Angreifers zu legen und im Training dosiert von sanft bis fest Druck auszuüben, bis der Aggressor von der Frau ablässt. Diese Techniken werden nicht dadurch erlernt, dass die Übenden ohne jeden Körperkontakt den Fingersticht andeuten, sondern dadurch, dass reale Abstände bzw. Distanzen überwunden werden und die Frau ein Gefühl dafür bekommt, wie weit sie (beim dosierten Ausüben von Druck auf das geschlossene Lid) gehen muss, bis ein Mann von ihr ablässt. Um beim Training aus größerer Distanz und mit höherer Geschwindigkeit üben zu können, empfehlen wir den Einsatz von Schutzbrillen. Sie verhindern ernste Verletzungen und sitzen dennoch so dicht am Gesicht an, dass einigermaßen realistische Distanzen bezüglich der Armlänge geübt werden, da die Fingerkuppen auf die Schutzbrille aufgesetzt werden können. Dazu können Sie im Materialanhang unter den Lehr- und Lernmitteln nachschlagen. Es kostet einige Frauen trotz Schutzbrille Überwindung, richtig zu üben, doch nur das wird im Ernstfall möglicherweise zum Erfolg führen.

2.2.3 Schlagpolster-Einsatz

Schlagpolster lassen sich vielfältig einsetzen für das Schlag-, Stoß- und Tritttraining, damit die Partnerin oder die Ausbilder keine Verletzungen davon tragen und dennoch mit erhöhter Kraft geübt werden. Im Schubskreis oder der „gefährlichen Gasse“ werden sie bei uns ebenfalls eingesetzt, um den Stresslevel zu erhöhen. Die Beschreibung dieser Übungen finden Sie hier ebenfalls im Praxisteil.

2.2.4 Schläge austeilen und einstecken lernen

Alle Frauen bekommen jeweils eine Poolnudel in die rechte Hand. Nun wird der Bewegungsradius eingeschränkt, indem nur ein bestimmter Teil des Übungsraumes benutzt werden darf. Die Grenzen sollten sichtbar gemacht werden, zum Beispiel durch rot-weißes Absperrband (auf Hüfthöhe) oder Hallenboden-Markierungen. Alle Frauen laufen durcheinander ohne sich anzurempeln und schlagen sich mit der Poolnudel in der rechten Hand gegenseitig auf Schultern, Arme oder Rücken. Gesichter, Bauch- und Brustbereich sowie Genitalien sind für alle tabu! Diese Übung kann hervorragend kombiniert werden mit lauter Musik, die gerne etwas aggressiver sein darf.

Erstens schult diese Übung die Aufmerksamkeit aller und zweitens lernen die Frauen, dass nicht jeder Treffer einem K.O.-Schlag gleich kommt und dass sie gewisse Treffer problemlos aushalten können. Die Übung wird anschließend wiederholt, alle nehmen die Poolnudeln in die linke Hand. Eine weitere Erschwernis der Übung besteht darin, dabei nun noch für Dunkelheit zu sorgen und das Licht auszuschalten (zumindest in der dunklen Jahreszeit lässt sich so die Anforderung an die TN erhöhen).

2.2.5 Vertrauensübungen

Beim **Roboter-Spiel** steht die Vertrauensförderung in andere TN im Vordergrund. Achten Sie daher darauf, dass die TN schon eine Weile miteinander gearbeitet haben und sich nicht mehr fremd sind. Es bilden sich Paare, von denen eine TN ihre Augen schließt, während die andere ihre flachen Handflächen auf die Schultern der „blinden“ TN legt. In der ersten Runde laufen alle Pärchen im gesamten Raum herum. Die „blinden“ TN werden durch die hinter ihnen gehenden TN gelenkt. Druck auf die linke Schulter bedeutet links abbiegen und Druck auf die rechte Schulter entsprechend rechts abbiegen. Je kräftiger der Druck von Anfang an ist, umso energischer muss die „blinde“ TN einlenken. Das hat mit Führungsverantwortung, Vertrauen und sich Führen lassen zu tun und kostet meist etwas Überwindung. Deswegen können Sie diesem Schwierigkeitsgrad eine leichtere Variante vorschieben: Die „blinde“ TN steht hinter der sehenden Frau und legt dieser ihre Hände auf die Schultern. Die sehende, vorne stehende Frau geht in Kurven und Schlenkern durch den Raum, zunächst in langsamem Tempo und zieht damit die „blinde“ Frau hinter sich her. Diese Variation ist deswegen leichter, weil die sehenden Übenden von vorne quasi als Schutz davor dienen, ungewarnt vor ein Hindernis zu laufen. Funktionieren diese beiden Stufen, erschweren wir die Übung weiter, indem die sehende TN kontinuierlich das Tempo zu einem zügigen Gehen steigert, wobei die Frau zunächst die Hände in Schutzhaltung vor sich halten darf, später sollte sie der anderen Frau jedoch so weit vertrauen, dass sie die Schutzhaltung aufgeben kann.

Eine weitere Vertrauensübung ist das sogenannte **„Pendel“** (unter anderem bei König[12] nachzulesen). Achten Sie auf einen ruhi-

---

[12] König, Stefan (2007).

gen Rahmen, damit die Konzentration nicht gestört wird und stimmen Sie die TN bei der Erklärung der Übung ebenfalls mit ruhiger Stimme und mit langsamem Sprechtempo auf die Übung ein. Die Frau, welche als Pendel bewegt wird, muss den anderen TN großes Vertrauen entgegen bringen und die anderen TN müssen sich ihrer sehr verantwortungsvollen Rolle bewusst werden. Zunächst finden sich immer drei Personen zu einer Gruppe zusammen. Eine Person übernimmt die Rolle des Pendels und steht in der Mitte zwischen den beiden anderen Personen. Sie sollten vom „Pendel" nicht mehr als einen Meter entfernt stehen. Das Pendel legt seine Arme fest an den eigenen Körper. Dies kann dadurch geschehen, dass die TN ihre Arme vor der Brust kreuzen und sich dann selbst an ihren Oberarmen greifen oder indem das Pendel seine Arme lang hängen lässt und aus dieser Position die beiden Arme jeweils an die rechte bzw. linke Körperseite presst, mit den Handflächen auf den Außenseiten der Oberschenkel. Die beiden außen stehenden TN richten ihre Arme leicht angewinkelt so auf das in der Mitte stehende Pendel aus, dass die Handflächen auf das Pendel zeigen. Die Außenstehenden nehmen einen stabilen, sicheren Stand ein, denn sie müssen gleich das Pendel sanft hin und her schubsen und dabei jederzeit das Pendel sicher halten und schubsen können, ohne selbst das Gleichgewicht zu verlieren. Dies wird wichtig sein, damit das Pendel nicht stürzt. Die TN, welche als Pendel fungiert, lässt sich in der Mitte nach vorne fallen, auf die Hände der anderen TN zu. Diese wird das Pendel sanft auffangen und schließlich nach hinten schubsen, so dass das Pendel von der dritten Person ebenfalls sanft gefangen und wieder wie ein Uhrpendel zurück geschubst wird. Nach und nach kann der Abstand von den Außenstehenden zum Pendel etwas vergrößert werden. Dies geht aber nur so lange gut, wie das Vertrauen des „Pendels" reicht. Wenn sich das Pendel nicht mehr stocksteif nach vorne fallen lassen kann, weil Angst im Spiel ist, besteht Sturzgefahr, weil die auffangende TN einen plötzlich in sich zusammensackenden Körper kaum kontrollieren kann. Deswegen sollte vorher verabredet werden, dass ein „Stopp“ dazu führt, dass das Pendel sofort gerade auf seine Füße gestellt wird, indem die Außenstehenden beide zugreifen und sie festhalten, bis sie sicher steht. Für das Pendel in der Mitte ist es das Beste, bei dieser Übung die Augen zu schließen. So wird verhindert, dass plötzlich aus Schrecken die Körperspannung verloren geht und es zu einem Sturz kommt. Wenn TN das Schubsen allzu wörtlich nehmen und das Pendel unsanft hin und her „fliegt“, dann sollten Sie Ihre Wortwahl beim Setting überdenken. König gestaltet für diesen Fall das Setting um. Er spricht nicht mehr von Schubsen, sondern davon, dass die TN in der Mitte sanft aufgenommen und ebenso sanft weiter gereicht werden soll. Schubsen ist eher negativ konnotiert und kann dazu führen, dass ungewollt Hektik entsteht. Ihnen kommt bei dieser Übung die wichtige Aufgabe zu, Ihre TN genau zu beobachten und die Stimmungslage zu sondieren. Spätestens, wenn Sie eine Abnahme der Konzentration beobachten können, vielleicht noch in Kombination mit einer Zunahme an Heiterkeit und Ausgelassenheit, sollten Sie die Übung kurz unterbrechen. Diese Atmosphäre kann schnell zur Gefahr werden. Man sagt nicht umsonst: Übermut tut selten gut. Eine von König bis dato noch nicht aufgenommene Variation bietet sich ebenfalls an und wurde in unseren Gruppen gerne ausprobiert. Es gibt in der Mitte wiederum ein Pendel und alle anderen TN befinden sich um das Pendel in etwa einem halben Meter Abstand, wie zuvor bei den Dreiergruppen. Das Pendel wird aber nicht mehr nur einfach hin und her gependelt, sondern beliebig im Kreis weiter gereicht. Die Frau in der Mitte ist in ihrer Fähigkeit anderen zu vertrauen stärker gefordert als zuvor, ebenso in der Wahrnehmung ihrer Körperspannung. Der schützende Kreis ist zwar enger und sie wird von mehreren Händen aufgefangen aber es ist auch so, dass erst jetzt ein seitliches Weiterreichen und Schieben möglich wird, das bei geschlossenen Augen zunächst als überraschend oder unsicher empfunden wird. Der menschliche Gleichgewichtssinn würde instinktiv einen Sturz seitwärts gerne durch entgegengesetzte (Ruder-) Bewegungen mit den Armen ausgleichen. Umso mehr muss sich die TN in der Kreismitte darauf konzentrieren, die Arme dicht am Körper zu lassen und sich starr wie ein Brett zu machen.

2.2.6 Umgang mit Grenzen

Grenzen beim Gegenüber erkennen und zu akzeptieren spielt in unseren SV-Kursen eine große Rolle. Zu Beginn der Kurse sind sich die TN oft gar nicht bewusst, welche Rolle solche unsichtbaren Grenzen spielen. Zunächst ermöglichen wir den TN erste Erfahrungen bezüglich der Wahrnehmung ihrer eigenen räumlichen Distanzschwellen für Fremde, Bekannte, Freunde und Familienangehörige oder Partner.

Jeder Mensch hat unterschiedliche Distanzbedürfnisse. Es ist ganz entscheidend diese zu erkennen und sie zu respektieren. Mangelnde Distanz kann beim Gegenüber Stress auslösen. Machen Sie sich bewusst, dass auch Sie als Ausbilder einen negativen Eindruck hinterlassen, wenn Sie die Distanzschwelle Ihrer TN gleich zu Beginn unterschreiten. Distanz- und Territorialverhalten eines Menschen zielen darauf ab, Grenzen sichtbar werden zu lassen und zu verteidigen. In der Tierwelt ist dies genauso der Fall. Revierverhalten ist ein grundlegender und instinktiver Mechanismus des Sozialverhaltens. Es gibt insgesamt vier Zonen, in denen wir mit unseren Mitmenschen agieren. In der **Intimdistanz** halten sich für gewöhnlich nur Menschen auf, mit denen Sie emotional eng verbunden sind. Sie liegt von Ihnen aus betrachtet in einem Umkreis von Null bis sechzig Zentimeter. Die sich daran anschließende Zone reicht etwa bis zu 120 Zentimetern. Man spricht von der **persönlichen Distanzzone**, in der sich persönliche Gespräche abspielen, ohne dass Sie sich bedrängt fühlen. Die dritte Zone ist die sogenannte **soziale Distanzzone**. Sie liegt von Ihnen aus betrachtet etwa 120 bis 300 Zentimeter entfernt. Hier kommunizieren Sie mit Menschen, die Ihnen noch unbekannt sind oder bei denen der persönliche Kontakt nicht im Vordergrund steht. Der am weitesten von Ihnen entfernte Bereich ist die **öffentliche Distanzzone**. Die meisten Menschen erleben Personen in diesem Bereich als unproblematisch. Es handelt sich um die ideale Entfernung, wenn man mit einer Gruppe kommuniziert. Sie beginnt von Ihnen aus gesehen ab einer Entfernung von etwa drei Metern.

Für die TN spürbar werden diese Räume dann, wenn der Ausbilder zügig auf jede Frau zu geht und diese „Stopp" rufen soll, sobald ihr der Ausbilder für ihr Empfinden zu nah kommt. Bei großen Gruppen lässt sich dies realisieren, indem sich alle TN in eine Reihe nebeneinander auf gleicher Höhe aufstellen. Nun beginnt der Ausbilder damit, auf jede Frau einzeln zuzugehen. Für jedes „Stopp" legt der Assistenztrainer oder der Ausbilder einen Gegenstand (Ring, Tuch, Stoffsäckchen …) an die Position, an der er steht. Nachdem die letzte TN ihre Grenze bekannt gegeben hat, können nun Aussagen über die eigenen Empfindungen bezüglich der Annäherung getroffen werden und die räumliche Distanz als ungefähre Entfernung angegeben werden (in Metern).

Auf ähnliche Weise können dies die Frauen unter einander üben. Dazu gehen zunächst einmal sich völlig fremde Personen zusammen und dann im Wechsel aufeinander zu. Die Distanz ist deutlich größer als bei sich bekannten Personen.

Bei der Besprechung der Übung sollten Sie darauf achten, dass Gefühle in der Situation der Grenzannäherung beschrieben werden. Wählen Sie eine Frau aus und führen Sie die Übung mit ihr vor der Gruppe vor. Geben Sie den anderen TN einen Beobachtungsauftrag. Sie sollen die Körpersprache der betroffenen Frau beobachten und anschließend beschreiben. Dabei werden bei der Annäherung an die Grenze oft Unsicherheiten deutlich, wie zum Beispiel der ausweichende oder gesenkte Blick, ein gequältes Lächeln, nach dem Motto „Tu mir nichts, ich tu Dir auch nichts" oder ein Lachen (als Ventil für den ansteigenden Stress), kippende oder sehr hohe Stimme und dergleichen.

Übungen zur Wahrnehmung von Grenzen gibt es viele. Vielleicht möchten Sie den Anspruchsgrad an die TN dabei noch etwas erhöhen? Dann schränken Sie den möglichen Bewegungsradius der Person ein, die ihre Grenze verteidigen soll. Diese Übung haben wir von Fengler[13] übernommen und auf unsere FSV-Kurssituation umgemünzt. Bisher standen alle TN mehr oder weniger frei im Raum und mit der Option nach hinten ausweichen zu können, wenn der Ausbilder sich ihnen zu schnell oder zu dicht nähert. Diesen Bewegungsraum reduzieren Sie nun auf Null, indem Sie den TN den Auftrag erteilen, sich mit dem Rücken an eine Wand zu stellen. Es liegt nun in der Verantwortung der sich annähernden Person, ihr Gegenüber genau zu beobachten und alle Anzeichen von Stress oder Unsicherheit auszuwerten. Die sich nähernde Person muss abschätzen, wie weit sie sich annähern darf, ohne dass die an der Wand stehende Person sich äußern darf. Eine Annäherung aus großer Distanz ist für beide Übenden meist okay aber irgendwann ist die Nähe für eine der Personen dann belastend. So muss die sich nähernde Person erstens gut beobachten und zweitens aus

---

[13] Fengler, Jörg (2009): S. 49/50.

den Beobachtungen Rückschlüsse auf die für beide erträgliche Distanz ziehen und sich angemessen verhalten. Deswegen könnten wir diese Übung unter anderem im Bereich der Wahrnehmungsübungen einordnen. Für die an der Wand stehende Frau liegt der Schwerpunkt darauf, eigene Grenzen zu spüren und sich ihrer Körpersprache bewusst zu werden.

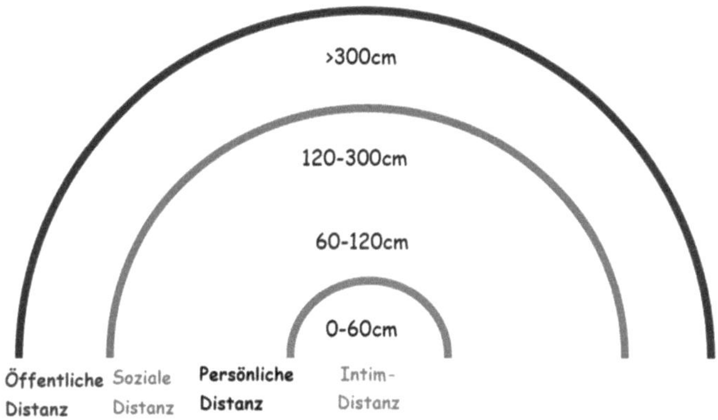

2.2.7 Stimmschulung

Die Schulung der Stimme ist grundlegend. Übungen dazu und der Einsatz der Stimme im Training sollten Teil jedes Kurses sein. Einige Anregungen dazu finden Sie hier.

„Nein! / Doch!"

Die Frauen stehen partnerweise zusammen. Eine Frau übernimmt den Part der „Nein!"-Sagerin, die andere wird ihr immer mit einem „Doch!" entgegnen. Am Anfang läuft die Übung meist noch schleppend an. Doch irgendwann entwickelt sich aus dem „Spiel“ ein wenig Stress und das „Nein!“ bzw. „Doch!“ kommt dann mit anderem Druck in der Stimme und einer anderen Klangfarbe herüber. Es wird sich irgendwann bei den Paaren genervte bis aggressive Stimmung entwickeln. Leiten Sie die TN dazu an, ihre Erfahrungen zu beschreiben. Vielleicht fällt ihnen die Veränderung der Klangfarbe, Lautstärke und Aggression selbst auf. Wenn nicht, sollten Sie darauf hinweisen oder die Übung wiederholen lassen, mit dem Auftrag, sich auf Veränderungen zu konzentrieren. Möglicherweise muss die Übung nicht von der gesamten Gruppe wiederholt werden, wenn sich ein Paar bereit erklärt, die Übung für alle zu wiederholen.

„Schrei dich frei!“

Alle bilden gemeinsam einen großen Kreis, bei dem alle Gesichter zur Kreismitte zeigen. Sie sind ebenfalls Teil des Kreises. Auf Ihr Kommando, am besten mittels Countdown eingeleitet von Drei auf Null, schreien alle gemeinsam und so laut sie können, ein langgezogenes „Nein!“. Die ersten Versuche werden sehr leise und verhalten sein. Trotz der großen Gruppe traut sich kaum eine Frau, einfach mal richtig loszuschreien. Deswegen sind Schrei-Übungen oft fester Bestandteil von FSV-Kursen. Es ist wichtig, dass die Stimme laut und deutlich zum Einsatz kommt. Ein lautes um Hilfe rufen kann so geübt werden. Der Schutz der Gruppe hilft zunächst dabei, die Scheu vor dem lauten Schreien zu verlieren.

Klappt das gemeinsam Schreien des Wortes „Nein!“ dann nach einigen Anläufen immer besser, können die Gruppen kleiner gemacht werden. Es gehen nun immer kleinere Gruppen zusammen und eine Frau zählt im Kreis den Countdown, damit dann wieder laut „Nein!“ geschrien wird. Schließlich fällt es den TN zunehmend leichter in Partnerübungen laut zu werden, wenn die Übung immer wieder eingebaut wird und auf das Erheben einer lauten Stimme Wert gelegt wird.

2.2.8 Training Körpersprache

Steht eine Spiegelwand zur Verfügung können die TN das bewusste Kontrollieren und Einsetzen der Mimik üben. Leiten Sie die Frauen dazu an, vor dem Spiegel verschiedene Emotionen mittels Körpersprache auszudrücken: Lachen, Freude, Hass, Trauer, Aggression, Angst. Sprechen Sie über die Erfahrungen, welche die TN dabei machen. Wir geben den Frauen gerne den Tipp, das alleine zu Hause vor einen Spiegel zu üben.

Eine weitere gute Übung ist es, dass die TN sich wenigstens eine Minute lang selbst in die Augen schauen sollen. Dies ist für Einige meist leichter gesagt als getan, da sich die meisten Frauen erst einmal sehr blöd dabei vorkommen. Obwohl es das eigene Spiegelbild ist, fällt es nicht jeder TN leicht, sich selbst und vor allem bewusst in die Augen zu schauen. Damit schult sie ihre Körpersprache, zur der ein fester Blick in die Augen des Gegenübers gehört.

Folgende Partnerübung bietet sich ebenfalls an. Lassen Sie die TN partnerweise zusammen gehen. Während die eine Frau die andere möglichst böse anschauen soll, bekommt die zweite Frau die Aufgabe, ihrem Gegenüber auf die Nasenwurzel oder das Brustbein zu schauen und dieses zu fixieren. Dabei üben die Frauen nicht nur dem bösen Blick standzuhalten, sondern, dass sie so auch ihr Umfeld (Arme und Beine des Gegners) im Blick behalten können.

2.2.9 Spieglein, Spieglein an der Wand

Sollten Sie in Ihrem Schulungs- bzw. Übungsraum über eine Spiegelwand verfügen, können Sie sich glücklich schätzen. Sie lassen sich zur Selbstkontrolle der Übenden einsetzen, zum Beispiel beim Thema Körpersprache. Die TN haben sonst im Training kaum die Möglichkeit ihre Wirkung auf andere beobachten zu können. Der Spiegel gibt Ihnen als Ausbilder die Möglichkeit Menschen im Raum bei Trainieren zu beobachten, ohne, dass sie direkt daneben stehen müssen und die TN sich ständig beobachtet fühlen. Beim Körper-Kontakt-Training kommt einer Spiegelwand ebenfalls eine wichtige Bedeutung zu. Üben die TN miteinander oder mit Ihnen das Zulassen von Körperkontakt im Nah-Bereich, können die Frauen mittels Spiegel selbst bei einer Umklammerung von hinten genau beobachten, wo sich die Hände des Angreifers befinden und was genau geschieht. Diese Nutzungsmöglichkeit bietet sich vor allem für unsichere Frauen an, die große Schwierigkeiten damit haben, Nähe und Kontakt zuzulassen. Sollten Sie im Einzelfall mit einer TN ein Nah-Bereichstraining wie Umklammerungsangriffe üben, kann nicht nur die Frau Sie genau beobachten, sondern Sie haben die Gelegenheit, aus der Mimik und Körperhaltung der Frau bezüglich der Stressbelastung Rückschlüsse zu ziehen, da Sie Anspannung, Angst und Entspannung unmittelbar mitbekommen. Mimik-Übungen sorgen fast immer erst einmal für Gelächter, weil es vielen Frauen schwer fällt, ernst zu bleiben.

2.2.10 Stress- / Szenario- / Konfrontationstraining

Ziel allen Stress- und Konfrontationstrainings ist es, dass die Frauen trotz (hoher) Anspannung handlungsfähig bleiben. Dazu müssen die TN lernen, ihren Gedankenfluss bewusst zu lenken.

Die eigene Beeinflussung und das Lenken der Gedanken fallen unter den Aspekt des mentalen Trainings und gehört ebenfalls zu den Dingen, welche die Frauen im Laufe eines Kurses einüben können.

Auf lange Sicht ist Forderung gut, Überforderung jedoch schlecht! Finden Sie das Gleichgewicht zwischen spannenden und entspannenden Phasen in Ihrem Kurs. Sorgen Sie für Belastung aber auch Entlastung.

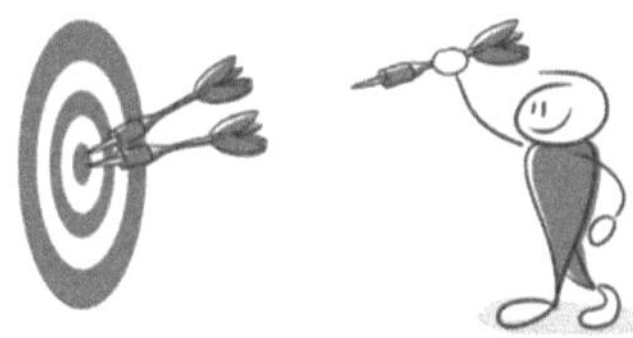

Sie haben es in der Hand den Stress individuell an die TN anzupassen. Die Stresstoleranz fällt unterschiedlich aus. Die eine oder andere Frau wird möglicherweise stark mit Belastungsreaktionen zu kämpfen haben. Sie sollten hier sehr feinfühlig vorgehen und die Symptome von Angst im Hinterkopf behalten und die TN genau beobachten. Die Frauen sollten vorher wissen, was auf sie zukommt und auch, dass eine teilweise heftige Belastungsreaktion unter Stress eine Folge sein kann, insbesondere bei vorbelasteten Frauen. Alle sollen wissen, dass es keine Schande ist „hinzufallen". Diese Informationen sollten Sie dem Kurs im Zuge der emotionalen Begleitung nicht vorenthalten. Man kann hier bildlich vom Hinfallen und Fallenlassen sprechen. Gewissermaßen sind Sie zunächst einmal für die „Fallhöhe" verantwortlich, die Sie den Frauen zumuten möchten. Vergessen Sie aber unter keinen Umständen, dass die Hauptverantwortung bei den Frauen selbst liegt. Wir haben den Frauen gezielt ihre Selbstverantwortung zurückgegeben. Sie müssen entscheiden, was sie zulassen und was nicht. Ihre TN werden, wenn eine stabile Vertrauensbasis geschaffen wurde, eine Konfrontation zulassen, weil sie zurecht davon ausgehen, dass Sie sie in dieser belastenden Situation nicht alleine lassen werden. Wir stellen Ihnen vor, warum es bei den einzelnen Formen geht und was man beachten sollte.

2.2.10.1 Unterscheidung der Begrifflichkeiten

Bei einem Stress- oder Konfrontationstraining kann man es treiben und übertreiben! Uns liegt es am Herzen, dass Sie es dabei nicht übertreiben. Das primäre Ziel lässt sich folgendermaßen auf den Punkt bringen: Die Übenden werden durch verschiedenste Aufgaben oder Umstände auf ein entsprechend hohes Stresslevel gebracht. Der oder die Übende soll dabei Symptome von Angst und Stress erkennen und sich mit ihnen auseinander setzen. So soll die eigene Handlungsfähigkeit unter entsprechend hoher Belastung trainiert werden. Wir unterscheiden in allgemeines Stresstraining und spezielles Konfrontationstraining.

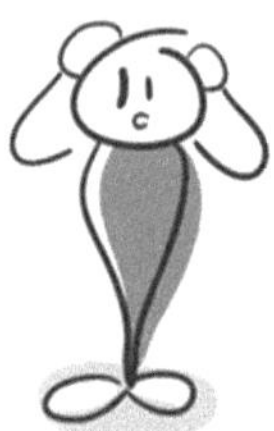

Der Umgang mit psychischem und physischem Stress und der Umgang damit kann isoliert, also aus einem Szenario herausgelöst, trainiert werden. Diesen Stress erzielen Sie in Übungen absichtlich, um die TN damit so zu belasten, dass sie die Erfahrung machen können, diese Situation durchzustehen. Es geht dabei in erster Linie nicht darum, realistische Situationen nachzustellen, sondern generell darum, den Puls in die Höhe zu treiben. Dies kann zum Beispiel durch Herz-Kreislauf-Belastung (zum Beispiel Strecksprünge, Sit Ups, ...) und natürlich auch durch psychische Belastungen (laut anschreien, ...) erreicht werden. Das Verhalten unter Adrenalineinfluss kann so zumindest simuliert werden, da Puls und Atemfrequenz sich bei physischer und psychischer Belastung in ähnlicher Weise verändern. Die Übungen lassen sich meist ohne großen Aufwand umsetzen. Beispiele für Übungen im Umgang mit Stress, die in SV-Trainingseinheiten bei uns verwendet werden, stellen wir Ihnen später vor.

Während es also bei einem Stress-Training darum geht, allgemein Stress zu erzeugen, der nicht auf reale Situationen bezogen sein muss, geht es bei unserem Konfrontationstraining speziell darum, Personen mit individuellen Stress-Situationen zu konfrontieren. So unterscheiden sich allgemeines Stresstraining und Konfrontationstraining unserer Auffassung nach. Das Szenario-Training soll im Allgemeinen möglichst realitätsnah Situationen abbilden und den Übenden die Möglichkeit eröffnen, denkbare Gefahrensituationen kennen zu lernen und zielführendes Handeln in sicherem Trainingsrahmen einzuüben. So hat ein Szenario-Training eher etwas mit Rollenspielen zu tun als ein isoliertes Stress-Training. Natürlich können Sie beides miteinander kombinieren. Szenarien können Sie sich beliebig ausdenken, sofern sie realistisch sind. Vielleicht haben auch Ihre Kundinnen diesbezüglich Wünsche. Sie bewegen sich dann von zunächst vorgegebenen Situationen auf freie Rollenspiele zu. Oft kommt es dann zu der beliebten Fragen „Ja, und was wäre, wenn…?“. In diesem Fall hängt Ihre Reaktion vor allem von Ihrer Zeitplanung ab. Idealerweise geben Sie die Frage in die Gruppe und lassen Lösungen erarbeiten, die Sie besprechen. Das kostet viel Zeit, andererseits findet dann selbstbestimmtes Lernen statt, da die Frauen ihre Fragen und Ziele definieren und sie die Antworten selbst suchen. Diese Form des Arbeitens ist lohnend und motivierend. Auf alle Fälle sind Rollenspiele eine geeignete Vorbereitung auf mögliche Gefahrensituationen und stoßen jede Menge Lernprozesse an. Achten Sie darauf, dass keine Worst-Case-Szenarios entstehen, die sehr abstrakt sind.

Vielleicht ist es eine gute Idee zunächst die Situation möglichst stressarm gemeinsam zu besprechen und sich bezüglich der realen Stressoren, wie in etwa Stimmeinsatz, Dunkelheit oder räumliche Enge ein wenig zurückzuhalten. Wenn alle verstanden habe, wie in einer gegebenen Situation (zum Beispiel das „Antanzen" in einer Diskothek oder auf einer Veranstaltung durch einen Mann oder das Mitfahren als Beifahrerin in einem PKW) zu reagieren ist, dann können Sie die Situation erneut bewältigen lassen, gestalten das Szenario aber nun insgesamt anspruchsvoller durch den Einsatz realistischer Stressoren. Wechseln Sie doch einmal ins Freie. Üben Sie mit den TN an „fremden" Orten. Treffen Sie sich an einem Parkhaus oder abgelegenen Parkplatz. Vor dem Training sollten Sie jedoch die Eigentümer, Besitzer und die örtliche Polizei informieren. Beziehen Sie einmal abends eine Bushaltestelle mit ein oder einen Aufzug. Wir kennen Kurse, in denen solche Plätze miteinbezogen und „besichtigt" werden, ebenso wie das Verhalten beim Fahren von Bus der Bahn und beim Mitfahren in fremden PKW. Beim Lernen vor Ort kann gut das selbstentdeckende Lernen zum Einsatz kommen. Sicherlich werden Sie beobachten können, dass einige Frauen nun anders reagieren als in gewohnter Umgebung. Das Üben im Freien veranlasst sicherlich einige Frauen dazu, zurückhaltender und vorsichtiger zu werden. Andere gehen jetzt erst recht aus sich heraus, weil sie sich gefordert fühlen und ihren Willen sich zu wehren zeigen möchten. Nicht alle möchten jedoch im Freien, vielleicht vor anderen Fremden trainieren. Dem sollten Sie Rechnung tragen und sich vorher mit dem Kurs darüber austauschen und sich absprechen.

Um eine noch unbekannte Situation „entschärft" besprechen zu können beziehungsweise Handlungsalternativen zu entwickeln, bietet sich eine Form des mentalen Trainings an, bei der alle Anwesenden zunächst gemeinsam auf eine zu erwartende Situation eingestimmt werden. Mentales Szenario-Training wird unter anderem in der Feuerwehr-Ausbildung eingesetzt, gerade im Rahmen des Atemschutztrainings. Es handelt sich um eine Art „Kopfkino“ bei dem der Ausbilder den Übenden in ruhiger Stimme genaue Vorgaben macht, was sie sich in Gedanken vorzustellen haben. Damit jede Frau annähernd dasselbe Bild vor Augen hat, müssen die Formulierungen durch den Ausbilder wohl überlegt sein. Das mentale Szenario-Training wird Ihnen weiter hinten im Buch erneut begegnen und genauer erklärt.

Ein sogenannter „Abschlussparcours“, welcher am Ende mancher FSV-Kurse angeboten wird, gehört ebenfalls zum Stress- bzw. Konfrontationstraining. Je nach Art des Parcours steht entweder das Stresstraining im Vordergrund oder ein Szenario-Training. Letzteres ist in FSV-Kursen wahrscheinlicher. Hier warten entlang einer zu bewältigenden überschaubaren Strecke verschiedene Stationen oder Angreifer auf die TN eines FSV-Kurses. Eingeweihte Männer und Frauen, meist aus den eigenen Vereinen oder Schulen, greifen in festgelegter Reihenfolge und mit zunehmendem Schwierigkeitsgrad die Absolventinnen eines Kurses an. Diese müssen sich behaupten, verteidigen und schützen. Der Ausbilder übernimmt die Aufgabe des Coachings und oft auch die allgemeine Betreuung. Es gibt sicherlich sinnvolle Konzepte zu solchen Trainingseinheiten, umgekehrt aber auch manche Konzepte, die mehr als fragwürdig klingen.

Jedes Konfrontationstraining ist ein Stresstraining, individuell angepasst an eine Teilnehmerin. Das Stresstraining für langjährige Vereinsmitglieder sieht anders aus als dasjenige für unerfahrene TN eines FSV-Kurses. Spezielle Szenario-Trainingseinheiten, in denen Hochstressphasen durch eine Vielzahl von diversen, teilweise gefährlichen „Spezialeffekten“ bewusst ausgelöst werden, können „nach hinten“ losgehen und mehr Schaden anrichten als sie Nutzen bringen können. Sie dürfen nicht außer Acht lassen, dass daran teilnehmende Personen seelisch Schaden nehmen können, wenn sie in ihrem festen Glauben an ihre Stärke und Fertigkeiten erschüttert und völlig handlungsunfähig (Angststarre) werden. Als ebenso tragisch ist eine versehentliche Retraumatisierung zu betrachten. Unsere TN sollen den Kurs mit einem guten Gefühl und einer realistischen Einschätzung ihrer Fähigkeiten und Fertigkeiten abschließen.

2.2.10.2 Szenarios in FSV-Kursen

Es liegt also in Ihrer Hand, wie stresslastig Sie ein Szenario-Training gestalten wollen. Wenn es in Ihrem Kurs gut voran geht und Ihre TN gegen Endes Kurses in die Wiederholungsphase einsteigen, geht es darum, dass die Frauen bereits gelerntes Wissen und neue Fertigkeiten auf jetzt neue oder ungewohnte Situationen übertragen sollen. Das Bekannte wird in neuen Situationen ausprobiert, damit sich der Handlungsspielraum erweitern kann. Vielleicht sind Sie der Ansicht, dass jetzt ein Szenario-Training hilfreich wäre. Dazu werden die Frauen in eine einigermaßen realistische „Gefahrensituation" gebracht. Unter dem Eindruck erhöhten Stresses soll nun das Bekannte abgerufen werden. Bisher fand das Training in einem für die TN bekannten und vertrauten Rahmen statt. Nun kommen Sie daher und erhöhen die Anforderungen erheblich. Es kann nun passieren, dass manche Frauen, die aus ihren Augen nicht einschätzbare Situation als kritisch einstufen und dadurch Angst entsteht. Diese kann schlechtestenfalls dazu führen, dass die TN nicht mehr wie geplant reagiert, denn wenn Angst sich ausbreitet, läuft Vieles nicht mehr wie gedacht. Zu dem unangenehmen Gefühl der Angst kommen nun vielleicht noch die Scham sich zu blamieren und die Wut der Frau über die eigene Angst. Allesamt sind für eine effektive Verteidigungshandlung unbrauchbar. Wann und wie der Körper mit Stress und Angst auf gestellte Anforderungen reagiert ist individuell verschieden und nicht vorhersagbar, vor allem nicht, wenn Sie die Frauen in Ihrem Kurs nicht besser kennen gelernt haben.

2.2.10.3 Ideen für ein Stresstraining

Der **„Schubskreis"** wird bei uns recht oft im Unterricht „eingebaut" und besteht immer aus vier bis sechs Personen. Diese TN bilden einen engen Kreis um eine Person, die sich in ihrer Mitte befindet. Nun werden verschiedene Aufträge sowohl an den „Kreis" als auch an die Übende in der Mitte erteilt. Grundsätzlich soll die Person in der Mitte üben, ihren Blick nicht zum Boden zu richten und versuchen zu beobachten von wo aus sie geschubst wird. Dies soll dem sogenannten „Tunnelblick" entgegen wirken. In der einfachsten Form bekommen der Kreis die Aufgabe, die Übende mit der flachen Hand auf Rücken, Arme oder Beine zu „schlagen", wobei dieses „Schlagen" zu Beginn mehr einem Klaps gleich kommen sollte. Da dies alle im Kreis stehenden Frauen gleichzeitig tun, bekommt die Frau in der Mitte viele Reize, die sie verarbeiten muss. Dabei soll sie eine Schutzposition einnehmen, bei der sie wenigstens Hals und Kopf schützen kann. Wichtig ist, dass die Frau in der Mitte alles über sich ergehen lassen muss, ohne sich wehren zu dürfen. Sie muss das für eine kurze Zeit einfach aushalten. Auch wenn ihr keine Schmerzen zugefügt werden und somit eine nur geringe Verletzungsgefahr (durch unbeabsichtigte ernstere Treffer) besteht, ist dies für die Person in der Mitte unangenehm. In Kombination mit den Schlägen soll die Frau in der Mitte angepöbelt werden, damit der Stress auch durch verbale Attacken zunimmt. Sie als Ausbilder haben es in der Hand, wie weit sie gehen wollen und wie weit es die Frauen zulassen.

Schubsen, Knuffen und Schlagen erwünscht

Etwas schwerer wird die Übung dann, wenn es nicht mehr um leichte „Schläge“ geht, sondern wenn nun zusätzlich Schubsen zulässig ist. Aufgrund dieser Variante hat die Übung bei uns ihren Namen erhalten. Der Schubskreis formiert sich wie zuvor beschrieben. Dieses Mal erhalten Frauen außen im Kreis Schlagpolster und Pratzen. Mit ihnen sollen sie die Frau in der Mitte knuffen und schubsen. Als Ausbilder achten Sie nun verstärkt darauf, dass die Übende stets ihre Deckung oben lässt und ihren Blick nicht zum Boden richtet. Die Ziele sind gleich geblieben. Beim Herumschubsen muss darauf geachtet werden, dass es nicht zu Verletzungen kommt, gerade wenn die Übende ins Stolpern gerät.

Ersatzweise können die Schlagpolster wegelassen werden und die Personen, die den Kreis bilden, erhalten Poolnudeln, mit denen sie auf die Übende in der Mitte „einschlagen“. Hier gilt: Kopf, Brust und Genitalien sind tabu! Nicht aufzugeben und das durchzustehen sind die Hauptziele der Übung.

Schubskreis – „Am Boden zerstört“

Die folgende Erweiterung kommt in unseren Kursen aufgrund des hohen Anforderungsprofils meist eher nicht zum Einsatz, aber wir wollen sie Ihnen nicht vorenthalten. Vielleicht möchten Sie sie ja irgendwann einmal ausprobieren. Sie ist immer wieder Bestandteil im regulären Training.

Der Schubskreis formiert sich wie zuvor beschrieben. Dieses Mal befindet sich die Frau in der Mitte jedoch am Boden und zwar in Rückenlage. Sie darf sich nicht wehren, sondern verharrt in ihrer Schutzposition, während die umherstehenden TN sie wie zuvor

„schlagen“. Nun ist es umso wichtiger, dass Sie die TN genau beobachten und abschätzen, wann das zumutbare Maß an Stress erreicht ist und wann man noch mehr fordern kann. Schläge ins Gesicht sind erneut verboten, auf die Deckung von außen jedoch erlaubt. Erschwerend kommt hinzu, dass nun „getreten“ werden darf, selbstverständlich ohne Verletzungen. Die Frau am Boden soll aber ein Gefühl dafür bekommen, am Boden von mehreren „bearbeitet zu werden“. Die Ziele bleiben gleich: Aushalten, nicht aufgeben (Kampfgeist), die Deckung schützend oben behalten und den Tunnelblick vermeiden. Achten Sie darauf, dass die am Boden Liegende sich nicht in die Seitenlage treiben lässt.

Gefährliche Gasse

Alle TN bilden eine lange Gasse, bei der sich die Frauen mit dem Gesicht einander zugewandt einander gegenüberstehen. Zwischen den Frauen sollte nach links und rechts etwa eine Armlänge Platz sein. Am Ende der Gasse steht der Ausbilder, welcher darauf wartet, dass die vorderste Frau in der Gasse von ihm aus links den Anfang macht und sich langsam und ohne Hektik durch die Gasse auf ihn zu bewegt. Die „gefährliche Gasse“ ist deswegen so „bedrohlich“, weil die dort stehenden Frauen den Auftrag haben, die Übungsteilnehmerin anzupöbeln und eventuell zu berühren. Ist die Übende am Ende der Gasse angekommen, lässt sie sich vom Ausbilder mit etwas mehr Körperkontakt bedrängen und stellt sich dann unten an die Gasse an. So „wandert“ die Gasse im Raum ein Stück weit, bis alle TN einmal durch die Gasse gegangen sind.

Diese Form der gefährlichen Gasse lässt sich beliebig variieren. Bei einer weiteren Variante stehen sich die beiden die Gasse bildenden Reihen etwas näher gegenüber, so dass die Gasse etwas schmäler als zuvor wird. Die Übende betritt von einer Seite die

Gasse und von der anderen Seite kommt ihr der Ausbilder entgegen. Die Gasse steht still und beengt einfach nur den Raum, während die TN gezwungen ist, durch die enge Gasse auf den Ausbilder zuzugehen, von dem sie weiß, dass er sie angreifen wird. Eine Ergänzung bietet sich an: Die „Gasse" greift nicht an aber pöbelt und provoziert halblaut von der Seite, zum Beispiel: „Guck dir die blöde Kuh an … wie die angezogen ist".

Ist der Kurs schon so weit fortgeschritten, dass die TN sich gegen Griffe wehren können, dann bieten sich in der Gasse vor allem das Greifen zum Hals, zu den Handgelenken oder Umklammerungen aller Art an. Aus Sicherheitsgründen wird die Gasse dann etwas breiter gemacht, sobald der Angreifer Kontakt hat, damit die TN der Gasse nicht bei Verteidigungshandlungen gefährdet werden. Damit die Gasse noch etwas bedrohlicher wirkt, können Sie die Gasse entlang einer Wand aufbauen lassen, so dass die Wand die eine Seite der Gasse bildet und die Frauen des Kurses die andere Seite der Gasse. Dadurch wird die Gasse doppelt so lang und kann in der Enge beliebig variiert werden. Zudem weichen die Wände nicht zurück und geben nicht nach: Dies erzeugt einen Eindruck von räumlicher Enge.

2.2.11 FIST- / Redman-Anzug

Zu den Vollschutz-Anzügen lässt sich Einiges sagen. Wir verwenden diese Anzüge in unseren Kursen nicht, aber das ist eine andere Sache. Trotzdem möchten wir Ihnen gerne verschiedene Übungen vorstellen, die in anderen Kursen (zum Beispiel „Fit for Fight") angewendet werden können. Über die Vor- und Nachteile des Anzuges können Sie im Materialanhang in der Rubrik Lehr- und Lernmittel Genaueres nachlesen. Damit Sie uns nicht falsch verstehen:

Wir haben nicht generell etwas gegen Vollschutzanzüge im Training, sind aber der Ansicht, dass diese in einem Crashkurs oder einem zehnwöchigen Frauenselbstverteidigungskurs nicht gewinnbringend eingesetzt werden können. Je länger die Kursdauer ist, umso eher lässt sich solch ein Anzug sinnvoll einsetzen, da dann insgesamt mehr Zeit für verschiedene Dinge zur Verfügung steht.

Soll der Anzug eingesetzt werden, gibt es mehrere Möglichkeiten ihn den Frauen vorzustellen. Zunächst benötigen Sie idealerweise eine weitere Person, die den Anzug anlegt, während Sie ausschließlich mit der Betreuung der Frauen und dem Leiten der Übungen beschäftigt sind. Da stellt sich nun als Nächstes die Frage, wie Sie die TN mit dem Träger des Anzuges bekannt werden lassen möchten. Sie können dies natürlich auf die „harte Tour" machen. Dann besprechen Sie den allgemeinen Ablauf der Übung und kurz darauf betritt der Träger des Anzuges voll ausgestattet den Raum und es kann losgehen. Erfahrungen in anderen Kursen zeigen, dass dies nicht der ideale Einstieg ist. Die Frauen tun sich leichter damit, wenn sie den Träger des Anzuges vorher kennen gelernt haben und dieser nicht als schwarzes oder rotes „Ungeheuer" in Erscheinung tritt. Schöner ist es, falls dies die Zeit zulässt, wenn der Träger des Anzuges sich „normal" gekleidet kurz vorstellt und dann im Beisein der Frauen und mit Hilfe von Ihnen oder Ihres Assistenztrainers den Anzug anlegt.

Berücksichtigen Sie bei der Verwendung dieses Anzuges, dass alleine das Aussehen des Angreifers mit dem Anzug starken Eindruck bei den TN machen kann. Sie wollen hingegen keine Angst oder Unsicherheit schüren, sondern den TN Gelegenheit geben, einmal zuschlagen und zutreten zu dürfen.

Damit der Träger des Vollschutzes sich nicht völlig verausgaben muss allein dadurch, dass er den ihm ausweichenden Frauen nachstellen muss, sollten Sie zunächst das „Spielfeld“ auf annehmbare Größe begrenzen. Richten Sie aber einen Bereich ein, in dem man eine „Auszeit“ nehmen kann. Alle Frauen sollten sich von da an nur noch im Spielfeld bewegen.

Erste Übungsmöglichkeit: Die Frauen gehen durcheinander auf dem „Spielfeld“ herum und der voll geschützte Angreifer wählt nach und nach jede Frau aus, indem er sie „anpöbelt“. Diese Frau sollte dann nicht mehr „flüchten“, sondern sich dem Angriff stellen, laut werden und sich wehren.

Zweite Übungsmöglichkeit: Die Spielfläche bleibt gleich, jedoch stellen sich alle TN im großen Kreis herum auf, während eine Frau nach der anderen einzeln in die Mitte tritt und sich angreifen lässt. Die restlichen Frauen feuern die Übende an und unterstützen sie. Als Ausbilder haben Sie so einen genauen Blick auf das, was sich abspielt und Sie können der Frau zur Seite stehen, sie notfalls ermutigen oder aus der stressigen Situation entlassen. Solche Aktionen lassen sich gut filmen und anschließend auswerten, wenn alle damit einverstanden sind.

Steigern können Sie den Stresslevel beliebig, zum Beispiel durch laute Musik, die Einschränkung von Hör- und Sehsinn. Natürlich können die restlichen TN auch gespannt vor der verschlossenen Tür zum Übungsraum darauf warten, von Ihnen herein gebeten zu werden. Da dann draußen niemand weiß, was sich drinnen abspielt, steigert dies die Spannung erheblich, weil man womöglich vor der Tür nur die Schreie oder das Herumpoltern der Akteure hören kann. Diejenigen, welche die Übung absolviert haben, warten dann im Übungsraum auf die anderen Frauen, so dass vor der Tür nicht besprochen werden kann, was sich drinnen im Detail abspielt. Sie spielen also bis zu einem gewissen Grad mit der Unsicherheit der TN, die entsteht, wenn gezielt Informationen nicht kommuniziert werden, die aus Sicht mancher Frauen wünschenswert wären. Sie setzen fehlende Transparenz in diesem Fall gezielt ein, um Stress zu erhöhen.

Schließlich lassen sich mit dem Vollschutzanzug außerdem Einheiten am Boden trainieren, zum Beispiel das richtige Aufstehen und sich in Sicherheit bringen. Die „Drohkulisse“, die sich durch den Anzug und seinen Träger ergibt, ist imposant genug um am Boden zusätzlich Stress zu erzeugen. Haben Sie die Frauen jederzeit im Blick! Das wird der Angreifer zwar auch tun und dieser wird von sich aus abbrechen, wenn die Frau sich in Angst hineinsteigert und sich nicht wehrt. Ihnen als Lernbegleiter fällt jedoch die Rolle zu, die Übenden individuell und so gut zu unterstützen, dass Übungsabbrüche nicht notwendig werden. Wir empfehlen Ihnen die Lektüre unserer vertiefenden Gedanken zum Thema Stress, Angst und Panik, sowie unsere Anmerkungen zum Umgang mit vorbelasteten TN Ihres Kurses, damit die seelische Gesundheit Ihrer Frauen im Kurs nicht auf eine unnötige Belastungsprobe gestellt wird.

2.2.12 Provokation pur!

Der Ausbilder macht es sich zur Aufgabe, sich die TN aus der Menge heraus nach und nach „herauszugucken“ und „anzumachen“. Dazu laufen bzw. gehen die Frauen in einer begrenzten Fläche im Raum durcheinander herum. Plötzlich geht der Ausbilder auf eine Frau zügig zu und traktiert sie verbal. Angefangen von einer banalen Frage, einer Provokation oder dem „Antanzen“ kann der Trainer dies beliebig steigern. Das Ziel der Frauen soll es zunächst sein, dem Blick nicht auszuweichen und der „Anmache“ standzuhalten. Dabei soll die Betroffene möglichst keine Opfersignale aussenden. Für alle TN sollte bei der ersten Übung dieser Art klar kommuniziert werden, dass der Ausbilder sie nicht anfasst, schubst oder schlägt, sondern lediglich die Distanzschwelle unterschreitet und verbal Druck aufbaut.

Eine Vereinfachung der Übung ist möglich: Es wird in der ersten Runde nicht angepöbelt, sondern nur durch Unterschreiten der persönlichen Distanzschwelle und nonverbal (Mimik, Blick, Körperhaltung) psychischer Druck ausgeübt. Das Ziel der ersten Übung lautet: Halte dem Blick stand und weiche nicht zurück, sende keine Opfersignale aus. Sie sehen, dass diese Übungen denen mit dem Vollschutzanzug ähneln. Es kommt auf Ihre Ziele an.

Für alle Formen des Stress- und Szenario-Trainings gilt, dass es niemandem nutzt, wenn die TN den Kurs oder eine spezielle Einheit als zu belastend erleben und mit Angst im Kurs erscheinen und sich unnötig quälen.

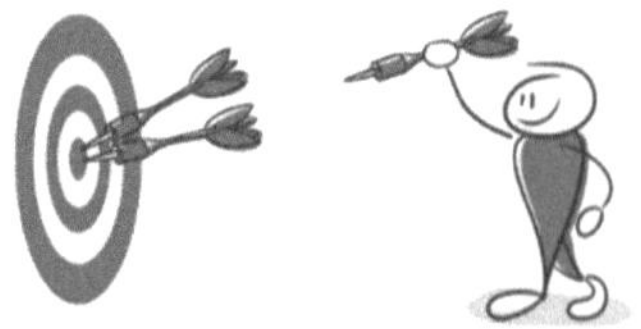

2.2.13 Mentales Szenario-Training – Kopfkino!

Oft beginnt eine solche Übung mit den Worten: „Stellt euch vor, ihr seid abends in der Stadt mit Freundinnen unterwegs. Nachdem ihr beschlossen habt, den Abend in einer Bar ausklingen zu lassen, stehst du auf, um die Toilette aufzusuchen. Dazu verlässt du den Tisch an dem ihr gemeinsam sitzt und bewegst dich auf die Treppe zu, die nach unten zur Toilettenanlage führt. Die Luft ist stickig in der Bar, weil sehr viele Menschen hier den Abend verbringen. Du schiebst dich an den vielen anderen Personen vorbei. Als du die

Treppe erreicht hast, lässt der Betrieb nach und der Weg nach unten ist frei. Am unteren Treppenabsatz angekommen orientierst du dich an den entsprechenden Schildern zur Damentoilette. Im Augenwinkel fällt dir ein Mann auf, der dich anstarrt…"

Führen Sie die TN anschaulich in das Szenario ein. Bei den TN sollen im Kopf Bilder oder Filmstreifen entstehen. An der gewünschten Stelle steigen Sie aus der Beschreibung der Situation aus und überlegen nun gemeinsam, welche Verhaltensweisen zielführend sind. Berücksichtigen Sie dabei, dass es Menschen mit wenig ausgeprägtem Vorstellungsvermögen gibt und die Übung damit nicht für alle günstige Lernvoraussetzungen bietet. Dann ist es natürlich auch möglich, dieses Szenario mit einem Rollenspiel greifbar zu machen. Generell denken wir, dass Rollenspiele „zum Anfassen" alle Lernsinne ansprechen und daher besser geeignet sind. Wir wollen Ihnen jedoch unserer Erfahrungen nicht vorenthalten.

Beachten Sie, dass solche Situationsbesprechungen schnell ausufern, wenn es um die Frage: „Was wäre, wenn …?" geht. Dem müssen Sie einen Riegel vorschieben, damit die Situation von den TN nicht wahllos „ausgeschmückt" wird. Eines lässt sich dabei auf jeden Fall lernen, nämlich, dass man zu übende Situationen nur schwerlich aus dem Kontext nehmen kann, denn immer spielen die gesamten Umstände, die von Dritten aus Erzählungen nicht alle übermittelt werden können, eine wesentliche Rolle.

2.2.14 Entspannungsübungen

Entspannungsübungen können gemeinsam durchgeführt am Ende der Übungseinheit oder vor und nach einem Stresstraining eingesetzt werden. Hier stellen wir Ihnen einige Möglichkeiten vor, wie sich solche Übungen in einen Kurs integrieren lassen. Natürlich steht Entspannung bei uns nicht im Vordergrund aber es gibt Situationen, in denen es angemessen sein kann, solche Übungen einzubauen und das hängt stark von den TN und ihrer Tagesverfassung und den von Ihnen gestellten Ansprüchen ab. Nach einer Hochstress-Phase, die alle gleichzeitig durchleben, ist es schön, wenn alle gemeinsam wieder „runterkommen“ und sich entspannen. Wenn Sie eine Adrenalin-Abbau-Phase einbauen, hilft dies meist allen Beteiligten, beispielsweise bei einer kurzen Phantasiereise oder einer Klopfmassage. Anleitungen finden Sie dazu auch im Internet oder in Fachbüchern.

Neben klassischen Verfahren der Entspannung gibt es noch einige von uns erprobte Übungen, die wir in unseren Kursen einsetzen, wenn bei einer Frau dringend Entspannung nötig wäre, sie sich aber nicht von alleine einstellt. Solche Situationen, in denen einzelne TN plötzlich in Hochstress geraten sind, kommen im Kurs nicht allzu häufig vor aber Sie sollten damit rechnen; insbesondere, wenn Frauen mit Gewaltvorerfahrungen am Kurs teilnehmen. Manchmal reicht eine unbedachte Äußerung beziehungsweise Angriffssituation um bei vorbelasteten Frauen Stress auszulösen. In solchen Momenten hat es sich bei uns bewährt, dass immer eine weibliche Ausbilderin dabei ist und notfalls von Frau zu Frau mit der Betroffenen reden kann. Dort, wo sich dies nicht realisieren lässt, gibt es andere Wege und Mittel, Entspannung herzustellen, sozusagen als Notlösung.

Geballte Fäuste!

Im Hochstress ist die Muskulatur angespannt. Oft erkennt man dies an einer Verkrampfung der Handmuskulatur. Dann ballt die Frau unbewusst die Fäuste. Das Adrenalin macht kampfbereit. Eine so massive körperliche Anspannung ist hinderlich, insbesondere, wenn Angst-Starre eintritt. Eine beruhigende Kommentierung der

Übungssituation kann helfen. Manchmal und gerade bei Frauen mit Vorbelastung reicht dies nicht immer aus. Dann können Sie laut Fengler[14] Folgendes versuchen:

Unterbrechen Sie den Angriff und stellen Sie Körperkontakt her. Falls möglich, berühren Sie die verkrampften Hände der Übenden. Nehmen Sie die Anspannung der Handmuskulatur wahr und legen Sie Ihre Hände leicht und „beschützend“ über die Fäuste der Frau. Diese Übung wird von Fengler unter dem Namen „Die Öffnung der Hand“ vorgestellt. Erzwingen Sie die Entspannung nicht und nehmen Sie die Signale der Übenden wahr. Fengler weist darauf hin, dass diese Übung ideal ist in „Augenblicken von Angst, Misstrauen und Vertrauensverlust, insbesondere auch bei Angst vor Nähe und Annäherung“[15]. Wir haben diese Methode Fenglers in unseren Kursen schon mehrfach erfolgreich eingesetzt und sind von der Wirkung positiv überrascht gewesen.

Nichts anderes geschieht bei den TN Ihres Kurses, wenn sie mit Verkrampfung und Angst reagieren. Berührungen oder besondere Situationen können für vorbelastete Frauen im Kurs unter Umständen ein Problem sein (siehe Kapitel 1.2). Wenn Sie sich auf die TN einlassen und versuchen Verständnis für die Angstreaktion aufzubringen, dann wird sich die TN auch auf Sie einlassen und zulassen, dass die Situation behoben wird, ohne dass sie ihr Gesicht verliert. Stille kann sich in diesem angespannten Moment für die Übende negativ auswirken. Besser ist es, alle Entspannungsversuche der TN durch beruhigende Kommentare zu stützen.

Manchmal reichen unkomplizierte Gesten, um Entspannung hervor zu rufen. Vielleicht ergibt sich eine kurze Umarmung einer sehr

---

[14] Fengler, Jörg (2009): S. 51 ff. / S. 68.

[15] Zitat - Fengler, Jörg (2009): S. 51.

unsicheren oder gestressten Person, nach einem Stresstraining, wenn sie Nähe soweit zulassen kann. In unseren Trainings und Workshops haben wir diesbezüglich gute Erfahrungen, vor allem in unseren FSV-Kursen gemacht. Jörg Fengler beschreibt die Möglichkeit der Umarmung um betroffene Teilnehmer einer Feedback-Übung erleben zu lassen, dass mit dem Übungsende das Ende einer Zurückweisung eingetreten ist. Wir setzen diese Form der Umarmung in ähnlichen Situationen mit ähnlichem Hintergedanken schon länger ein. Die Umarmung einer TN durch den Ausbilder macht am Ende eines Rollenspiels oder Szenarios für die TN erlebbar und damit deutlich, dass der „böse" Angreifer wieder zum Helfer und Ausbilder geworden ist. Die eine oder andere Frau hatte in unseren Kursen Probleme, damit den manchmal schnellen Rollenwechsel des Ausbilders bewusst nachzuvollziehen. Der Ausbilder mutiert „plötzlich" (eben noch der freundliche Berater und Lerncoach) zum Aggressor und wirkt „böse" beziehungsweise „bedrohlich". Kaum ist der Angriff vorbei und die Situation gemeistert, fällt der Angreifer wieder zurück in den freundlich und aufmunternd lächelnden Coach. Nicht jede Frau kann sich aus der stressigen Angriffssituation mental so schnell „befreien" und den Angreifer sofort wieder in der Rolle des Helfers und Ausbilders verorten. Sind Stresssymptome (siehe Kapitel 4.3) nicht mehr zu übersehen und wirkt die TN sehr unsicher, hilft manchmal ein kurzer Händedruck im Vorbeigehen, wenn die Frau diese Geste bereits durch den Ausbilder, eventuell sogar in Kombination mit beruhigenden Übungsbegleitsätzen (siehe Kapitel 4.3.3), erlebt hat und den Händedruck richtig einordnen kann. Dann kann dies ein schnelles Instrument sein, mit dem Sie einzelne Personen aus ihrem „Kopfkino" herausholen können, ohne, dass andere dies groß mitbekommen müssen.

2.2.15 Einsatz von Alltagsgegenständen

Steht Ihnen hinreichend Zeit im Kurs zur Verfügung, empfehlen wir Ihnen, dass Sie auf Alltagsgegenstände und ihren Einsatz in der Notwehr zu sprechen kommen. In unseren Kursen sind die Frauen immer wieder überrascht, wie schnell ein handelsüblicher Regenschirm, ein Buch oder sogar eine gerollte Zeitschrift zu einer gefährlichen „Waffe“ werden können. Ermutigen Sie die Frauen, zu Hause nach Alltagsgegenständen Ausschau zu halten und diese an einem verabredeten Termin mitzubringen. Sie sollen sich dabei überlegen, wie sie diese Gegenstände einsetzen würden. Sie werden staunen, was dabei alles herauskommt. Für den Fall, dass die Frauen es selbst vergessen oder nicht ausreichend Material zur Verfügung steht, packen Sie als Ausbilder am besten gleich selbst eine solche Kiste mit Gegenständen. Da diese im Training verwendet werden sollen, ist es geschickt, nicht mehr den allerneuesten Schirm oder den eigenen PKW-Schlüssel (Achtung, in dicker Pappe ist schon mal ein Schlüssel abgebrochen!) mitzubringen. Folgende Gegenstände eignen sich in Ihrem Kurs prima:

Schirme, vor allem Stockschirme mit verstärkter Spitze, Krücken (richtig: Unterarmgehstützen), Gehstöcke, Schlüssel, Zeitschriften oder Zeitungen, sowie Bücher, Tragetaschen oder Handtaschen, Stifte, Getränkeflaschen. Unsere Frauen legen dann alle mitgebrachten Gegenstände in die Mitte unseres gebildeten Kreises (Stuhlkreis) und überlegen sich dann zunächst partnerweise, wie man die dort liegenden Gegenstände sinnvoll zu Verteidigungszwecken einsetzen könnte. Sie als Trainer geben zunächst keine Anregungen oder Hilfen. Wir widmen diesem Thema einen eigenen Workshop, der von interessierten Frauen in unseren oft zeitlich parallel verlaufenden Kursen gebucht werden kann. Diesen Workshop bieten wir an, weil die Nachfrage dazu hoch ist und die Zeit im Kurs oft nur begrenzt zur Verfügung steht. Man kann dort das

Thema ansprechen und die ein oder andere Sache zeigen, wenn wir aber möchten, dass die TN sich intensiv damit auseinander setzen und alle Gegenstände auf ihre Waffentauglichkeit ausprobieren wollen, dann wird dafür bei uns zumindest ein zeitlicher Rahmen von etwa drei bis vier Stunden angesetzt.

2.2.16 Einsatz von Waffen und Hilfsmitteln

In allen bisherigen FSV-Kursen kam dieses Thema von Seiten der Frauen irgendwann zur Sprache. Die Verunsicherung bezüglich der richtigen Wahl von Hilfsmitteln und erlaubten Waffen ist oft groß. Deswegen wird bei uns am Ende des Kurses in kurzer Form darauf eingegangen. Die TN bekommen verschiedene Möglichkeiten samt ihrer Vor- und Nachteile vorgestellt. Der Versuch, das Thema in unserem Zehn-Wochen-Kurs zu integrieren scheiterte zugunsten anderer Lerninhalte, so dass wir dieses Thema in einem gesonderten Wochenendworkshop anbieten, der sowohl von schuleigenen Mitgliedern, als auch von Gästen aus den FSV-Kursen, gebucht werden kann. Im Schwerpunkt stellen wir den Umgang mit Palmstick (unter anderem auch als Kobutan und als Kubotan bezeichnet) vor, genauso wie den Einsatz von Personenalarm und Reizgas. Allem voran findet eine theoretische Einführung zum Thema Waffenrecht statt, so dass die TN wissen, was erlaubt und was verboten ist. Wir appellieren an Sie, sich hinreichend mit dem geltenden Recht auseinander zu setzen und Ihr Wissen auf dem aktuellen Stand zu halten. Die drei von uns favorisierten Gegenstände werden dann durch die Ausbilder in Handhabung und Wirkungsweise erläutert und vorgeführt. Wir verwenden zunächst Trainingsspray auf Alkohol-Basis, um die Unterschiede von ballistischem Strahl, Sprühnebel und die Unterschiede in der Reichweite der Produkte sichtbar machen zu können. Am Ende des Kurses versprühen wir bei Interesse im Freien an einem windgeschützten Ort ein wenig CS-Gas und später dann ein wenig Pfefferspray. Diejenigen, die nun möchten, dürfen vorsichtig eine Nase voll testen. Weisen Sie die Frauen aber unbedingt vorher ausdrücklich auf Wirkungsweise und gesundheitliche Risiken hin. Lassen Sie asthmatische oder allergische Personen daran nicht teilnehmen. Wir sind uns bewusst, dass man über den Einsatz von Hilfsmitteln wie Pfefferspray in Frauenselbstverteidigungskursen diskutieren kann. Wir haben uns aufgrund der hohen Nachfrage dafür entschieden.

2.2.17 Fitness Pur – Adaptive Fit!

In unseren großen Kursen häufen sich immer wieder die Nachfragen nach einem kurzen Fitness-Workout am Ende der jeweiligen Unterrichtseinheiten. Das liegt unter anderem vermutlich daran, dass an die Frauen unserer Kurse keine besonderen Anforderungen an die körperliche Fitness gestellt werden. Dadurch haben die TN am Ende der Kursabende eher das Gefühl, nicht ausgelastet zu sein, wie sie es von Einheiten im Fitness-Studio kennen. Hier können Sie mit kurzen Fitness-Einheiten Abhilfe schaffen. Bereits zehn bis fünfzehn Minuten genügen, damit die TN ins Schwitzen kommen und sich anschließend ausgepowert fühlen. Sie wissen es selbst: Ein ansprechend gestaltetes Fitnessprogramm sorgt für Ausgeglichenheit und Freude. Die Bewältigung der Anforderungen macht oftmals zufrieden und natürlich ein wenig stolz auf die eigene Leistungsfähigkeit. Geben Sie also Ihren TN diese Möglichkeit, noch etwas für ein gutes Feeling nach dem Training zu tun. Unsere Erfahrungen haben gezeigt, dass in jedem Kurs bisher knapp 90 % der TN das Angebot angenommen haben und uns am Kurs-Ende entsprechend positives Feedback diesbezüglich gaben. In Kursen mit knappen Zeitrahmen bietet sich ein Fitness-Programm nicht an.

Im Zuge einer Trainer- oder Fachübungsleiterausbildung erfahren Sie Wissenswertes zum Thema Trainings- und Fitnessgrundlagen. Auch in der Fachliteratur finden Sie sicherlich viele Anregungen. Wir wollen diesen Bereich nicht weiter vertiefen. Berücksichtigen Sie Ihr Wissen zur Gestaltung von Aufwärm- oder Fitness-Einheiten, damit Ihre Kursteilnehmerinnen weder unter- noch überfordert werden. Verletzungsrisiken und die Gefahr der Überbelastung sollten Sie weitestgehend ausschließen, indem Sie nicht wahllos Übungen nach Ihrem persönlichen Geschmack zusammenstellen, sondern sich an allgemeine Trainingsgrundsätze halten. Planen Sie solche Workouts nicht eigenständig, wenn Sie keinerlei Erfahrungen diesbezüglich haben.

2.2.18 Warmup & Energizer - Spiele und Co

Es gibt zahlreiche Übungen, die Ihre Ausbildungseinheiten bereichern werden. Die einen sprechen allgemein von Spielen, wieder andere ordnen sie in verschiedene Gruppen, so zum Beispiel Übungen, die zur Steigerung des Aktivitätsniveaus und der Beteiligung führen, aber auch „Energizer“, Zweikampfspiele oder „Icebreaker“, je nach ihrer Funktion. Kennen Sie keine geeigneten Zweikampfspiele, lesen Sie sich im Internet oder in der Fachliteratur ein. Die eine oder andere Anregung begegnet Ihnen schließlich auch hier im Buch (siehe Kapitel 4.8).

Lernen im „Spiel“ ist ein wichtiger Aspekt. „Spiel“ ist aber nicht gleich „Spiel“. Wenn Sie in einem Teilnehmerkreis, in dem sich vornehmlich Erwachsene befinden von „Spielen“ sprechen, rechnen Sie damit, dass man dies möglicherweise zunächst belächelt. Es kann vorkommen, dass Ihre als „Spiele“ deklarierten Übungen dann nicht so ernst genommen und schlimmstenfalls sogar für kindisch gehalten werden. Welches Ziel wollen Sie mit der Verwendung eines „Energizers“ erreichen? Benennen Sie die Ziele bei der Ankündigung, dass nun eine interessante Übung folgen wird. In etwa so: „Wir werden nun eine Übung ausprobieren, bei Ihr etwas Wichtiges über euch selbst erfahren könnt. Es geht darum, dass …“. Das klingt schon wesentlich besser, wie wenn Sie einer Ihnen noch recht unbekannten heterogenen Gruppe von TN gleich am ersten Abend mitteilen, dass Sie nun erst einmal ein Spiel spielen wollen. Gehen Sie weiter davon aus, dass nicht alle Menschen bereit sein werden, sich auf „Spiele“ einzulassen. Erstens mag dies daran liegen, dass die „Spielatmosphäre“ wenig einladend ist und ein „Sicherheitsrisiko“ besteht. Es geht hier um die Sicherheit, den die Anonymität der Gruppe bildet und das Risiko, sich vor dieser zu blamieren, wenn „gespielt“ werden muss. Kündigen Sie also ein Spiel an, kann es Ihnen passieren, dass die TN zunächst wenig begeistert sind. Erinnern Sie sich daran, dass alle diese Dinge auf Freiwilligkeit beruhen. Wir können Sie aber beruhigen: Meistens wollen TN nicht als Einzige am Rand stehen und zugucken, sondern die Gruppenerlebnisse teilen. Sie wollen ja dazu gehören und schließen sich mit ihrer ablehnenden Haltung zunächst einmal selbst aus. Damit verhindert eine pausierende TN für sich selbst die Erfüllung des Bedürfnisses nach Zugehörigkeit und Teilhabe. Kurz gefasst stehen die TN sich bei einem Nichtmitmachen selbst im Wege und deswegen dauert dieser Zustand meist nur sehr kurz an, spätestens, wenn sie sehen, dass alle anderen Spielerinnen ihren Spaß haben. Übungen oder Spiele, welche hohen Aufforderungscharakter haben und die Lernatmosphäre positiv beeinflussen sind genau jene, die den TN oft sehr gut im Gedächtnis bleiben und von denen man noch länger spricht. Spiele können zum Beispiel eine Entspannungsphase einleiten, indem nach Theorie-Blöcken der Fokus weniger auf geistiger Arbeit als auf Bewegung liegt oder indem ein besonderer Blick gerichtet wird auf besinnliche ruhige Momente. Spiele haben Aufforderungscharakter und bringen die TN sich untereinander näher. Dadurch verbessern sie Kennenlern- und Kommunikationsphasen. Der Aufbau und die Stärkung von Vertrauen in sich selbst und in andere Team- bzw. Gruppenmitglieder eines TN-Kreises kann mit Hilfe der richtig ausgewählten „Spiele" im Vordergrund stehen, aber auch die Stärkung des „Wir-Gefühls", die Entwicklung eines Team-Gedankens und die Förderung der Gruppendynamik. Erfolgserlebnisse im Spiel wirken ungemein motivierend auf die Akteure, sind quasi „Türöffner" und unterstützen die TN dabei, sich schneller und leichter auf Neues oder Ungewohntes einzulassen. Zur richtigen Zeit kann eine Übung zu einer Verbesserung des Engagements zu führen, wenn fordernde Aufgaben gestellt werden. Sie müssen aber gut lösbar sein. Eine Verbesserung der Konzentration ist möglich, ebenso wie die der Kreativität.

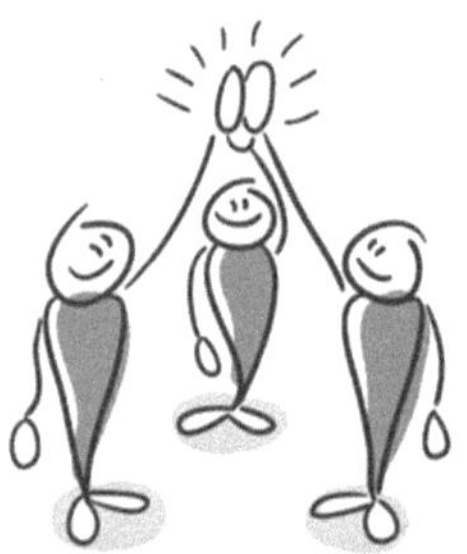

Spiele können aktivierend wirken und zu Empathie und Reflexion anregen. Nutzen Sie die Wirkung, die von solchen „Spielen" ausgeht. Dort, wo Sie zu Beginn die möglicherweise angespannte Stimmung etwas „antauen" möchten, wählen Sie die oft als „Eisbrecher" benannten Übungen aus. Vertrauensfördernde Übungen sollten Sie erst einstreuen, wenn die TN sich schon einige Zeit kennen. Es kostet gerade vorbelastete Frauen Überwindung, sich von Fremden berühren zu lassen oder ihnen gar „blind" zu vertrauen. Bei Trainingspartnern, die sich schon länger kennen, dürften solche Übungen weniger Probleme bereiten. Achten Sie einfach darauf, wie sich Ihr Kurs oder Workshop personell zusammensetzt und auch darauf, wie sich die Frauen nach und nach entwickeln. Gegen Ende eines Kurses ist meist viel mehr drin, als noch zu Beginn, was Vertrauensübungen anbetrifft.

Wenn annähernd jede Frau eine Freundin mitgebracht hat in den Kurs, dann kennen sich zumindest schon mal einige Leute. Für manche Situationen mag das vorteilhaft sein, aber versuchen Sie in solchen Fällen und gerade bei Mutter-Tochter-Beziehungen, die sich kennenden TN wenigstens hin und wieder voneinander zu trennen. Erstens sollen ja alle immer wieder verschiedene Übungspartnerinnen haben, weil jede anders angreift, schon alleine durch Körperbau und Gewicht und motorische Fähigkeiten. Zweitens sollen Partnerwechsel dazu führen, dass man schneller eine neue Partnerin bekommt, wenn man mit der einen Frau nicht so gut zurechtkommt. Drittens gehen Menschen, die sich nicht kennen, anders miteinander um und haben oft weniger Hemmungen, sich anzugreifen, anzuschreien oder zu bedrohen. Mütter und Töchter lassen wir deshalb oft nicht als Paare zusammen trainieren, denn da liegt die Hemmschwelle erfahrungsgemäß einfach höher als bei Freundinnen oder Fremden. Bringen Sie die Lernprozesse in Ihrer Lerngruppe voran. Erste anfängliche Distanz und Unsicherheit lassen sich auf diese Weise schnell abbauen. Lernen können die TN bei den Übungen natürlich jede Menge. Dabei geht es weniger um selbstverteidigungsspezifische Übungen, als vielmehr eben auch um Softskills, wie etwa Empathie. Der Schwerpunkt liegt aber darauf, die TN auf die Übungen vorzubereiten (zu Seminarbeginn oder zwischendrin nach Pausen oder am nächsten Tag als Einstieg), sie sozusagen „aufzuwärmen“ und die (möglicherweise angespannte) Stimmung etwas „aufzulockern“. Natürlich können die Spiele auch ihren Schwerpunkt im Bereich „Cooldown“ haben. Dann helfen sie den TN aus sehr aktiven Phasen wieder „herunterzukommen“.

Nun gibt es zahlreiche Übungsformen, deren Erfinder wir nicht alle kennen, auch wenn die Übungen schon lange zu unseren Klassikern im Repertoire gehören. Sicher werden Sie das ein oder andere Spiel auch unter einem anderen Namen kennen. In jedem Fall haben wir versucht, im Anhang (Kapitel 4.8) Übungen zusammen zu stellen, die unserer Meinung nach hervorragend für die verschiedenen SV-Kurse geeignet sind und die wir bevorzugt in unseren FSV-Workshops einbauen. Wie und auf welche Weise Sie sich davon inspirieren lassen, wissen wir natürlich nicht. Wir wünschen Ihnen einfach, dass Sie sich einmal umschauen und für sich die Verwendungsmöglichkeiten in Ihren Kursen prüfen. Wenn Sie nicht bereits überzeugter Nutzer von lernprozessunterstützenden Übungen sind, werden Sie dies ja vielleicht nach der Lektüre und den ersten Versuchen der Umsetzung im Kurs. „Spiele" sind gute Lehrmeister, denn der Lernprozess rückt dabei für die Übenden in den Hintergrund. Wenn Sie die Möglichkeit haben, das ein oder andere „Spiel" vorher in Ihnen vertrauten Gruppen auszuprobieren, dann werden Sie sicherer in der „Anwendung" sein und damit geht Ihnen die Moderation leichter von der Hand. Dann wird der Einsatz der „Spiele" flexibler möglich sein.

Legen Sie es darauf an, dass um des Spiels willen gespielt wird, dann stehen Spiel und Spaß im Vordergrund, ohne zwingend sonst etwas bewirken oder bezwecken zu wollen. Man kann mit Hilfe der Warmups nach König das reflektive Handlungslernen anregen. Das bedeutet, dass Erfahrungen aus den „Aufwärmspielen" in das Lernen einfließen dürfen. Erfahrungen werden auf diese Weise nutzbar gemacht, wie König es sehr treffend formuliert. Aus genutzten Erfahrungen kann gelernt werden. Reflektierende Fragen helfen den TN aus Erfahrungen zu lernen; Beispielsweise kann sich die Frage ergeben: „Was würdest Du beim nächsten Mal anders machen"? Diese Fragestellung wäre bei unserem bereits viel zitierten

Schildkrötenspiel angebracht, damit die TN erkennen, wie sie ihr Handeln optimieren können.

Wenn Sie das „Spiel" gezielt anmoderieren und dabei noch den ein oder anderen kleinen Hinweis geben, was nun dabei wichtig ist, dann spricht man vom sogenannten „Frontloading[16]" Sie haben somit als Ausbilder die Möglichkeit der TN-Unterstützung. Als direktes „Frontloading" bezeichnet man ein Setting, bei dem der Ausbilder bereits vor Beginn darauf hinweist, wo sich Schwierigkeiten ergeben können. König verweist darauf, dass diese Methode vor allem dann interessant wird, wenn im Kurs viele Egoisten aufeinander treffen, die grundsätzlich ein Problem damit haben, mit anderen zu kooperieren.

Sie können außerdem Prozesse des Lernens reflektiv steuern, indem Sie nicht nur am Ende der Übung reflektieren lassen, sondern auch zwischendrin. Ideen aus dem TN-Kreis können so von anderen bereits zwischendrin verwendet werden, um die eigenen Ergebnisse oder die der Gruppe zu verbessern. Achten Sie bitte bei der Umsetzung darauf, dass die TN keinen größeren Verletzungsgefahren ausgesetzt sind. Sie werden einen aufmerksamen Blick darauf werfen müssen, wo sich gefährliche Situationen ergeben können und wie kritische Situationen entschärft werden können. Völlig überdrehte TN sind zum Beispiel für sich und andere eine Gefahr, wenn sie sich selbst falsch einschätzen.

Sie müssen vom ersten „Spiel" an klar stellen, dass jede TN das Recht hat zu „passen", wie wir es nennen. Das heißt nichts anderes, als dass niemand gezwungen wird mitzumachen und dass kein Gruppendruck ausgeübt wird auf Einzelne. König weist außerdem

[16] nach König, Stefan (2007).

auf etwas hin, dass für uns in Frauen-SV-Kursen unbedingt bedacht werden sollte. Es ist im Rahmen des Möglichen, dass eine Frau sich zunächst voller Freude in einer Gruppe an einer Übung beteiligt, bis an sie selbst Forderungen, wie das „blinde“ Vertrauen gestellt werden. Mitunter kann es vorkommen, dass den TN zuvor noch nicht klar war, dass diese Forderungen im Verlauf der Übung auch an sie gestellt werden. Diese TN erkennen dann plötzlich, dass sie zum Beispiel das geforderte Vertrauen (noch) nicht schenken können. Deswegen ist es wichtig, diese TN nicht in ihrer Problematik alleine zu lassen. Ihnen sollten Sie jederzeit einen Rückzug ohne Gesichtsverlust anbieten können. Achten Sie von Anfang an darauf, dass ein „Nein!“ von allen Frauen bedingungslos akzeptiert wird und keine weiteren Nachfragen zu den Gründen eines Neins gestellt werden. Niemand sollte in die Rolle der Rechtfertigung gedrängt werden. Sie sollen Vertrauen schaffen und niemand muss aufgrund von Druck aus der Gruppe in Stress geraten. Dann wäre das Lernklima wieder von Angst (vor Ablehnung, Fehlern, ...) geprägt und kontraproduktiv. Übungen und „Spiele“, die bei uns häufiger eingesetzt werden, finden Sie im Anhang.

2.3 Nicht nur für Notfälle – Sicherheitsvorkehrungen

Bei noch so guter Planung, umsichtiger Kursgestaltung und bester Vorbereitung: Notfälle sind nicht auszuschließen, wohl aber, dass sie einen eiskalt überraschen! Zu guter Planung gehört, dass Sie sich vor Notfällen nicht verstecken, frei nach dem Motto „Es passiert schon nix!“, sondern dass Sie mögliche Notfälle mit einkalkulieren und sich entsprechend vorbereiten.

2.3.1 Medizinische Notfälle und Erste Hilfe

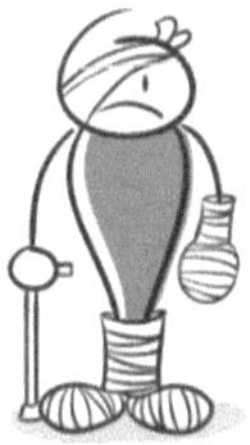

Als Erstes wird Ihnen im Zusammenhang mit Notfällen vermutlich die Gruppe medizinischer Notfälle durch den Kopf gehen. Die Teilnahme an einem Erste-Hilfe-Kurs kann nicht schaden. Im Zuge des Erwerbs der Trainer- oder Fachübungsleiter-Lizenz wird sie oft vorausgesetzt oder zumindest der Nachweis über einen Kurs verlangt. Auch bei uns sind die Ausbilder gut geschulte Ersthelfer bzw. sogar höher qualifiziert. Das garantiert, dass im Notfall die Zeit bis zum Eintreffen des Rettungsdienstes sinnvoll überbrückt werden kann. Sie tun aktiv etwas für die Sicherheit Ihrer Kundschaft und erhöhen damit auch das subjektive Sicherheitsgefühl, wenn die TN zu Beginn des Kurses erfahren, dass Sie für den Fall der Fälle gut ausgebildet sind. So sind ein absolvierter Erste Hilfe Kurs und regelmäßige Nachweise über die Teilnahme an Auffrischungskursen natürlich außerdem eine Art „Aushängeschild". Es zeigt Ihren Kundinnen, wie ernst es Ihnen mit der Sicherheit in Ihrem Kurs ist. Wenn Sie Ihren Kurs entsprechend im Internet bewerben, führen Sie diese Qualitätsmerkmale ruhig extra auf und profitieren Sie auf vielfältige Art und Weise davon. Lebenswichtige Handgriffe, wie das Überstrecken des Kopfes und die stabile Seitenlage benötigen keine besondere Ersthelfer-Ausstattung. Dennoch sollte sich eine gut gefüllte Erste-Hilfe-Tasche im Übungsraum befinden. Je nach Unternehmensform und Organisation Ihres Kurses sind Sie als Veranstalter dazu sogar gesetzlich verpflichtet. Vertrauen Sie nicht auf die paar alten Pflaster, die Sie in irgendeiner Schublade oder Box Ihres Trainingsraumes vermuten, sondern schauen Sie genau hin! Ansonsten besorgen Sie einen Erste-Hilfe-Kasten. Diesen gibt es bei diversen Herstellern, unter anderem mit einer Sonderausstattung „Sportverletzungen". Ein

KFZ-Verbandkasten tut es für die Not auch. Schicker ist es, wenn Sie selbigen dann noch um eine Beatmungshilfe in professioneller Ausführung (kein Beatmungstuch, sondern wenn möglich eine Maske) ergänzen, für den Fall der Fälle. Diese bekommen Sie für wenig Geld sowohl in Apotheken (meist teuer) oder im Internet (preiswerter). Halten Sie nach Möglichkeit etwas zum Kühlen parat. Bei uns hat sich der Einsatz von Kältekompressen bewährt. Unsere sind Einweg-Material, da wir kein Eisfach vor Ort haben. Der Verletzte kann sie überall mit hinnehmen und muss nichts mehr zurück bringen. Sie werden durch Komprimierung eines kleinen Beutels im Innern aktiviert. Es kommt zu einer chemischen Reaktion, die den Beutel sehr schnell kalt werden lässt. Vielleicht kennen Sie die Kälte-Packs auch aus Ihrer Zahnarzt-Praxis.

Nasse Handtücher reichen selbstverständlich für ein erstes Kühlen der betroffenen Stellen aus, jedoch sind nasse Handtücher nicht immer parat. Insbesondere wenn keine Gelegenheit zum Duschen besteht, haben die Wenigstens so etwas in ihrer Tasche. Sie können außerdem Kälte-Spray verwenden, lassen Sie sich jedoch den richtigen Umgang mit Kälte-Spray zeigen und testen Sie es erst einmal an sich selbst aus, bevor Sie anderen damit Schaden zufügen! Wir meinen, es gibt in einem FSV-Kurs bessere Alternativen zum Kälte-Spray.

Lernen die Übungsteilnehmerinnen bei Ihnen den praktischen Umgang mit Pfefferspray und CS-Gas? Selbst wenn es sich nur um Übungssprays auf Alkohol-Basis handelt, verbreitet sich der alkoholische Bestandteil als Aerosol zügig im Raum. Trainieren sechzehn Personen in einem geschlossenen Raum gleichzeitig, merkt man dies bereits auch bei vernebeltem Übungsspray nach kurzer Zeit. Warnen Sie Asthmatiker und Allergiker unbedingt vor! Diese sollten unter keinen Umständen mit scharfen CS-Gas oder Pfefferspray in Kontakt kommen. Planen Sie den Einsatz von Trainingsspray erst für das Ende einer Übungseinheit, gerne auch im Freien. Für den Fall, dass die TN am Ende noch einmal im Freien (!) Kontakt mit „scharfem“ Spray bekommen möchten, sollten Sie sich eine Augenspülflasche mit Spülflüssigkeit besorgen, sofern Sie nicht über fließendes Wasser an einem Waschbecken verfügen. Schutzbrillen zum Schutz der Augen sind dann sinnvoll, wenn die TN miteinander und mit dem Übungsspray trainieren, denn das Trainingsspray kann in den Augen brennen, aufgrund des Alkohols.

Als letzten Punkt wollen wir Ihnen noch mit auf den Weg gegeben, dass es unbedingt dazu gehört, sich über gesundheitliche Einschränkungen der TN zu erkundigen. Stellen Sie sich vor, wie unangenehm es für Sie und die Betroffene wäre, wenn Sie sie kräftig an den Schultern packen, diese aber leider letzte Woche Probleme mit einem Halswirbel hatte, der sich jetzt erneut bemerkbar macht. Achten Sie stets darauf, ob und wie fit Ihre TN sind. Natürlich können Sie nicht alles „riechen“ und hellsehen können Sie auch nicht, aber wir finden, dass es zumutbar ist, vor jedem Kursabend kurz zu fragen, ob alle gesund und munter sind. Damit hätten Sie dann allabendlich schon mal einen ritualisierten Einstieg, der für Stabilität und Routine sorgt. Gehen Sie nicht davon aus, dass alle TN, auch wenn sie zuvor auf dem Anmeldebogen vielleicht keine Erkrankungen angegeben hatten, während eines halben Jahres immer topfit sind. Sie wissen ja selbst wie das so ist mit Unfällen und Krankwerden. Bei entsprechenden Übungen, die eine mögliche gesundheitliche Gefährdung oder ein besonderes Verletzungsrisiko mit sich bringen, verweisen Sie bitte ausdrücklich auf mögliche Gefahren. Selbst wenn Sie sich selbst wie ein Papagei vorkommen, appellieren Sie jedes Mal, wenn Fingerstiche zu den Augen trainiert werden, an umsichtiges Verhalten und besondere Sorgfalt. Gerade Kontaktlinsenträgerinnen sollten sich zu erkennen geben, wenn das Ausüben von Druck auf das geschlossene Augenlid probiert werden soll, damit es zu keinen Schäden kommt.

2.3.2 Erste-Hilfe-Material

Die Erste-Hilfe-Ausstattung ist gesetzlich geregelt. Als Unternehmer müssen Sie sich erkundigen, in welchem Rahmen Sie Erste-Hilfe-Material vorhalten müssen. Als erster Richtwert ist eine Ausstattung nach DIN 13169 ist unseres Erachtens sinnvoll. Gesetzlich geregelt ist die Beschaffung des Erste-Hilfe-Materials in der Ausstattungsrichtlinie ASR A4.3. Wir weisen darauf hin, dass diese Gesetze und Richtlinien Änderungen unterliegen und Sie sich selbst über geltende Vorschriften informieren müssen. Für die Ausstattung des KFZ-Verbandskasten gelten auch DIN-Vorschriften: Die Befüllung findet nach der DIN 13164[17] (ab 2014-01) statt.

2.3.3 Schutzausrüstung

Sicherheitsvorkehrungen müssen aber nicht nur medizinische Notfälle betreffen. Vielleicht haben Sie bereits das Für und Wider für das Tragen von Schutzausrüstung durchdacht. Sie treffen beim Tragen von Schutzausrüstung Sicherheitsvorkehrungen, um nicht oder nur geringfügig verletzt zu werden. Über deren Einsatz kann man geteilter Meinung sein. Wenn eine TN immer nur lernt, mit dicken Handschuhen auf ein Ziel zu schlagen, dann wird sie nie lernen, was es bedeutet, ohne solche Handschuhe zuzuschlagen. Schnell gewöhnt man sich eine falsche Handhaltung oder Fausthaltung an, weil man dick behandschuht natürlich nicht merkt, wenn das Auftreffen ohne Schutzausrüstung zu eigenen Verletzungen

---

17 http://www.drk.de/angebote/erste-hilfe-und-rettung/erste-hilfe-online/wunden/verbandskasten-din-13164.

der Hand geführt hätte. Wie oft laufen Sie im Alltag mit dicken Schutzhandschuhen herum? Sie sehen schon, realistisch ist das nicht. Ebenso gilt dies für alle anderen Schutzausrüstungen, wie Zahnschutz, Schienbeinschutz, Kopfschutz oder Ähnliches. Wir geben Ihnen auf der anderen Seite Recht: Wenn die Hände Ihrer Kurs-TN, welche vermutlich nicht das in Ihrem Verein oder Ihrer Schule übliche Schlagtraining gewohnt sind, erste Schlagversuche unternehmen und dabei auf ein Schlagpolster oder einen Sandsack schlagen, kommt es eher zu Verletzungen an der Hand. Das wollen Sie Ihren TN zu Recht ersparen. Vielleicht finden Sie aber einen gelungenen Mittelweg, der den Frauen das Sammeln von Schlagerfahrungen mit bloßen Händen und ungeschützt (aber vorsichtig und dosiert) ermöglicht und auf der anderen Seite Schutz für die Hände bietet, wenn über längere Zeit am Stück (fünf bis zehn Schläge reichen da unter Umständen schon ...) die Hände durch Schlagübungen belastet werden.

Berücksichtigen Sie außerdem, dass nicht nur der Schutz der schlagenden Hand, sondern das Auftreffen und Kompensieren eines Schlages anders ausfallen, je nachdem ob das Gegenüber eine Schutzweste trägt oder nicht. Sicherlich ist es für TN eines Frauen-SV-Kurses eine ungewohnte und vermutlich erstmals nicht sehr angenehme Erfahrung, einen Schlag „verdauen" zu müssen, aber nur so können beide Seiten lernen. Es geht ja nicht darum, die Trainingspartnerin bewusstlos zu schlagen, sondern darum, dosiert Treffen und Schlagen zu üben. So kann die Schlagende lernen ihren Schlag und die Handhaltung zu verbessern, da sie ohne Schutzweste lernt, ob und wo ihr Schlag welche Wirkung erzielt und die angreifende Frau kann gleichzeitig erfahren, dass nicht jeder (leichte) Schlag für sie selbst zur Gefahr wird. Wir meinen das Erwerben einer Art „Immunität" gegenüber schwachen und nicht verletzenden Schlägen ist sogar wünschenswert, weil dann der Wille zur Selbstverteidigung im entscheidenden Moment nicht gebrochen wird, nur weil die TN erstmals möglicherweise von Täter einen leichten Schlag verpasst bekommt.

Sollten Sie in Ihrem Kurskonzept jedoch Phasen planen, in denen hartes Zuschlagen vorkommt oder generell die Verletzungsgefahr hoch ist, dann ist es selbstverständlich angemessen auf die entsprechende Schutzausrüstung zurückzugreifen! Als Beispiel möchten wir das Trainieren des Fingerstichs zu den Augen heran ziehen. Möchte man erreichen, dass diese Technik ernsthaft eingeübt wird, so kommt man nicht umhin, dass die Finger der sich wehrenden Frau in den Augen der Partnerin landen. Nur so kann sichergestellt werden, dass die richtige Distanz zur Partnerin auch eintrainiert wird. Es hilft niemandem, wenn Fingerstiche irgendwo vage Richtung Gesicht des Gegenübers gerichtet werden. Realistisch trainieren heißt in diesem Fall, die Finger (mit möglichst kurzen Nägeln) gehören entweder auf die geschlossenen Augenlider der Partnerin oder auf eine Schutzbrille! Nur wenn ernsthaft trainiert wird, kann die Technik im Ernstfall funktionieren. In unseren Kursen zeigte es sich immer wieder, wie hoch die Scheu der TN ist das Gesicht und vor allem die Augen zu verletzen. Die wieder kehrenden Äußerungen „Das ist ja eklig!“ oder „Das ist fies.“ zeugen davon, dass den Frauen zu Beginn meist nicht klar ist, dass das, was ihnen angetan wird, eklig und fies sein kann. Die Verhältnismäßigkeit einer Handlung sollte den TN an diesem Punkt bereits bekannt sein aber im Notfall gilt: Wehre dich mit aller Konsequenz! Den Willen zur Verteidigung müssen die TN schon selbst entwickeln. Sie können sie dazu nur ermutigen und sie bestärken, sich zu wehren. Erinnern Sie die Frauen immer wieder daran, dass es im Zweifelsfall um ihr Überleben geht und sie ein Recht haben sich zu wehren.

Es liegt in Ihrer Hand auf Gefahren hinzuweisen aber auch Wirkungsweise und Notwendigkeit der Technik zu erklären. Wenn die

Technik des Fingerstichs erklärt wurde, dann gehen Sie doch einmal als Ausbilder bei allen TN vorbei und üben Sie bei jeder Frau mit einem Finger sanft Druck auf die geschlossenen Augenlider aus. Selbst der Druck eines fremden Fingers auf dem Augenlid wird, obwohl er nicht verletzend ist (Achtung: Vorher nach Kontaktlinsenträgerinnen fragen), als sehr unangenehm wahrgenommen.

Im Zuge der Verwendung von Schutzausrüstung bedenken Sie, dass ausreichend Material für alle TN vorhanden sein sollte. Entweder tragen alle beim Üben Schutzausrüstung oder keine der TN. Etwas anders sieht das bei Ihrer Rolle als Ausbilder aus. Sollten sich Ihre TN sich einmal beherzt wehren wollen, sollten Sie es in Erwägung ziehen wenigstens Zahn- und Kopfschutz und selbstverständlich einen Tiefschutz zu tragen.

Wie stehen Sie zum Einsatz von Vollschutzanzügen, welche unter den Namen Redman- oder FIST-Anzug eher bekannt sein dürften? Hat er in Ihren Vorstellungen in FSV-Kursen einen Platz oder lehnen Sie seinen Einsatz aus guten Gründen ab? Aus unserer Sicht gelten hier wieder ähnliche Überlegungen wie vorhin: Auf der einen Seite können die TN hohe Schlagkraft entwickeln lernen oder in einem Stress- oder SV-Parcours am Abschlussabend unter Hochstress zuschlagen, ohne, dass der Träger ernste Verletzungen davon trägt, wenn Helm-, Hals-, sowie Nackenschutz wirklich gut passen und richtig geschlossen sind. In diesem Fall muss der Träger aber möglichst realistisch auf Treffer der TN und in der SV-Situation angemessen reagieren. Die Trefferwirkung kann der Träger des Vollschutzanzuges nicht richtig spüren. Die Angriffe mit solch einem Anzug fallen längst nicht so spontan und schnell aus. Das liegt an der eingeschränkten Beweglichkeit des Trägers. Als besonders realistisch erleben wir diese Angriffe nicht. Die eine oder andere Frau lässt sich durch das bedrohliche erscheinende Äußere des Trägers erst einmal erheblich beeindrucken. Man erkennt den im Anzug agierenden Menschen nicht gut, er wirkt sehr viel größer und mächtiger als er in Wirklichkeit wäre und die oft schwarze oder rote Farbe und den Helm mit Gesichtsvisier zum Schutz des Trägers vor Augenverletzungen können einschüchternd und beängstigend wirken. Wenn man sich nun noch vorstellt, dass sich besagter Träger laut brüllend auf eine Frau stürzt, sie zu Boden mitreißt und dort bedrängt, dann besteht die Gefahr, dass aus bloßer Einschüchterung schnell Angststarre und Panik wird, was nicht das Ziel unserer Ausbildung ist. Gerade an einem Abschlussabend, an dem die TN nach hinreichender Zeit zum Üben im Idealfall der Überzeugung sind, sich wehren zu können, ist es gefährlich diese eben noch gestärkten und motivierenden TN in eine Angststarre oder Panik zu manövrieren. Natürlich kann ihnen das im Ernstfall passieren aber wenn sie am Ende Ihres Kurses die Erfahrung machen, dass sie sich nun doch nicht so wehren können, wie sie es glaubten, dann verpassen Sie Ihren TN einen ordentlichen Knacks. Selbstvertrauen und Motivation fallen ins Endlose. Gerade bei Crashkursen halten wir nur wenig davon. Etwas anderes ist es allerdings, wenn in Ihrem Kurs dafür hinreichend Zeit ist, etwa bei Halbjahres- oder Jahreskursen. Dann können die Frauen über einen längeren Zeitraum Verteidigungshandlungen erlernen, automatisieren und an einem Angreifer mit Vollschutzanzug austesten.

Auch bei der Konzeption eines Stressparcours sollten Sie Vorsicht walten lassen. Wenn Sie dort Anforderungen und Szenarios erstellen, von denen Sie nicht zu 100 % sicher sind, dass die betroffene Frau sie gut bewältigt, lassen Sie die Finger davon, damit der „Schuss“ nicht nach hinten losgeht (siehe auch Kapitel 2.2.10)!

2.3.4 Gedanken zum Eigenschutz für Ausbilder

Ja, Sie sollen sich vor übereifrigen Kursteilnehmerinnen schützen. Das ist kein Witz! Die eine oder andere Frau hat sich im Eifer des Gefechtes nicht immer unter Kontrolle. Auch hier sprechen wir aus Erfahrung. Bevor Sie also allzu freizügig dazu auffordern, sich richtig zu wehren, sollten Sie die eine oder andere Kleinigkeit beachten. Frauenhände mit langen Fingernägeln werden schnell zur Verletzungsgefahr. Ebenso sieht es mit dem Tragen von Uhren oder Schmuck aus. Das Tragen dieser Gegenstände sollten Sie im Training verbieten und auf die von ihnen ausgehenden Gefahren im Training hinweisen. Zum einen besteht für die Trainingspartnerin Verletzungsgefahr und zum anderen für die Trägerin selbst. Dies betrifft insbesondere Ohrringe und Piercings. Bisweilen betrifft das sogar für kurze Zeit das Tragen einer Brille. Schläge zum Gesicht üben sich einfach sicherer, wenn die TN keine Brille trägt.

Wenn Sie in Ihrem Kampfstil fit sind, sollten Sie in der Lage sein, Bewegungen und Verteidigungshandlungen Ihrer Gegenüber einzuschätzen. In unserem Partner-Training wird meist ohne Schutzausrüstung trainiert, weil nur das realistisch ist. Auf der Straße tragen Sie für gewöhnlich ja keine Boxhandschuhe oder einen Tiefschutz. Dies erfordert aber von allen Beteiligten ein besonderes Maß an Aufmerksamkeit, Umsicht und Rücksicht. Um Schlagkraft zu trainieren können Pratzen oder Sandsäcke und andere Schlagpolster verwendet werden. Wenn Sie die TN Fingerstiche zu den Augen trainieren lassen und es für Ihre Augen gefährlich werden könnte, tragen Sie eine Schutzbrille. Stehen Tritte zum Unterleib im Vordergrund, dann sollten Sie es in Erwägung ziehen, einen Tiefschutz zu tragen. Während erfahrene Kampfkünstler und Kampfsportler gezielter treten, schlagen und Distanzen besser einschätzen können, dürfen Sie diese Fähigkeiten bei Frauen in ihrem Kurs nicht voraussetzen. Das ist eine andere Art des Trainierens.

2.3.5 Schützen Sie die Frauen vor sich selbst.

Stress, Angst und Panik können ebenfalls zu einem Notfall werden. Übereifer und der Wunsch mit alten Ängsten und Situationen konfrontiert zu werden, bergen Gefahren. Versuchen Sie sich ein fundiertes Fachwissen zu dieser Thematik anzueignen. Frauen, die in Ihrem Kurs mit einer Situation überfordert sind, reagieren gestresst. Artet der Stress aus, reagiert die Frau nicht mehr kontrolliert. Dann wird sie für sich selbst, für die anderen Kursteilnehmerinnen und unter Umständen auch für Sie zu einer Gefahr. Gerade bei vorbelasteten Frauen ist das Risiko größer von Null auf Hundert in wenigen Sekunden in Hochstress zu geraten. Erfahrungen diesbezüglich in unseren Kursen

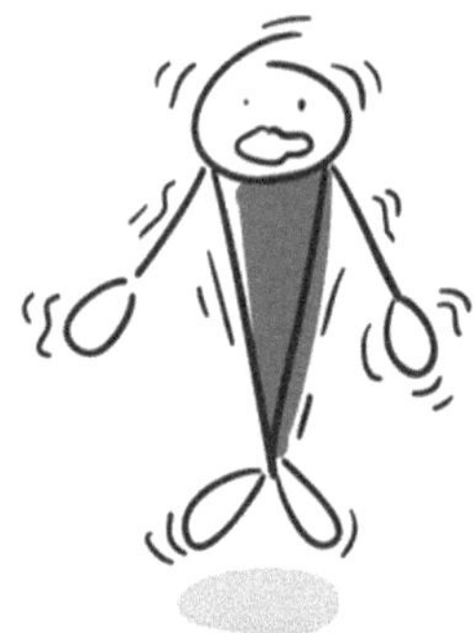

waren uns eine Lehre besonders aufmerksam für solche Fälle zu sein. Stellen Sie sich vor, Sie vermitteln zielführende Reaktionsweisen auf Umklammerungsangriffe. Die TN beginnen zu üben und Sie beobachten das Ganze und umklammern schließlich einige Frauen, um zu überprüfen, ob zielführend reagiert wird. Nun geraten Sie an eine Frau, die bisher nie aufgefallen ist und umklammern diese. Sie hat eine Vergewaltigung durchgemacht und verfällt bei Ihrer etwas kräftigeren Umklammerung schlagartig in Panik. Sie beginnt zu schreien und zu weinen und reagiert völlig kopflos. Auch als Sie längst losgelassen haben, kriegt sich die Frau nicht mehr ein und verlässt fluchtartig den Übungsraum. Auf bisher davon Verschonte mag diese Schilderung völlig aus der Luft gegriffen sein aber dem ist nicht so. Umso wichtiger ist es, dass zwischen Ihnen und Ihren Kursteilnehmerinnen ein vertrauensvoller und ehrlicher Umgang herrscht. Wenn Sie auch nur die leiseste Ahnung haben, dass eine Frau vorbelastet sein könnte, behalten Sie diese während des Kurses stets besonders im Auge. In unserem Fall war es tatsächlich so, dass man der Dame die Vorgeschichte nicht im Geringsten angemerkt hat, obwohl wir stets auf Stressreaktionen der einzelnen Frauen geachtet haben. Hinterher haben wir dann erfahren, dass das Trauma schon lange zurück lag und die Frau bis dato glaubte, alles gut zu bewältigen, was im Kurs geschieht.

Sie sollten daher nicht nur über ein fundiertes Fachwissen allgemein zum Thema Angst, Stress und Panik verfügen, sondern auch über den Umgang mit Stress und Angst bei Ihren Kundinnen Bescheid wissen. Werfen Sie gerne auch einen Blick diesbezüglich in unsere Ideenkiste (siehe Kapitel 4.3).

2.4 Am Ende dieses Kapitels

Schauen wir auf Ihre bisherige Planung zurück. Bis hierhin haben Sie bereits viel bewegt. Mit Ihren Vorbereitungen sollten Sie vor allen Dingen erreichen, dass die Zuversicht und das Selbstvertrauen der Frauen Woche um Woche bzw. Lerneinheit um Lerneinheit wächst. Verstehen Sie uns nicht falsch: Es geht nicht darum, dass die Frauen sich für unbesiegbar halten, sondern darum, dass sie eine gesunde Menge Zuversicht mit auf ihren weiteren Weg nehmen; Zuversicht dahingehend, dass sie in der Lage sind, Veränderungen (den Besuch eines FSV-Kurses, aktives Tun statt in der Passivität zu verharren) zu bewirken und dass sie einen Willen sich zu verteidigen entwickelt haben. Bis hier hin hatten Sie Gelegenheit sich über die möglichen Rahmenbedingungen zu informieren, die Einfluss auf die Gestaltung Ihres Kurses nehmen. Der zweite Teil des Buches hat Sie unterstützt, ein auf die Rahmenbedingungen zugeschnittenes Konzept zu erstellen, das Ihren Wünschen, Vorstellungen und Zielen entspricht. Im dritten Teil unseres Buches rücken wir die Person ins Zentrum unserer Überlegungen, die den Kurs leiten wird. Idealerweise liegen Planung, Konzeption und Leitung eines Kurses in einer Hand. Ging es bisher vor allem um Ihre Kundinnen, ist es nun an der Zeit, nach Ihnen in der Rolle des Ausbilders zu schauen.

3 Buchteil III Ausbilder & Co – Sie sind dran!

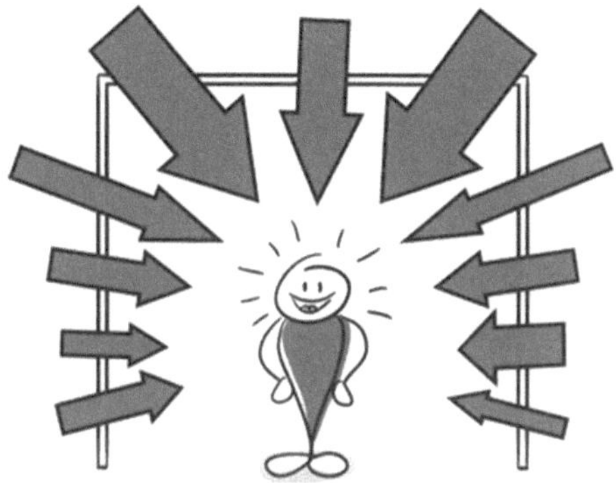

Wir haben nun sehr viel über Lernumgebung und Mögliches sowie Unmögliches in den SV-Kursen gesprochen. Sie als Ausbilder standen bisher nur selten im Mittelpunkt unserer Überlegungen, da wir uns bisher stark an Ihren Kundinnen orientiert haben. Der vor Ihnen liegende letzte Teil des Buches beschäftigt sich dafür dann umso intensiver mit Ihnen in der Rolle des Kursleiters, Assistenztrainers, Ausbilders oder gar Ausbildungsleiters oder Trainers. Egal wie Ihre richtige Bezeichnung schließlich lautet, es liegt zu einem großen Teil an Ihnen, ob es Ihnen nun schlussendlich gelingt, all Ihre Planung und Konzeption kundenorientiert an den Mann, und in unserem Fall speziell „an die Frau“ zu bringen.

"Ein Trainer bleibt ein Schüler, bis an das Ende seiner Tage." (japanische Weisheit)

Dieser dritte Buchteil befasst sich deswegen mit dem, was Sie neben all Ihrer Planung sonst noch benötigen, um erfolgreich und mit Spaß Selbstverteidigung unterrichten zu können. Dazu zählt insbesondere Ihre so genannte Ausbilder-Persönlichkeit. Die Persönlichkeit setzt sich laut Nicolaisen[18] zusammen aus der Gesamtheit (psychischen) Eigenschaften und Verhaltensweisen, die den einzelnen Menschen unverwechselbar machen.

Folgende Aspekte sind für Ausbilder, Trainer & Co von Bedeutung:

- ✓ *Gewissenhaftigkeit*
- ✓ *Extraversion*
- ✓ *Offenheit für neue Erfahrungen*
- ✓ *Soziale Verträglichkeit (Empathie, Wohlwollen)*
- ✓ *Fachwissen*
- ✓ *Führungskompetenz*

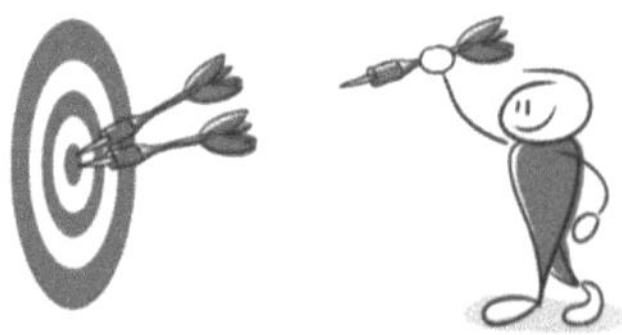

Diese Eigenschaften sind weitgehend stabil und setzen sich zusammen aus Charakter, Temperament, Intelligenz und körperlichen Grundbedingungen. Wir gehen davon aus, dass Sie als Ausbilder bereits ein umfassendes Kompetenzprofil mitbringen, das Sie dazu befähigt, FSV-Kurse zu leiten. Bauen Sie Ihre Handlungskompetenz aus: Sie setzt sich zusammen aus Methodenkompetenz, Sachkompetenz, Beurteilungskompetenz und Orientierungskompetenz.

Auf welche Weise Sie diese Eigenschaften in Ihren Unterricht geschickt und erfolgreich einbringen können, erfahren Sie nun. Uns ist es wichtig, dass Sie zuvor aber für sich akzeptieren, dass wir

[18] Nicolaisen, Torsten (2013): S. 16 ff.

Ausbilder unterschiedliche Menschen mit ebenso unterschiedlichen Lebensläufen, Wertvorstellungen und Erfahrungen sind. Deswegen kann es von uns für Sie kein auf Sie maßgeschneidertes Rezept geben, mit dem alles perfekt läuft. Manche Eigenschaften erachten Sie persönlich vielleicht als weniger bedeutsam, anderen würden Sie etwas mehr Gewicht als wir beimessen. Das ist gut und richtig so. Wir möchten Sie ermutigen, trotz aller unserer Empfehlungen sich selbst treu zu bleiben und sich nicht zu verstellen. Das nennt man dann authentisch. Authentizität ist eine der wichtigen Eigenschaften, der Sie Beachtung schenken sollten. Wenn Sie Sie selbst sind, werden Ihre TN das spüren und sie werden ebenso spüren, wenn Sie versuchen, sich zu verstellen oder jemanden zu imitieren, der sie nicht sind. Gerade Frauen als TN haben dafür ein besonderes Gespür.

3.1 Kompetenzen und Stärken

3.1.1 Gewissenhaftigkeit

Die Art und Weise, wie genau Sie sich mit etwas beschäftigen und wie zielstrebig Sie vorgehen, gibt Auskunft darüber, wie gewissenhaft Sie arbeiten. Dazu gehört ein bestimmtes Maß an Selbstkontrolle, mit der Sie Ihre Arbeit, in diesem Fall die Ausbildung in FSV-Kursen vorbereiten, durchführen und auswerten. Ihr Grad an Gewissenhaftigkeit hängt von Ihrer inneren Motivation ab, sich mit dem Thema Ausbildung in FSV-Kursen zu beschäftigen. Übertriebene Gewissenhaftigkeit kann aber auch in Perfektionismus übergehen.

3.1.2 Extraversion

Extraversion ist ein Begriff in der Psychologie und meint das Aus-sich-heraus-gehen. Diese Eigenschaft ist für Menschen in Ausbildung und Lehre vorteilhaft. Gemeint ist damit die Art, wie Sie mit Ihrer Umwelt agieren. Wenn Sie eher nach außen gewandt sind, dann spricht man Ihnen die Eigenschaft „extrovertiert“ bzw. „extravertiert“ zu. Extrovertierte bzw. extravertierte Menschen schätzen den Austausch mit anderen, zum Beispiel innerhalb von Gruppen. Extravertierte Menschen[19] sind eher gesellig, ausdrucksstark, gesprächig, aktiv und bestimmt aber auch energisch bzw. dominant. Das Gegenteil ist Introversion. Introvertierte Menschen sind eher still und ruhig. Sie sind oft schüchtern und zurückhaltend. Introvertierte wirken daher nach außen manchmal reserviert oder in sich gekehrt. Bei der Leitung von FSV-Kursen tun sich Introvertierte sehr schwer, was aber nicht bedeutet, dass eine Leitung nicht möglich wäre.

3.1.3 Offenheit für neue Erfahrungen

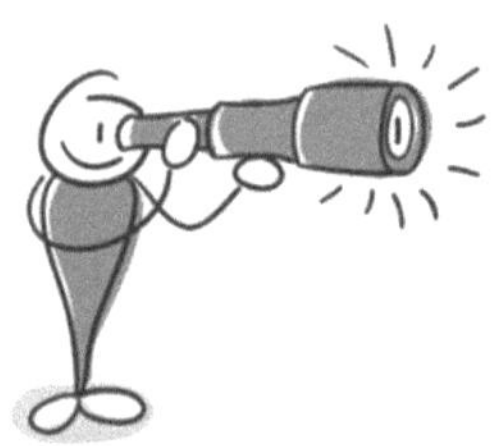

Sie werden sich selbst weiter entwickeln, wenn Sie offen für Neues sind. Neue Erfahrungen können sich aus dem Leiten des Kurses an sich ergeben aber auch aus interessanten Gesprächen. Machen Sie sich bereit für einen „Blick über den Tellerrand: Sprechen Sie über Ihre Erfahrungen und hören Sie genau hin, wenn andere Menschen im Zusammenhang von Selbstverteidigungskursen oder Training von ihren Erfahrungen sprechen, egal ob als TN oder als Ausbilder. Nehmen Sie an

[19] www.Psychomeda.de/lexikon/extraversion.html

Fort- und Weiterbildungen teil und lassen Sie sich durch Fachbücher oder andere Kollegen inspirieren. Lernen Sie außerdem durch Ausprobieren neuer Dinge, von denen Sie hören und lesen. Der Mut Neues auszuprobieren, wird meistens belohnt mit Erfahrungen, aus denen Sie für sich und Ihre Kurskonzepte Verbesserungen ableiten oder zur Ansicht gelangen können, dass Ihr Konzept ausgereift und erfolgreich ist.

3.1.4 Soziale Verträglichkeit

„Wie man in den Wald hineinruft, so schallt es zurück." ist eine Volksweisheit, die immer noch aktuell ist. Wenn Sie einen wertschätzenden, wohlwollenden Umgang der TN untereinander erreichen wollen, dann machen Sie bitte den Anfang und leben Sie dies Ihren TN vor, Offenheit und all jene Eigenschaften, die einen positiven Austausch mit Menschen unterstützen.

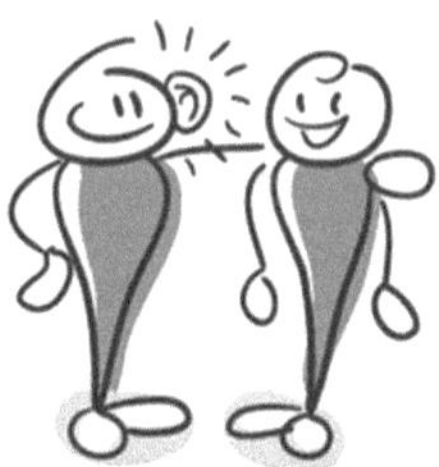

Neben dem Wohlwollen anderen Menschen gegenüber gehört auch Empathie dazu. Das sogenannte Einfühlungsvermögen ist eine sehr wichtige Fähigkeit. Sie schlummert in Ihnen. Um Sie zu wecken versuchen Sie nachzuempfinden, wie es den Frauen in Ihrem Kurs möglicherweise in einer bestimmten Situation geht. Dabei helfen kann Ihnen zusätzlich Ihre gute Beobachtungsgabe. Tun Sie Gefühle nicht als uncool ab. Gerade als Kursleiter sollten Sie sich damit auseinander setzen. Wenn Sie sich ansatzweise in die Situation einer Frau bei einem Szenario-Training hinein versetzen können, dann wird es Ihnen wesentlich leichter fallen, dieser Frau unterstützend zur Seite zu stehen.

3.1.5 Souveräne Gelassenheit

Die Fähigkeit, sich in dem Moment Ihrer Tätigkeit bewusst zur Ruhe zu zwingen und alles, egal was es ist, aus dieser Ruhe heraus zu entscheiden oder zu tun. Hektik überträgt sich auf die TN eines Kurses und gerade deswegen versuchen wir, egal wie hektisch unser eigener Tag verlaufen ist, all dies vor der Tür zum Schulungsraum zu lassen und zu innerer Ruhe zu finden. In der Ruhe liegt bekanntlich die Kraft; auch jene Kraft, mit der Sie die heutige Lerneinheit als Ausbilder bewältigen, egal, was heute sonst noch war. Vielleicht kennen Sie die Redensart „Wenn Du es eilig hast, gehe langsam“. Gerade wenn Sie gestresst und hektisch sind, nehmen Sie sich bewusst Zeit für all die Schritte, die nach einander zu erledigen sind. Dies wird es Ihnen ermöglichen, auch unter Anspannung souverän aufzutreten. Sie tun sich selbst und Ihrem Kurs damit etwas Gutes, wenn Sie sich bemühen aus einer souveränen Ruhe heraus zu agieren und zu reagieren.

3.1.6 Begeisterungsfähigkeit

Sie sind von dem begeistert, was Sie tun? Sie lassen sich immer wieder davon beflügeln und können dies anderen vermitteln? Dann haben Sie das, was man Begeisterungsfähigkeit nennt. Reißen Sie Ihre Kursteilnehmerinnen mit und lassen Sie den Funken der Begeisterung überspringen. Ihre TN sollen spüren, wie überzeugt Sie von Ihrem Kurs sind und wie faszinierend Sie Selbstverteidigung an sich finden. Denn in dem Maß, wie Sie selbst überzeugt sind, können Sie dies vermitteln. Ansonsten sind Sie nur wenig überzeugend.

3.1.7 Durchsetzungsvermögen

Wenn Sie eine Entscheidung getroffen haben, dann setzen Sie sie durch. Es sind etwa sechzehn Frauen in Ihrem Kurs und Sie müssen eventuell hin und wieder deutlich werden lassen, wer umgangssprachlich „den Hut auf hat“. Nicht die TN diskutieren den Kursverlauf oder die Sinnhaftigkeit einer Übung aus, sondern Sie geben sie zu Beginn einer Lerneinheit bekannt. Wir hatten bisher immer mal wieder einzelne Frauen in Kursen, die plötzlich generell die Sinnhaftigkeit des sich Wehrens in Frage stellen und eine Diskussion anzetteln und sich aufspielen wollten. In so einem Fall müssen Sie sich irgendwann durchsetzen, wenn es Ihnen zu „bunt“ wird. Sie müssen sich aber nur wenig Sorgen machen, dass Sie Ihre Durchsetzungsfähigkeit häufiger unter Beweis stellen müssen. Ihre Kundinnen sind ja für gewöhnlich froh darüber, wenn jemand da ist, der den Weg kennt und die Richtung vorgibt. Durchsetzungsvermögen wird Ihnen vielleicht dahingehend abverlangt, wenn es darum geht bestimmte Trainingsphasen zu beenden und zu Neuem überzuleiten.

3.1.8 Fachkompetenz

Keine Frage: Sie müssen über das nötige Fachwissen verfügen, um erfolgreich Lerninhalte zu vermitteln. Dazu gehört zuerst einmal das zu vermittelnde Wissen. Mindestens so wichtig ist es, neben dem fachlichen Knowhow, Mittel und Wege zu kennen, um die von Ihnen festgelegten Kursziele zu erreichen. Gemeint sind die pädagogischen und didaktischen Grundlagen, auf deren Basis Sie Kurse planen, entwickeln und in der Praxis umsetzen.

3.1.9 Führungskompetenz

Sie ist Handwerkszeug, das erlernbar ist. Führungskompetenz fällt nicht vom Himmel und ist nicht genetisch festgelegt. Wir möchten Sie dabei unterstützen, sich mutig an die Aufgaben eines Kursleiters heranzuwagen. Wachsen Sie an jedem Ihrer Kurse und werden Sie von Mal zu Mal besser, wenn Sie dazu bereit sind etwas zu ändern, sei es an Ihnen oder Ihrem Konzept. Begegnen Sie neuen Herausforderungen mit Selbstvertrauen, Kompetenz und Optimismus.

3.1.10 Gute Beobachtungsgabe

Sie werden nicht umhin kommen, nach dem Vormachen einer Übung die Rolle des Beobachters einzunehmen um sich ein Bild davon zu machen, ob und inwieweit Ziele im Kurs und seien es nur Teillernziele (richtige Handhaltung, ...) erreicht werden. Sie beobachten den Kursablauf im Allgemeinen und im Detail. Achten Sie darauf, sich auf die Lernenden einzulassen und sich ihnen und ihrer Leistungsfähigkeit, den Vorerfahrungen und dergleichen in gewissen Teilen anzupassen.

Besondere Bedeutung kommt Ihrer Beobachtungsgabe im Stress- und Hochstresstraining zu. Beobachten Sie die Körpersprache Ihres Gegenübers genau. Das bedeutet nicht, dass Sie sofort reagieren müssen, wenn Sie erste Anzeichen von Stress beobachten können. Sie alleine entscheiden aufgrund Ihrer bisherigen Erfahrungen und dem Zustand der TN, wann und wie Sie reagieren, falls die TN nicht eindeutig reagieren. Anregungen, um in angstbesetzten oder stressigen Situationen auf das Verhalten der TN angemessen einzugehen, finden Sie in unserem Buch ebenfalls. Wir möchten Ihnen diese Kapitel wärmstens empfehlen, auch zu Ihrem eigenen Schutz. Erkennen Sie Anzeichen von Stress, Angst und Panik bei einer TN nicht rechtzeitig, bleibt Ihnen nur wenig Zeit angemessen zu handeln. Beobachten Sie eine kritische Situation und reagieren Sie früh genug. Wenn eine TN ihre Gesichtsfarbe „chamäleonartig" der Wandfarbe Weiß oder Grün anpasst oder zeigt vermehrt Stresssymptome, dann ist es an Ihnen, die Person aus der jetzigen Situation zu bringen oder sie bei der Bewältigung der Situationen zu unterstützen. Beobachten Sie jedoch nicht nur munter, sondern ziehen Sie Schlüsse aus Ihren Beobachtungen. Die Beobachtungsgabe allein hilft Ihnen nur wenig. Können Sie noch nicht auf einen großen Erfahrungsschatz zurück greifen, wird Ihnen nicht viel übrig bleiben, um auch auf Erfahrungen anderer Ausbilder-Kollegen oder auf das Fachwissen aus der Fachliteratur zurückzugreifen und möglichst schnell eigene Handlungsalternativen zu entwickeln. Machen Sie sich in diesem Fall keine Sorgen, denn jede Unterrichtseinheit, die Sie als Ausbilder erleben, erweitert Ihren Erfahrungsschatz und nicht nur für Ihre TN, sondern auch für Sie mag die Weisheit gelten: „Übung macht den Meister!".

3.1.11 Beurteilungskompetenz

Die Beurteilungskompetenz bezieht sich auf wenigstens zwei zentrale Fähigkeiten Ihrerseits. Erstens greifen Sie dann auf Ihre Beurteilungskompetenz zurück, wenn Sie Personen und TN Ihres Kurses genau beobachten und aus Ihren Beobachtungen Rückschlüsse für ein angemessenes Handeln zu ziehen versuchen.

Zweitens kommt Ihre Beurteilungskompetenz dann zum Tragen, wenn Sie allgemein Leistungen oder Situationen beurteilen sollen, die Sie vielleicht gar nicht beobachten können, weil Sie Ihnen nur erzählt werden. Trotzdem sollen Sie ohne vorherige Beobachtungsmöglichkeiten anhand der Beschreibungen anderer etwas einschätzen können. Das kann eine durch eine Kurs-TN geschilderte unangenehme Situation sein. Es kann sich aber auch um die Einschätzung von Leistungen oder fiktiven Situationen sein, in etwas so nach dem Motto „Wenn wir da am Ende einen SV-Parcours machen, was wird dann sein, wenn ich eine Übung nicht alleine bewältigen kann?“ Indirekt erwartet nun die TN, dass Sie eine Situation einschätzen sollen, die noch gar nicht stattgefunden hat. Einerseits können Sie nun auf Ihre bisherigen Beobachtungen der TN an den Kursabenden zurückgreifen. Andererseits kombinieren Sie nun diese bisherigen Beobachtungen mit Ihren allgemeinen Erfahrungen zu bisherigen Kursen und den Erfahrungen, die Sie diesbezüglich in ähnlicher Form schon gemacht haben. Daraus können Sie für sich und die TN vermutlich die beruhigende Tatsache ableiten, dass niemand mit seiner Situation alleine gelassen wird und jederzeit Hilfe zu erwarten ist, zum Beispiel in Form eines sie begleitenden Ausbilders.

3.1.12 Teamfähigkeit

Wir glauben, dass wir Ihnen nicht viel dazu erläutern müssen – Gegebenenfalls ziehen Sie bitte entsprechende Fachliteratur zu Rate. Sie sollten als Ausbilder, auch wenn Sie alleine ausbilden, ein Team-Player sein. Der Grund ist einfach: Sie müssen in der Lage sein, sich bis zu einem gewissen Grad der Gruppe anzupassen. Sie sollten nicht nur Ihren Kopf durchsetzen wollen, sondern auf die Bedürfnisse der Gruppe Rücksicht nehmen und sich mehrheitlichen Entscheidungen fügen, sofern dies ohne die Gefährdung der zu erreichenden Kursinhalte möglich ist, zum Beispiel gegen Ihr persönliches Lieblings-Fitness-Workout. Noch wichtiger wird Teamfähigkeit, wenn Sie mit Assistenztrainerinnen und Trainern arbeiten. Vor den TN sollten keine Streitigkeiten oder Meinungsverschiedenheiten ausgetragen werden. Den TN sollte jederzeit klar sein, dass Sie gemeinsam an einem Strang ziehen und grundsätzlich dieselben Ziele verfolgen. Absprachen müssen ebenso unproblematisch während des Kurses eingehalten oder spontan getroffen werden können, wie der Rollenwechsel zwischen den beiden oder mehreren Ausbildern (beim Vorführen von Übungen etc.). Bereits bei der Analyse des Lernumfeldes sollten Sie dies berücksichtigen. Die Kurzzusammenfassung lautet: Den TN Ihres Kurses muss jederzeit klar sein, wer der „Chef im Ring" ist, insbesondere, wenn mehr als ein Ausbilder im Kurs anwesend ist. Bei Rollenwechseln mehrerer Ausbilder muss immer klar sein, wer welchen Part der Ausbildung im Kurs insgesamt übernimmt und wer innerhalb eines Kursabends welche Rolle übernimmt. Die Rollen können selbstverständlich wechseln und dies ist im Übrigen vorteilhaft, damit etwas Abwechslung aufkommt. An die Teamfähigkeit gekoppelt ist außerdem die Fähigkeit, in den Hintergrund treten zu können und andere machen zu lassen. Das „Machen-Lassen" betrifft sowohl die TN, die man einige Zeit „machen lässt", als auch den Assistenztrainer, den man machen lässt, indem man nicht selbst alles an sich reißt.

3.1.13 Ermutigen und Motivieren

Vielleicht haben Sie in der Rolle des Übenden selbst die Erfahrung machen dürfen, wie beflügelnd ein ermutigendes Wort des Trainers sein kann. Vielleicht wissen Sie aus eigener Erfahrung, wie Sie unter der Ermutigung eines Trainers besonders viel Aufmerksamkeit oder Konzentration in eine Übung legten und Sie sich noch mehr anstrengten ein Ziel zu erreichen. Dann hat man Sie motiviert und ermutigt, noch mehr Leistung zu bringen oder die jetzige beizubehalten. Es gibt sehr viel, was man über das Thema Ermutigung und Motivation sagen und schreiben kann. Die einen sehen eine Gefahr darin, dass zu wenig und falsch gelobt wird, andere sind der Ansicht, wir übertreiben es oft mit (unechtem) Lob. Wir möchten Sie ermutigen, sich mit dieser Thematik auseinander zu setzen. Dosiertes Lob und ernstgemeinte Ermutigung sind notwendig sind, um die TN anzuspornen.

Stöbern Sie in geeigneter Fachliteratur und setzten Sie sich ab und zu damit auseinander. Fest steht, geeignetes Lob und entsprechende Ermutigung unterstützen Ihre TN, weil Sie dadurch auch Ihr Interesse an deren Entwicklung und an deren Erfolg zeigen. Von jemandem, der lobend oder motivierend zum Erfolg verhilft, kann man leichter Kritik annehmen. Nicht umsonst wird bei einem Feedback (siehe Kapitel 4.2) an die TN darauf geachtet, dass Positives erst genannt und danach die negative Kritik geäußert wird. „Beim nächsten Mal klappt es wieder besser!“ ist Trost und Ermutigung in einem, weil der Ausbilder, der sich so äußert, die Zuversicht vermittelt, dass etwas klappen kann und damit das Zutrauen in die Fähigkeiten eines Übenden transportiert. Auf diese Weise sind leistungsbezogene Rückschläge leichter zu „verdauen“. Machen Sie sich dieses Wissen zu Nutze und sorgen Sie so für ein positives Lernklima. Eines sollte Ihnen mittlerweile klar sein: Aus Fehlern lernt man, aber nur dann, wenn man sie nicht als persönliches Scheitern oder als eine Katastrophe erlebt. Nehmen Sie ermutigend die Angst davor Fehler zu machen, lassen Sie Fehler zu und dramatisieren Sie diese nicht.

„Jeder noch so kleine Schritt in die richtige Richtung verkürzt die Distanz zum Ziel – und sei es nur um eben diesen einen Schritt!“ (Sigrun Hopfensperger)

So sind Sie auf dem besten Wege, das Lernklima in Ihrem Kurs sehr positiv zu beeinflussen. Wer keine Angst vor Fehlern im Kurs hat, ist entspannt und wer entspannt ist, kann sich auf Kursinhalte und Übungen viel besser konzentrieren.

3.1.14 Organisationstalent

Sie werden sich zu Beginn des Buches vielleicht erstaunt gefragt haben, wie viel Planungskompetenz Sie tatsächlich benötigen, um Ihre Kurse zu organisieren. Gegen Endes dieses Buches haben Sie möglicherweise festgestellt, dass schon Einiges an Organisationstalent gefragt ist, wenn man so wenig wie möglich dem Zufall überlassen will. So wie Sie für die Eventualität einer Fahrzeugpanne ein Pannen-Kit oder einen Ersatzreifen mitführen, so werden Sie vielleicht mit verschiedenen Handlungsalternativen oder Übungsmaterialien ausgestattet in einen Kurs oder zu einer Trainingseinheit fahren, um auf verschiedene Situationen vorbereitet zu sein. Sie haben den Kursabend strukturieren gelernt und mit möglichen Gelenkstellen versehen, die es Ihnen ermöglichen elegant aus einer Unterrichtssituation auszusteigen, wenn die Zeit zu Ende ist oder Ihren Plan um die ein oder andere vertiefende Übung zu bereichern, falls Ihnen Zeit übrig bleibt. Für alle diese Überlegungen und Planungen braucht es Erfahrungen und zwar aus der Praxis und nicht aus dem Lehrbuch. Wer nicht ins Wasser springt, wird nicht schwimmen lernen und so ist es im Ausbildungswesen nicht anders. Wagen Sie den Sprung zu uns ins Wasser! Sie werden sehen, dass es gar nicht so schlimm ist, wie Sie vielleicht beim ersten Mal denken. Kaltes Wasser kann sehr erfrischend und angenehm sein. Im Anhang haben wir für

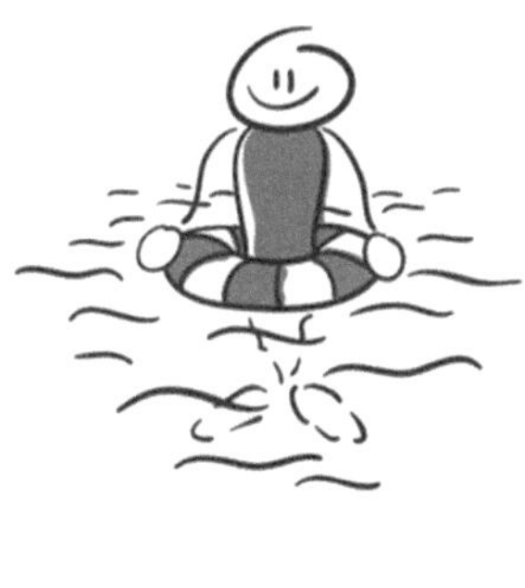

Sie noch ein paar Hilfen zusammengestellt, falls Sie neu in der Ausbildung einsteigen und eventuell ein wenig unsicher sind bezüglich Ihres ersten großen Auftritts vor einem Kurs oder als Trainer im regulären Trainingsbetrieb. Wir sind sicher, dass Sie gute Erfahrungen machen werden, wenn Sie sich gut vorbereiten und dass Sie das tun, haben Sie ja gerade damit bewiesen, dass Sie unser Buch lesen.

3.1.15 Kritisieren und Anerkennen

Kritik und Anerkennung sind sogenannte Führungsmittel, da durch beide die TN Ihres Kurses direkt und indirekt von Ihnen geführt werden. Wir haben Ihnen hier wichtige Erkenntnisse von Kratz zusammengestellt. Wenn Sie mit der Umsetzung einer Übung nicht zufrieden sind oder sich mehr Engagement wünschen, dann werden Sie womöglich kritisieren. Es fällt es Ihnen als Kursleiter die Aufgabe zu, sich davon zu überzeugen, ob der Kurs die angestrebten Ziele erreichen wird – nicht nur die großen Ziele, die am Ende des Kurses erreicht werden sollen, sondern auch die Teillernziele, die Sie zuvor für sich festgelegt haben. Sie wissen bereits, dass das große Ganze über viele kleine Feinlernziele erreicht wird. Deswegen ist es notwendig, zu kontrollieren, ob diese kleinen Lernziele erreicht werden, damit die großen Ziele, die über dem Ende des Kurses steht, von möglichst vielen TN erreicht werden können. Da die TN nicht ständig dem Druck von offensichtlichen Erfolgskontrollen ausgesetzt werden sollten, werden Sie dieser Kontrolle möglichst unauffällig und zurückhaltend nachkommen. Niemand sollte sich ständig beobachtet und kontrolliert fühlen. Sie haben es in den vorherigen Kapiteln ja bereits gelesen: Ständige Kontrolle kann verunsichern und dazu führen, dass aus Angst vor Fehlern noch mehr Fehler passieren bzw. nicht mehr zielorientiert gelernt werden kann. Sie sind also einerseits gezwungen, die Lernerfolge eines

Kursabends oder Tages zu kontrollieren, andererseits sollten Sie aber so vorgehen, dass sich dabei keiner mehr als notwendig unwohl fühlt. Natürlich kann es sein, dass es Ihnen, gerade am Anfang Ihrer Ausbilderkarriere, erst einmal unangenehm ist, zu kritisieren. Vielleicht fürchten Sie, das gute Lernklima zu gefährden, wenn Sie kritisieren. Behalten Sie aber im Blick, dass richtig geäußerte Kritik bessere Ergebnisse bringen wird. Wenn eine Frau nicht weiß, dass sie aus falscher Rücksichtnahme Ihrerseits Fehler macht, dann wird sie die Lernziele nicht erreichen. Das bedeutet konkret: Sie verhindern den Erfolg der TN, wenn Sie auf berechtigte Kritik verzichten. Machen Sie sich bewusst, dass Kritik und Anerkennung Teil Ihrer Führungsaufgaben ist, ohne die Sie Ihren Erfolg schmälern. Finden Sie ein Mittelmaß zwischen zu viel und zu wenig Kontrolle.

Anerkennung kann eine treibende Kraft im Kurs sein. Erinnern Sie sich an die Bedürfnispyramide nach Maslow[20], die wir Ihnen im ersten Teil des Buches (siehe Kapitel 1.2.5) vorgestellt haben. Zu den Bedürfnissen des Menschen zählt neben der Zugehörigkeit zu verschiedenen Gruppen außerdem die Anerkennung in den Augen anderer. Warum bemühen sich die TN in Ihrem Kurs so sehr um Anerkennung? Anerkennung führt zu Zufriedenheit und hebt das Selbstwertgefühl. Anerkennende Rückmeldung vermittelt das Gefühl von Erfolg und wirkt ermutigend. Es können Kräfte mobilisiert werden, die bisher im Kurs noch nicht zu Tage getreten sind. Eine TN, die sich als Person und in ihrer Leistung anerkannt fühlt, wird einen Kurs vermutlich nicht abbrechen, selbst, wenn nicht immer alles so klappt, wie sie sich das vorgestellt hat. An dieser Stelle lohnt wieder ein Rückblick auf den ersten Buchteil. Die Teilnehmer-

---

[20] Abraham Maslow, US-amerikanischen Psychologe.

voraussetzungen sind oftmals sehr unterschiedlich, nicht zu verwechseln mit den Teilnahmevoraussetzungen. Die Teilnahmevoraussetzungen für den Kurs legen Sie fest. Dazu gehört vor allem das Alter, das bei uns zum Beispiel auf mindestens sechzehn Jahre für den Frauenselbstverteidigungskurs festgelegt wurde. In Kinder- und Mädchenselbstverteidigungskursen gelten andere Teilnahmevorrausetzungen.

Zu den Teilnehmervoraussetzungen, die jede Frau mitbringt, gehören zum Beispiel ein geringer Selbstwert der Frau oder Gewaltvorerfahrungen. Sie sehen, dass es sich dabei um jene Dinge handelt, welche die Frauen in den Kurs mitbringen. In Ihrem Kurs werden Ihnen immer wieder Frauen mit geringem Selbstwert begegnen, vielleicht auch einige, die durch Gewalterfahrungen entmutigt sind. Hier können Sie mit richtig formulierter und ernst gemeinter Anerkennung Großes bewegen. Es geht hierbei nicht um die umgangssprachliche „Lobhudelei“, sondern um das ehrliche Anerkennen guter Leistungen. Wenn Sie dabei die individuelle Bezugsnorm verwenden, finden Sie im Laufe des Kurses bei jeder TN einen Grund Anerkennung auszusprechen. Die individuelle Bezugsnorm berücksichtigt im Gegensatz zu anderen Bezugsnormen die Leistungsverbesserung, gemessen an den bisherigen erbrachten Leistungen einer einzelnen Person. Es spielt dabei keine Rolle, ob die TN das Lernziel des Tages (wie alle anderen Frauen) erreicht hat. Einzig der individuelle Fortschritt der Frau bezogen auf die letzte Lerneinheit ist zu bewerten. Die Lernziele (siehe auch Kapitel 1.6) des Kurses sind primär zwar für alle TN gültig, jedoch hat jede TN eigene Ziele. Sie decken sich oft mit denen der anderen. Jedoch kann es für eine Frau mit Gewalterfahrungen bereits ein großer Erfolg sein, am Ende des Kurses nur den verbalen „Anmachen“ durch den Ausbilder standzuhalten. Die erreichbaren Lernziele fallen unterschiedlich aus.

Zusammengefasst lässt sich also festhalten, dass Sie sowohl Kritik als auch Anerkennung einsetzen können um mehr Zufriedenheit im Kurs zu erreichen und Erfolge zu verzeichnen. Beachten Sie beim Kritisieren und Anerkennen folgende Dinge[21] und Sie werden diese Führungsinstrumente gewinnbringend einsetzen können:

Kritisieren Sie nicht vor der Gruppe, wenn es sich um gravierende Kritikpunkte handelt. Jemanden vor versammelter Runde „zusammenzufalten" oder ihn mit spitzen Bemerkungen und viel Ironie „bloßzustellen" zeugt nicht von Kompetenz, sondern ist „völlig daneben". Damit würden Sie dem Bedürfnis von Anerkennung in der Gruppe entgegenwirken. Stattdessen sollten Sie bei gravierenderen Fehlern oder unsicheren Personen Kritik unter vier Augen und vor allem ruhig und sachlich anbringen.

Ist Ihre Kritik berechtigt, sprechen Sie sie aus. Es hilft niemandem, wenn die Frauen Fehler „einschleifen" und glauben, alles richtig zu machen, während Sie aus Angst vor dem Verlust einer entspannten Kursatmosphäre damit hinter den Berg halten. Kritisieren Sie niemals die Person, sondern die „Sache". Andernfalls kann Ihre Kritik schnell als persönlicher Angriff verstanden werden. Das wollen Sie vermeiden, da die TN sich im Kurs wohl fühlen sollen.

Sammeln Sie zu kritisierende Aspekte nicht, um sie zu einem geeigneten Zeitpunkt loszuwerden. Je näher Fehler und Kritik in zeitlichem Zusammenhang stehen, umso leichter lässt sich daraus lernen. Ansonsten vergisst man eher, was vor zwei Kursabenden war oder was zu Beginn des Wochenendworkshops falsch war. Bringen Sie Kritik möglichst zeitnah an die Frau.

---

[21] nach Kratz, Hans-Jürgen (2011).

In Ich-Botschaften formulierte Kritik ist für das Gegenüber leichter anzunehmen, wie ein vorwurfsvolles „Du“. So banal es klingt, aber achten Sie insbesondere beim Anbringen von Kritik auf einen freundlichen Gesichtsausdruck und eine entspannte Atmosphäre. So erreichen Sie Ihr Gegenüber viel eher als bei unfreundlicher Miene, gepaart mit Stress.

Anerkennen Sie eine Leistung, sollte diese ebenfalls sachbezogen sein. Nicht also etwa: „Du bist großartig!“, sondern: „Dein Handballenstoß hat sich sehr verbessert!“. Dosieren Sie Lob und Anerkennung. Folgt auf jede Handlung ein überschwängliches Lob, führt dies unter Umständen dazu, dass die TN sich nicht mehr ernst genommen fühlen: „Das muss der Trainer ja sagen“ wäre dann ein ablehnender Gedanke.

Anerkennung ist wichtig, aber achten Sie darauf, mit Lob vor der Gruppe besonnen umzugehen. Wenn Sie die Leistung einer Frau vor der Gruppe hervorheben, kann in der Gruppe schnell Unmut aufkommen und die Frau kann sich der Anerkennung der Gruppe dann nicht mehr sicher sein. Das liegt oft daran, dass die restlichen TN einer Gruppe damit beginnen sich zu vergleichen, wenn der Ausbilder Leistungen hervorhebt. Es wird abgeglichen, was die eine Frau „hat“ oder „kann“ was andere nicht haben und können. Ein Grund dafür ist, dass oft viele andere Mitglieder der Gruppe unbewusst auf der Suche nach Anerkennung sind. Also wird darauf geachtet, was zu leisten ist, um dieselbe Anerkennung durch den Ausbilder zu erlangen. Sie sehen: Ein gut gemeintes Lob vor der Gruppe kann nach hinten losgehen, wenn man gruppendynamische Prozesse nicht im Auge behält. Laut Kratz können nicht alle Menschen akzeptieren, dass es im Kurs lobenswerte Verhaltensweisen anderer Personen gibt. Schnell kann die gelobte Person vor der Gruppe peinlich berührt sein und es nicht mehr wagen nur den Blick zu heben.

Versuchen Sie, die TN beim Richtigmachen zu „erwischen“ und ihnen dies persönlich mitzuteilen. Sie werden erleben können, wie unter Lob und Anerkennung die eine oder andere Frau zur Höchstform aufläuft. Bei der Anerkennung gilt, wie bei der Kritik, loben Sie möglichst sofort nach einer positiven Reaktion. Warten Sie nicht, sparen Sie kein Lob für später auf.

Aufmunterungen nach einer nicht erfolgreich bewältigten Stress-Situation kann die „Rettung“ sein, an die sich TN festklammern, wenn sie enttäuscht über sich und die nicht erbrachte Leistung sind. Sie als Ausbilder sind jetzt gefragt, die TN wieder „aufzurichten“. Gerade vorbelastete Frauen fallen schnell in alte Handlungsmuster zurück: Enttäuschung, Angst, Rückzug, ... Möglicherweise zieht eine TN deswegen sogar vielleicht den Abbruch des Kurses in Erwägung. Verhindern Sie dies, indem Sie aufmunternd auf die TN eingehen. Anteilnahme und Interesse, zum Beispiel ausgedrückt durch Ihre Körpersprache, sind dann möglicherweise hilfreich.

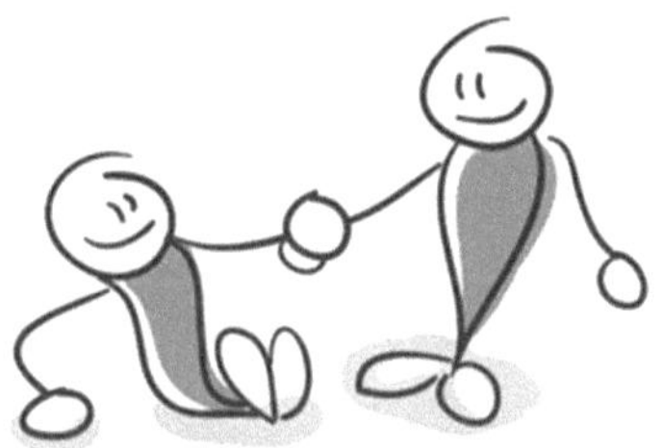

Zu guter Letzt: Anerkennen Sie aufrichtig gute Leistung und freuen Sie sich ehrlich über den Erfolg Ihrer TN im Kurs. Menschen spüren, ob Lob nur aufgesetzt ist oder echt.

3.1.16 Authentizität

Last, not least: Seien Sie Sie selbst! Sie können sich viel Fachwissen aneignen, Sie können sich sehr intensiv mit der Materie befassen und dennoch sollten Sie sich selbst nicht verstellen, sondern so sein, wie Sie sind. Dies ist oft leichter gesagt als getan, da Sie zu Beginn Ihrer Ausbilder-Karriere noch gar nicht genau wissen, wer Sie in Sachen Ausbilder eigentlich sind. Wir wollen damit sagen, dass Sie sich in Ihrer Rolle als Trainer erst noch finden müssen, so wie Sie sich im Beruf zu Beginn einer neuen Aufgabe erst einige Zeit einarbeiten müssen. Probieren Sie Neues aus, orientieren Sie sich an Altbewährtem, fragen Sie Kollegen nach ihren Erfahrungen aber finden Sie schließlich Ihren Stil, Ihre Aufgaben zu erledigen. Es wird nicht möglich sein, einen Ausbildungsstil oder auch nur einen SV-Stil eines eigenen Vorbildes exakt zu kopieren, selbst, wenn Ihnen eine Person vorschwebt, von der Sie denken: Genau so will ich es machen. Die Art und Weise wie jemand seine Kurse leitet, kann man nicht eins zu eins kopieren. Man kann sie aber als Orientierung nutzen. Das exakte Kopieren wäre auch gar nicht zielführend, weil Sie sich selbst dann nicht mehr treu sind und damit nicht mehr authentisch sind.

3.2 IHRE ERSTEN SCHRITTE IN DER PRAXIS

„Niemand weiß, was in ihm steckt, solange er nicht versucht hat es herauszuholen.“ (Ernst Hemmingway)

Grundsätzlich gehen wir davon aus, dass Sie selbst wissen, woran Sie alles denken sollten, wenn Sie zu Ihrem ersten Kurstermin aufbrechen. Für einige Leser ist es jedoch möglicherweise der erste große Auftritt als Ausbilder und da kann man in der Aufregung auch schon mal die eine oder andere Kleinigkeit vergessen. Sollten Sie ein erfahrener Ausbilder oder Kursleiter sein, überblättern Sie dieses Kapitel einfach. Den Neulingen in Sachen Ausbildung können wir vielleicht die eine oder andere Anregung mit auf den Weg geben, damit der Sprung ins kalte Wasser für Sie zur Erfrischung wird und nicht Ihr persönlicher Untergang um beim Bild des „ins Wasserspringens“ zu bleiben.

3.2.1 Ihr großer Auftritt - Organisatorisches

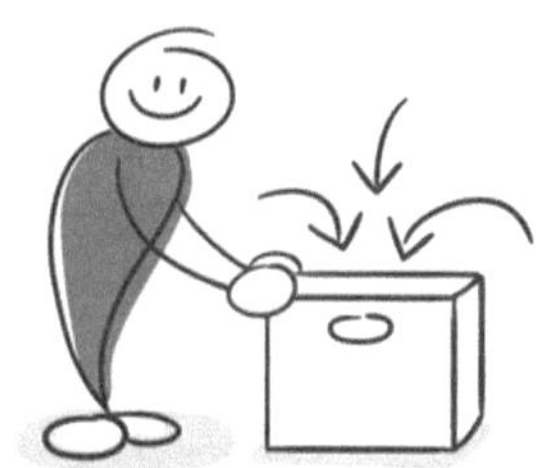

Als Kursleiter sollten Sie selbstverständlich und vor allem beim ersten Kurstermin überpünktlich sein. Es hat sich bei uns bewährt, wenn die Ausbilder sich bereits 20 bis 30 Minuten zuvor am Schulungsraum treffen und sowohl den Raum vorbereiten als auch kurze Absprachen untereinander treffen, wenn der Kurs von mehr als einer Person geleitet wird. Für früh eintreffende Kundinnen hat dies den Vorteil, dass sie nicht der Witterung ausgesetzt draußen warten müssen und auch ausreichend Zeit für das Umkleiden und einzelne Gespräche bleibt. Können Sie Ihre Übungsmaterialien und eine Musikanlage vor Ort lagern, nutzen Sie diesen Vorteil. Für alle, die ihre Ausrüstung jedes Mal aufs Neue mitbringen müssen, empfehlen wir praktikable Transportboxen, die eventuell sogar thematisch zusammengefasst Trainingsutensilien beinhalten. Benötigen Sie zum Beispiel Absperrband, dann sollten in der dessen Nähe auch Schere oder Klebebänder auffindbar sein. Großvolumige Sporttaschen bieten Platz für Ihre Schlagpolster, Poolnudeln und dergleichen.

Vergessen Sie gerade am ersten Termin Ihres Kurses nicht all die Unterlagen, die für das Check-In (Anmeldung, Bezahlung der

Gebühren,...) erforderlich sind: Kurslisten, Kasse, Wechselgeld, Stifte und Papier, Terminkalender und so weiter. Sicherlich wird Ihnen spätestens jetzt bewusst, welch eine logistische Meisterleistung Sie vollbringen müssen: Willkommen heißen, Wege zu Toilette und Umkleide weisen, die Anmeldung und die Bezahlung der Kursgebühr abwickeln, Kontakte knüpfen und Sitzgelegenheiten aufbauen. Während Sie sich noch mit Ihrem Kursleiter-Kollegen absprechen, erscheinen die ersten TN viel zu früh, aus Angst die Örtlichkeit nicht zu finden. Sie benötigen all Ihre Energie um das meist am Veranstaltungsbeginn entstehende Durcheinander zu organisieren. Bleiben Sie gelassen! Legen Sie souveräne Gelassenheit an den Tag und erledigen Sie alle Aufgaben der Reihe beziehungsweise der Dringlichkeit nach. Sie werden sehen, dass am Ende doch meist alles gut geht, auch wenn es kurz vor dem Beginn eines Kurses manchmal nicht so danach aussieht.

Legen Sie sich rechtzeitig all das heraus, was Sie in der jeweiligen Unterrichtseinheit benötigen. Fordern Sie das Schicksal nicht heraus. Es ist unangenehm, wenn Sie ein Training mit Schlagpolstern ankündigen aber dann beim Aussteigen aus Ihrem Fahrzeug feststellen müssen, dass Sie diese in der Hektik zu Hause vergessen haben.

Läuft etwas doch einmal nicht nach Plan A, dann zücken Sie Plan B, den Sie sich hoffentlich vorher zurecht gelegt haben. Vielleicht gehören Sie auch zu den sehr spontanen Menschen, die vor Publikum erst so richtig auftauen? Dann sind Sie möglicherweise nicht so

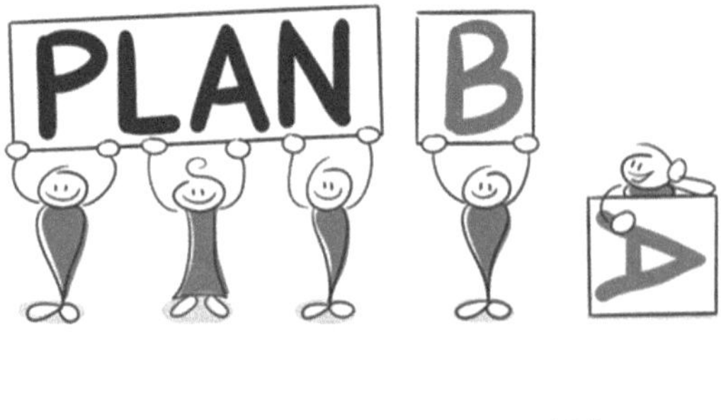

sehr von Ersatzplänen oder von vorher durchdachten Handlungsalternativen abhängig. Das macht Sie natürlich wesentlich flexibler.

Allen Ausbildern, die sich lieber vorher einen Plan B zurechtlegen, sei zum Trost gesagt, dass es überhaupt nicht schlimm ist, wenn Sie nicht über die gerade angesprochene Spontaneität verfügen. Wenn Sie gute Vorarbeit geleistet haben, können Sie ebenfalls flexibel reagieren, sollte etwas nicht nach Plan laufen.

3.2.2 Ihre Kleidung und Körpersprache

Ja, Sie lesen richtig! Sie sollten nicht nur Ihrem Kurs die Wichtigkeit der Körpersprache vermitteln, sondern sie selbst zu Ihrem Vorteil einsetzen. Selbst wenn es Ihnen bei Ihrer allerersten Unterrichtsstunde vor einem Kurs schwer fällt: Suchen und halten Sie Blickkontakt. Das Vermeiden von Blickkontakt kann als Unsicherheit oder Ablehnung interpretiert werden. Beides kommt Ihnen im FSV-Kurs völlig ungelegen: Sie möchten weder unsicher wirken noch ablehnend. Tun Sie also alles dafür Offenheit, Sympathie und Souveränität auszustrahlen. Sie werden feststellen, dass man dies lernen kann. Natürlich werden Sie anfangs Unsicherheit verspüren, weil Sie sich in einer für Sie unbekannten oder ungewohnten Situation befinden. Deswegen ist es völlig in Ordnung, wenn Sie sich Ihrer Sache zunächst nicht sicher sind. Ihre Unsicherheit wird sich Kurseinheit um Kurseinheit reduzieren. Irgendwann ist Ihnen die Rolle als Ausbilder nicht mehr fremd.

Schauen Sie Ihre Gesprächspartnerin an und vermeiden Sie Unruhe in Ihrem Blick. Vermeiden Sie jedoch zu langen Blickkontakt. Dies kann als bedrohlich empfunden werden. Ständiges zu Boden schauen vermeiden Sie bitte ebenso, denn dies wirkt unsicher.

Gerne können Sie Ihren Blick wandern lassen und beim Nachdenken ist es völlig in Ordnung, wenn Sie einen Moment zur Seite oder Richtung Boden schauen. Dann aber sollten Sie bei Ihrer Äußerung jedoch wieder den Blickkontakt suchen. Das Vermeiden des Blickkontaktes verhindert den Aufbau zwischenmenschlicher Beziehungen und schafft Distanz: Sie wirken dann unnah.

Aber nicht nur der Blickkontakt ist ein Schlüssel zum Erfolg. Ihr gesamter Gesichtsausdruck unterliegt der ständigen Deutung. Es geht nicht darum, dass Sie den Tag oder Abend mit einem professionellen „Grinse-Gesicht" herum laufen. Ihr freundlicher und entspannter Gesichtsausdruck ist eine Einladung, Ihnen Vertrauen zu schenken. Ein Gesichtsausdruck, der Verständnis und Empathie ausstrahlt, lädt zu einem entspannten Gesprächsklima ein. Ihr Gegenüber wird darauf reagieren. Sie haben sicherlich schon von der Wirkung der Spiegelneuronen gehört. Jeder von uns besitzt sie. Sie machen es möglich, sich in den anderen hinein zu fühlen und sogar die beobachtete Stimmung zu spiegeln.

Des Weiteren haben Sie schon davon gehört, dass ein Lächeln die Stimme freundlicher klingen lässt. Das ist der Grund, warum manche Menschen einen kleinen Zettel mit einem Smiley für sie gut sichtbar neben dem Telefon kleben haben. Er soll sie daran erinnern, vor dem Gespräch kurz freundlich zu lächeln. Experimentieren Sie einmal selbst mit diesem Tipp bei Ihrem nächsten Telefonat. Sie werden staunen, wie gut das funktioniert.

„Das Lachen ist die kürzeste Entfernung zwischen zwei Menschen“. (Victor Borge)

Je freundlicher und entspannter Sie aussehen, umso leichter fällt es Ihnen und den Ihnen noch unbekannten Frauen, Kontakt aufzubauen. Sie können so gezielt auf die Anspannung der Frauen im Kurs reagieren. Sie werden somit zum leuchtenden Beispiel. Ihre Ruhe und Freundlichkeit überträgt sich auf andere. Ein Lächeln ist ansteckend, sagt man und ein Lächeln kann entwaffnen. Ihre Mimik spricht wortlos Ihre Wertschätzung gegenüber dem Kurs aus und wirkt anziehend. Dieses Wissen können Sie bei einem Stresstraining natürlich auch auf umgekehrte Weise einsetzen. Wollen Sie Stress erzeugen, packen Sie Ihren freundlichen Gesichtsausdruck für eine Weile weg. Es liegt an Ihnen, mit diesem Wissen über Spiegelneuronen und Mimik im Selbstverteidigungsunterricht zu „spielen“.

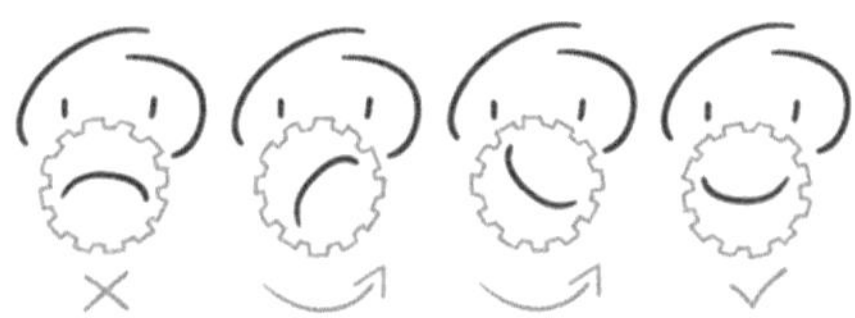

Nutzen Sie diese Erkenntnis für sich. Sind Sie wirklich so aufgeregt oder unsicher vor Ihrem ersten großen Auftritt, versuchen Sie dennoch, bewusst freundlich aufzutreten und einen entsprechenden Gesichtsausdruck aufzusetzen. Natürlich ist ein aufgesetztes Lächeln auf Dauer nicht gut aber wenn es Ihnen hilft, die ersten Minuten der Anspannung und des Lampenfiebers zu überbrücken, dann finden wir, ist dies eine legitime „Krücke“, welche Sie nutzen können. Irgendwann werden Sie dieses künstliche Lächeln sowieso nicht mehr benötigen. Wir glauben, dass das nur eine Frage der Zeit ist, bis Sie sich so sicher fühlen, dass Sie spontan, frei und offen auf alles reagieren können, was sich im Kurs so ereignet.

Auch der Rest Ihres Körpers spricht unentwegt. Achten Sie auf eine offene Körpersprache. Vermeiden Sie vor der Brust verschränkte Arme. Sie wirken abweisend und unnah. Ihre Hände haben ein Wörtchen mitzureden. Einladende Gesten ermuntern TN, die sich für einen Redebeitrag zu Wort gemeldet haben. Zeigen Sie nicht mit dem Finger auf die TN, die etwas sagen möchte. Dies wirkt eher bedrängend bis bedrohlich. Eine nach oben offene Handfläche, mit der Sie in Richtung der TN weisen ist einladend und freundlich auffordernd.

Richten Sie sich auf, stehen Sie gerade und vermeiden Sie eingefallene Schultern während Sie vor der Gruppe sprechen. Sie sollen natürlich nicht „stocksteif" durch die Gegend laufen aber ein aufrechter Gang strahlt Selbstbewusstsein aus und das spüren die TN im Kurs. Sie werden anders wahrgenommen und wirken souverän. Gehen Sie ebenfalls ruhig umher aber schleichen Sie nicht. Sie sind ja nicht auf der Pirsch, sondern drücken durch die Art wie Sie gehen eine bestimmte innere Haltung aus. Lassen Sie die Schultern entspannt hängen und wenn Sie sprechen, so reden Sie laut, deutlich, langsam und verständlich. Das klingt alles sehr selbstverständlich. Berücksichtigen Sie diese Sachen insbesondere dann, wenn Sie neu im „Ausbildungsgeschäft" sind. Sie werden feststellen, dass man sich erst daran gewöhnen muss, raumgreifend aufzutreten und sich und seiner Stimme das nötige Gehör zu verschaffen.

„Erschreckend“ werden Sie vielleicht denken. Zu Beginn der Lehrerausbildung stehen angehende Lehrerinnen und Lehrer vor demselben Problem. Als Ausbilder stehen Sie ständig im Mittelpunkt. In unserem Fall sind etwa sechzehn Paar Augen auf Sie gerichtet und alles was Sie sagen, oder nicht sagen, tun oder unterlassen, wird wahrgenommen und gedeutet. Ihr äußeres Erscheinungsbild, Ihr Gang, Ihre Stimme, … Sie glauben gar nicht, welche Reize von den TN eines Kurses aufgenommen und verarbeitet werden.

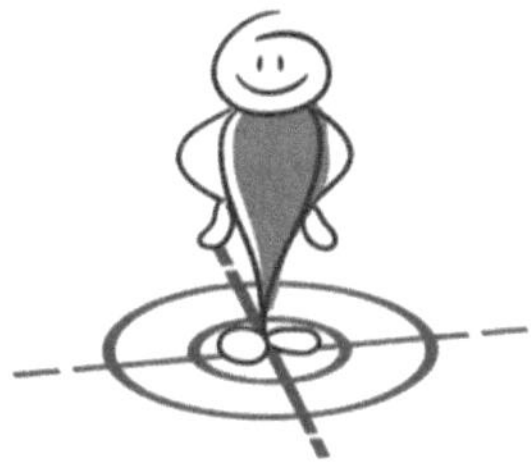

Wenn Sie dann nach dem ersten Auftritt als Kursleiter endlich entspannt auf dem Heimweg sind, machen Sie sich wohl kaum noch lange Gedanken um Ihren Auftritt. Doch selbst wenn dies im ersten Moment eine erschreckende Vorstellung ist: Die Frauen Ihres Kurses haben Sie noch lange nicht gedanklich beiseitegeschoben. Die Angehörigen oder Freunde der TN fragen natürlich nach, wie der Kurs, die anderen TN und der oder die Ausbilder so sind. Sie sind also noch lange nach einer Kurseinheit der Gesprächsstoff in den verschiedenen Haushalten oder Bekanntenkreises der Frauen. Dementsprechend sollten Sie Ihrem Auftreten die nötige Ernsthaftigkeit entgegen bringen. Auf der anderen Seite sollten Sie sich darüber nicht zu sehr den Kopf zerbrechen. Natürlich stehen Sie ständig im Mittelpunkt und man erzählt viel über Sie und den Kurs aber das ist ja nicht weiter schlimm. Im Gegenteil: Sie können nur davon profitieren, wenn Positives über Sie erzählt wird.

Sie haben sich nun ausführlich mit Ihrer eigenen Körpersprache auseinander gesetzt und so wie Sie auf Ihre Körpersprache achten, sollten Sie auch zuvor genau überlegen, welche Bekleidung Sie als Ausbilder tragen werden. Die Gültigkeit des Spruches „Kleider machen Leute“ ist nicht ganz von der Hand zu weisen. Ihre Kleidung hinterlässt, genauso wie Ihre Körpersprache, einen ersten Eindruck. Wie wollen Sie wahrgenommen werden? Werden Sie in normalen „zivilen“ Sportsachen auftreten oder möchten Sie, dass man die Zugehörigkeit zu Ihrem Verein oder Ihrer Kampfkunstschule besonders gut erkennt? Werden Sie Ihren schwarzen Gürtel auf Ihrem Gi tragen? Möchten Sie, was die Kleiderwahl anbetrifft mit Ihren Kundinnen auf Augenhöhe stehen? Benötigen Sie die Wirkung Ihrer Vereinskleidung oder die des schwarzen Gürtels, um Ihre Erfahrung und Ihre bisher erbrachten Leistungen zu unterstreichen? Sie erkennen, dass es gut ist, sich vorher um die entsprechende Wirkung Ihrer Kleidung Gedanken zu machen. Sie sollte in jedem Fall sauber sein und ordentlich aussehen. Den wenigsten Ausbildern ist die Wirkung ihrer Kleidung bewusst und die wenigsten Kursleiter halten es für notwendig, sich darum Gedanken zu machen. Dennoch weisen wir Sie darauf hin, dass Ihre Kursteilnehmerinnen allabendlich etwa 90 Minuten in Ihrem Kurs immer wieder nach Ihnen schauen und Sie betrachten. Aus Erfahrung dürfen wir Ihnen sagen: Es fällt sofort auf, wenn Sie versehentlich eine Socke falsch angezogen haben. Sie müssen nicht wie frisch aus dem Ei gepellt da stehen aber Sie sollten als Kursleiter bis zu einem gewissen Grad Wert auf Ihr Äußeres legen.

Achten Sie auch auf die Bekleidung Ihrer Kursteilnehmerinnen. Hallenturnschuhe, unter Umständen mit heller Sohle (Vorgaben durch den Hallenwart beachten), sollten stets sauber sein. Eine Dame wollte unbedingt in High Heels trainieren, weil sie diese Schuhe die meiste Zeit im Alltag trug. Aus verletzungstechnischer Sicht ist das nicht zu empfehlen für den Start eines Kurses. Stark profilierte Sohlen (gar mit Stollen – auch das haben wir schon erlebt!), wie sie etwa bei Laufschuhen für das Gelände vorkommen (Trail-Schuhe) sind ebenso ungünstig. Halsketten und sonstiger Schmuck sollte im Training und auch im FSV-Kurs nicht getragen werden. Lange Haare werden idealerweise zusammen gebunden und nicht mit Haarnadeln oder Kunststoffklammern zusammen gehalten, denn die Verletzungsgefahr, welche gerade von Haarnadeln ausgehen kann, ist nicht unerheblich. Seien Sie, was Ihre Bekleidung anbetrifft, ebenso ein gutes Vorbild, wie in allen anderen Bereichen auch.

3.2.3 Lampenfieber?!

Hier finden Sie den einen oder anderen Tipp, wenn Sie das erste Mal vor solchen Gruppen stehen und mit ihnen arbeiten. Es wäre unnatürlich, wenn ein unerfahrener Ausbilder beim ersten Unterrichtsversuch nicht ein wenig aufgeregt wäre. Die Erfahrungen, die Sie dabei im Laufe der Zeit sammeln werden, bringen die „Berufsruhe“, jene Gelassenheit, mit der Sie in Zukunft in ähnlichen Situationen auftreten werden. Merken Sie sich das Wichtigste: Der erste Eindruck zählt. In diesen wenigen Sekunden entscheidet sich sehr viel und erste Eindrücke lassen sich nur schwer revidieren.

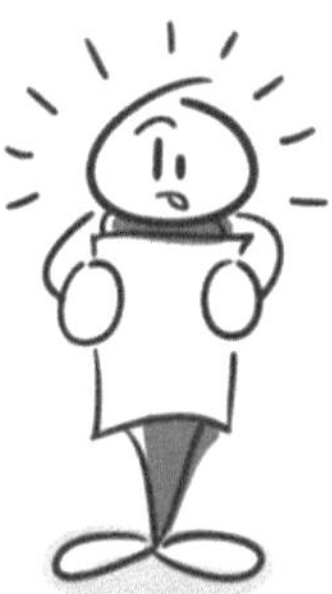

Lächeln Sie, selbst wenn Ihnen vielleicht gar nicht so sehr danach zu Mute ist. Suchen Sie Blickkontakt und versuchen Sie ihn zu halten. Das gilt schon für den Moment, in dem Sie auf die erste Frau des Kurses treffen, wobei es egal ist, wer da zuerst grüßt. Lassen Sie Ihren Körper nonverbal mitreden, denn er hat den TN Ihres Kurses viel mitzuteilen. Setzen Sie also Ihre Körpersprache bewusst ein. Versuchen Sie ruhig und gelassen aufzutreten. Hektik ist in den ersten Minuten völlig fehl am Platze und überträgt sich nur auf die Anwesenden. Wenn Sie dann das Wort ergreifen, sprechen Sie laut, deutlich und verständlich. Des Weiteren sollten Sie langsam sprechen. Schwallartige Rede-Salven sind für die TN nur schwer verdaulich. Reden Sie mit Bedacht und überfordern Sie die TN beim Zuhören nicht. Sie lächeln vielleicht darüber aber vergessen Sie selbst nicht, ab und zu tief Luft zu holen und Sprechpausen einzulegen. Das wirkt wahre Wunder. Wenn Sie theoretisches Wissen zu vermitteln haben, sollten Sie so frei wie möglich sprechen. Natürlich ist ein Flipchart mit den wichtigsten Stichpunkten in Ordnung und für größere Mengen an Zahlen können Sie problemlos einen Blick auf einen kleinen Spickzettel werfen aber insgesamt sprechen Sie frei und ohne abzulesen. Das ist am Anfang sehr schwer. Das wissen wir. Aber die Erfahrung kommt im Laufe der Zeit und Sie werden schnell feststellen, dass das alles gar nicht so schwierig ist, wie man sich das zuerst vorstellt. Nehmen Sie sich das Zitat von Herder zu Herzen und starten Sie durch!

„Wir werden all das, was wir sein wollen, nur durch Mühe, durch Übung.“ (Johann Gottfried von Herder)

3.2.4 Guter Selbstverteidigungsunterricht

Die Frage, was guten Selbstverteidigungsunterricht ausmacht, lässt sich gar nicht so einfach beantworten. Es gibt einige Kriterien, deren Erfüllung dazu führen kann, dass es richtig gut bei Ihnen im Kurs läuft. Wichtig ist für alle Beteiligten ***eine klare Strukturierung der Lerneinheit***. Für Sie ist dies von Bedeutung, da Sie sich an ihren Strukturen „entlang hangeln" können und für die Teilnehmer ist die Transparenz in Sachen Strukturierung wichtig, denn sie lassen sich auf etwas völlig Neues ein und können einzelne Bestandteile des Kurses leichter in Wissensnetze einarbeiten, wenn sie jederzeit wissen, wo sie aktuell stehen und wohin die Reise geht. Je mehr ***echte Lern- und Übungszeit*** Sie zur Verfügung stellen können, umso besser ist das. Dort, wo viel Lernzeit zur Verfügung steht, kann jede Frau in ihrem Tempo lernen und das ist auch notwendig, weil Ihre Kursgruppe nicht homogen ist. Damit es bei Ihnen gut läuft im Kurs, achten Sie auf **ein *gutes Lernklima und Transparenz bezüglich der Lernziele*** für jede Einheit. Gehen Sie auf die Interessen der Frauen ein und bieten Sie ***verschiedene Lernwege und Unterrichtsmethoden*** an. *Fördern Sie jede Frau* auch individuell und holen Sie sie dort ab, wo sie derzeit stehen. Unterrichten Sie nicht über „die Köpfe hinweg" und gestalten Sie die Lerneinheiten abwechslungsreich. Im Hinblick auf die Selbstverteidigungsfähigkeit Ihrer Kursteilnehmerinnen läuft Ihr Unterricht dann gut, wenn ein Großteil aller TN die angestrebten Lernziele erreicht hat. Halten Sie sich weitgehend an Ihre Planungen um das Gewünschte zu erreichen. Stellen Sie jedoch fest, dass Ihre Planung nicht zielführend ist und geändert werden muss, dann scheuen Sie nicht davor zurück, Pläne zu verändern und sich neue Wege und Mittel zu überlegen, um Ziele zu erreichen. Hinterfragen Sie gegebenenfalls auch die angestrebten Ziele. Sind sie zu hoch gesteckt? Sie sind in der Kürze der Zeit nicht zu erreichen? Sind es für die Rahmenbedingungen Ihres Kurses die richtigen Ziele?

Bei allen Kriterien für guten Selbstverteidigungsunterricht: der Spaß darf für alle Beteiligten und das schließt auch Sie ein, nicht zu kurz kommen!

3.3 NACHGEDACHT

Bleiben Sie Sie selbst, seien Sie authentisch und wagen Sie die Umsetzung eigener Vorstellungen. Stellen Sie aber stets das Wohl Ihrer TN und nicht Profit oder Ruhm Ihrerseits in den Vordergrund Ihrer Planung und Sie werden mit dem was Sie entscheiden zu tun, sicherlich erfolgreich sein. Wir hoffen, dass wir Sie zum Nachdenken und Nachlesen anregen konnten. Wir würden uns freuen, wenn es uns gelungen wäre, kampfkunst- bzw. kampfsportübergreifend Anregungen für realitätsnahe und erfolgreiche FSV-Kurse zu bieten. Schön, dass Sie mit uns einen Blick über den Tellerrand gewagt haben und sich eine eigene Meinung gebildet haben. Möglicherweise werden Sie am Ende nur ablehnend den Kopf schütteln, vielleicht haben wir Sie aber durch die vielen verschiedenen Blickwinkel auf unterschiedliche Aspekte motivieren können, eine Sache anders anzugehen oder sogar Bausteine unserer Module in Ihre Kurskonzeption aufzunehmen.

„Einfach nur die Stufen anstarren bringt nichts, du musst die Treppe schon hochgehen." (Vaclav Havel)

Wir wollen der Geheimniskrämerei um die besten Rezepte für die gelungene Kurse ein Ende machen und eine Möglichkeit für Austausch und Vergleiche bieten. Der letzte Teil des Buches bietet Ihnen eine Fülle an zusätzlichen Anregungen zu FSV-Kursen. Wir laden Sie herzlich ein, anschließend einen Blick darauf zu werfen, damit Sie in Erfahrung bringen können, welche dieser Unterlagen Ihnen nützlich sein können.

„Mir kommen die Wege, auf denen die Menschen zur Erkenntnis gelangen, fast ebenso bewunderungswürdig vor wie die Natur der Dinge selbst." (Johannes Kepler)

Wir wünschen Ihnen viel Erfolg beim Leiten Ihrer nächsten Kurse und ähnlich gute und bereichernde Erfahrungen, wie wir sie bei unserem Tun sammeln.

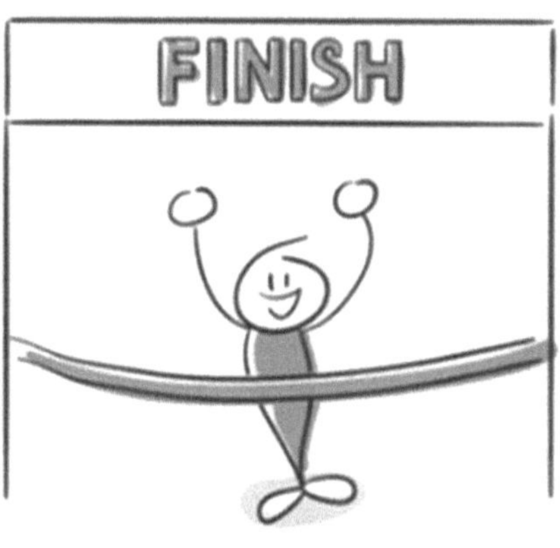

4 BUCHTEIL IV IDEENKISTE

Der letzte Teil unseres Buches beinhaltet Übersichten zu verwendeten Lehr- und Lernmaterialien, Zusammenstellungen und dergleichen, auf die wir im Laufe unseres Handbuches eingegangen sind. Im Buch selbst stoßen Sie immer wieder auf entsprechende Querverweise, mittels derer wir uns auf die Materialien im Anhang beziehen. Sie können sie als gerne als Anregungen verwenden, um sich darauf Ihre eigenen Überlegungen abzuleiten.

„Jeder Mensch mit einer neuen Idee ist ein Spinner, bis die Idee Erfolg hat.“ (Mark Twain)

4.1 GEDANKEN ZUM THEMA MOTIVATION

Erfolg und Misserfolg führen am Ende von Unterrichtseinheiten stets zu einer entsprechenden Selbstbewertung bei den TN. Diese wird beim nächsten Handeln und in der nächsten Unterrichtseinheit individuell in die Motive und Erwartungen der Person eingehen bezüglich der Erwartungshaltung gegenüber Erfolg oder Misserfolg.

Motivation lässt sich unterscheiden in intrinsische und extrinsische Motivation. Wir wollen an dieser Stelle nicht zu tief in die Thematik einsteigen, halten es jedoch für unumgänglich zumindest einige Grundlagen aufzugreifen und an Beispielen aus FSV-Kursen zu erläutern. Sie können, wie Sie später noch lesen werden, auch die Rolle des Motivators übernehmen, der zu guten Leistungen und Anstrengungen anspornt und herausfordert.

Die intrinsische Motivation kommt vereinfacht gesagt als Antrieb aus Ihren Kundinnen selbst. Die meisten Frauen erscheinen aus einer inneren (sprich: intrinsischen) Motivation heraus zu Ihrem Kursangebot. Neugierde ist intrinsische Motivation und ein herausragender Antrieb. Wer aus Neugierde Interesse für eine Sache entwickelt, tut dies, weil er persönlich Nutzen daraus zieht und etwas können bzw. wissen will. Die Aussage „Das musst Du wissen, weil es im Lehrplan steht!“ ist nur wenig motivierend. Um Neugierde und Interesse zu wecken, hilft es erfahrungsgemäß, wenn die TN einen Bezug zu ihrer persönlichen Lebenswelt herstellen können. Dieser Lebensweltbezug ist es, der verhindert, dass ein Thema oder ein Themenschwerpunkt als sehr abstrakt empfunden wird. Wir wissen aus den Lerntheorien, dass es wichtig für den Lernerfolg ist, wenn Neues mit Bekanntem verknüpft werden kann. Abstrakte Theorien zur Gesetzeslage im Strafgesetzbuch sind nicht sonderlich motivierend. Erörtern Sie Recht und Unrecht aber an konkreten Fallbeispielen aus der Lebenswelt (alters- und teilnehmerinnenspezifisch angepasst) der Lernenden, dann wird dieses Thema spannend und interessant. Ein hoher Aufforderungscharakter eines Unterrichtsthemas wirkt intrinsisch.

Betrachten wir jetzt noch die extrinsische Motivation. Für sie ist kennzeichnend, dass sie von außen auf den Lerner wirkt. Die Wirkung extrinsischer Motivation kann positiv und negativ sein. Ein positiver Antrieb kann zum Beispiel ein angenehmes Lernumfeld sein. Die Kundin kommt gerne in den Kurs und ist motiviert, weil sie hier auf nette Gleichgesinnte trifft. Das gute soziale Miteinander und die Freude im Kurs wirken also motivierend, denn dies ist nichts, was die TN von innen heraus antreibt.

TN sind, wenn die „Chemie“ zum Trainer stimmt, bemüht, einen guten Eindruck zu hinterlassen. Das erleben Sie in Kurses öfters bei einem Fitness-Workout. Wenn Sie als Ausbilder umhergehen und die ersten TN an ihre Leistungsgrenzen kommen, können Sie unter Umständen beobachten, dass die eine oder andere Frau sich genau dann besonders anstrengt, wenn Sie in ihrer Nähe sind. Der Grund ist einfach: Sie wird sich vermutlich Aufmerksamkeit wünschen, koste es die ein oder andere Liegestütze mehr! Aufmerksamkeit kann Lob („Gut so!“) sein oder zusätzliche Aufforderungen und damit Ansporn, sich noch weiter anzustrengen („Durchhalten!“). Dann steigt die extrinsische Motivation, wenn angefeuert wird. Die Leistungsbereitschaft wächst und führt möglicherweise sogar zu sichtbaren Leistungssteigerungen, wenn nämlich noch einen Sit-Up mehr geschafft wird, als zunächst vermutet, allein durch die Motivation durch den Trainer. Erkennen Sie das Potential, das sich Ihnen hier in der Rolle des Motivierenden eröffnet. Hüten Sie sich jedoch vor destruktiven Kommentaren, wenn Sie nicht bewusst und gezielt negative Motivation einsetzen möchten.

Negative Motivation treibt ebenfalls zu höheren Leistungen an, aber nicht in positivem Sinne, sondern dadurch, dass den Betroffenen negative Dinge erwarten, wenn er eine gewisse Leistung nicht erbringt. Das klassische Beispiel ist wohl die Angst vor Strafe (von einem Training ausgeschlossen werden, Straf-Liegestützen für Fehler oder schlechte Leistungen und dergleichen). Auch Angst vor Blamage kann zu Höchstleistungen motivieren, dann hat dies nichts mehr mit Freude und Spaß am Lernen oder Ausüben einer Tätigkeit zu tun. Die Angst vor Neuem und Unbekanntem zählt laut Götz und Häfner dazu. Hat eine Frau Angst vor Unbekanntem, strengt sie sich besonders an, um bestmöglich mit dem Unbekannten umzugehen und sich bestmöglich zu präsentieren. Angst vor Blamage kann so stark als Motivator wirken, dass die TN alles tun, um keine Fehler zu machen. Dies kann zu übersteigertem Trainingsbesuch und noch eifrigerem Bemühen führen. Nach außen sieht dies für den Ausbilder natürlich ideal aus. Dies ist aber gefährlich, denn unter dem Druck von Angst lernt es sich schlecht und Fehler sollen helfen, sich weiter zu entwickeln. In der angenehmen Lernatmosphäre Ihres Kurses soll Spaß am Lernen und am Zusammensein entstehen. Gelingt dies, wird Lernen leichter. Die TN konzentrieren sich dann nicht mehr auf die Fehlervermeidung, sondern auf die Lerninhalte und dann fällt Lernen viel leichter, wenn mehr Kapazitäten zum Lernen und nicht mehr für die Fehlervermeidung frei werden.

Also halten wir fest: für das Lernen sind Erfolgserlebnisse wichtig, die genau dann entstehen, wenn schwierige Situationen gemeistert werden. Überforderung und Unterforderung führen nicht zum Erfolgsgefühl.

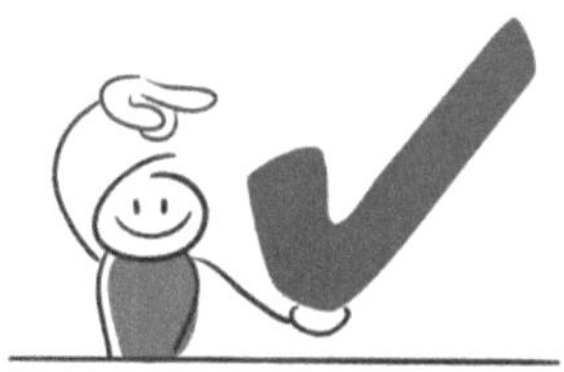

Trainingsgegenstände, die einen besonderen Aufforderungscharakter besitzen, können motivierend wirken. Im Training setzen unsere Trainer hin und wieder Messer ein, mit dem Ziel Ausweichbewegungen zu üben. Hinsichtlich des gewählten Zieles steht demnach nicht der Waffenkampf und das sich Verteidigen gegen Blankwaffen im Vordergrund. Jedoch nutzt der Trainer in dieser Einheit den hohen Aufforderungscharakter, den ein stumpfes Alu-Messer hat. Die Übenden sind konzentriert darauf, den Angriffsbewegungen des Messers auszuweichen und achten meist instinktiv besonders gut auf die Schutzhaltung, da sie die in der Hand des Trainingspartners aufblitzende (stumpfe) Klinge eines Messers wahrnehmen. Unbewusst agieren die TN vorsichtiger. Da die Messer nicht ständig Trainingsgegenstand sind, ist die Motivation umso größer, sich dann anzustrengen, wenn diese mal wieder vom Trainer ins „Spiel“ gebracht werden. Der hohe Aufforderungscharakter von Übungsgegenständen nutzt sich erfahrungsgemäß eher ab, wenn er zu häufig eingesetzt wird. Interesse bleibt erhalten und Neugierde wird geweckt, wenn zwischen der Verwendung besonderer (für das normale Training nicht so alltäglicher) Gegenstände einige Zeit dazwischen liegt. Neben besonderen Lehr- und Lernmitteln, zu denen die Messer zählen, können Spannung und Neugierde motivierend wirken. Spannung in den Verlauf einer Lerneinheit zu legen haben Sie in der Hand. Spielen Sie also mit der Neugier und Ihrer Rolle des extrinsischen Motivators. Legen Sie nicht gleich alle Karten auf den Tisch, verraten Sie zu Beginn nicht gleich jedes Details zum Kursverlauf. Erwecken Sie Neugierde und Interesse. Machen Sie sich und den Unterricht interessant. Lassen Sie in jeder Einheit Zeit und Raum, Sachen zu entdecken und selbst zu erfahren.

Praxisorientiertes Training mit Alltagsgegenständen (siehe Kapitel 2.2.15) hat ebenfalls motivierende Effekte. Im SV-Kurs sind alltagstypische Lerngegenstände zum Beispiel der Regenschirm, der Schlüsselbund oder die Handtasche. Alle diese Alltagsgegenstände können Sie zur Selbstverteidigung einsetzen lassen. Je freier Sie eine Kurseinheit diesbezüglich gestalten, umso leichter können Sie an die Lebenswirklichkeit der TN anknüpfen. Während Seniorinnen möglicherweise ihren Gehstock als Hilfsmittel einsetzen möchten, kämen junge Frauen gar nicht auf die Idee, solch einen Gegenstand mitzubringen, auch wenn er als alltagstaugliches Hilfsmittel in Frage käme. Der Gehstock passt aber nur selten in die Lebenswirklichkeit einer jungen, gesunden Frau. Fordern Sie die TN auf Gegenstände aus ihrer Lebenswelt mitzubringen. Erst so kann vor Ort ihr Nutzen eruiert werden. Hierbei werden Sie spontan reagieren und sich dem anpassen müssen, was die TN aus der gestellten Aufgabe machen. Natürlich können Sie sich selbst zuvor Gedanken machen, welche Gegenstände Ihre TN womöglich mitbringen werden. Verschenken Sie sich aber nicht die Chance, sich überraschen zu lassen. Es erwartet Sie nichts, was nicht zu bewältigen wäre. Sie ermöglichen es sich auf diese Weise aber einer Kurssituation gegenüber zu treten, die nicht bis ins Details geplant wurde. Sie lernen dabei auch etwas über sich und Ihre Kompetenzen.

Die Suche nach Lösungen für gestellte Aufgaben oder Probleme erfreut sich größerer Beliebtheit, weil hier eine Anforderung an die TN bezüglich ihrer Problemlösekompetenzen gestellt wird. Es gibt oftmals mehrere Wege, eine Aufgabe zu lösen. Überlassen Sie es doch beispielsweise den TN, ein von Ihnen gestelltes Problem zu lösen und lassen Sie sich die Ideen der Frauen demonstrieren. Solche Unterrichtssituationen bieten jede Menge Anlässe auf die TN einzugehen, sie in den Mittelpunkt der Stunde zu rücken und ihre Problemlösekompetenzen zu fordern und zu fördern. In manchen mehrmonatigen Kursen legen wir zu Beginn einen der Schwerpunkte auf die Willensstärkung und das bewusste Erleben-Lassen von Erfolg um die Entwicklung eines positiven Selbstkonzeptes zu unterstützen. Hierzu müssen die TN partnerweise zusammen gehen und sich gegenseitig von der Bauchlage in Rücklage drehen. Beiden Frauen wird jeweils abverlangt, sich auf sich und ihren Körper zu konzentrieren und den festen Willen zu entwickeln, sich entweder unter keinen Umständen herumdrehen zu lassen, beziehungsweise den festen Willen zu entwickeln die Partnerin herumzudrehen. Zu Beginn geben wir keinerlei Hilfestellungen und lassen die TN selbst ausprobieren und Erfahrungen sammeln. Dabei können sich durch das für uns interessante Lernen durch Erfolg und Misserfolg sowie durch das Lernen am Modell Erfolge einstellen. Für die TN ist es eine Herausforderung, selbst einen Weg für die

Lösung der Aufgabe zu finden. Dabei wird die Kreativität jeder einzelnen Frau gefördert. Eine solche Schwerpunktsetzung gelingt dann, wenn kein Zeitdruck herrscht. Die Motivation können Sie durch das Einbeziehen alltagsnaher Probleme und Situationen steigern. Dies ist für die TN spannend, weil wirklichkeitsnäher als von Ihnen vorgegebene abstrakte Fallkonstruktionen zu besprechen.

4.2 GEDANKEN ZUM THEMA FEEDBACK

Als Kursleiter übernehmen Sie eine bewertende Funktion. Sie beurteilen nämlich die sich hoffentlich verbessernden Kompetenzen Ihrer TN im FSV-Kurs. Sie betrachten dazu den Ist-Zustand und gleichen ihn mit dem Soll-Zustand ab. Idealerweise sollten beide Zustände am Ende deckungsgleich sein. Sprich: Die TN haben ausgehend von ihrem jeweiligen Ist-Zustand zu Kursbeginn den in Form von zu erreichenden Lernzielen und Kompetenzen festgelegten Soll-Zustand erreicht. Geben Sie Ihren TN regelmäßig Rückmeldung.

Das gelingt Ihnen dann, wenn Sie eine TN eine Weile beim Üben oder im Verlauf des Kurses insgesamt beobachten und ihr dann rückmelden, was Sie beobachten können (siehe Kapitel 3.1.10 und 3.1.11). Diese Rückmeldung ist eine Art Beschreibung dessen, was Sie beobachten können, verbunden mit einem Vorschlag, wie etwas verbessert werden kann. Wichtig ist dabei, dass Ihr Feedback so formuliert wird, dass Ihr Gegenüber es annehmen kann. Hilfreich sind Formulierungen zu konkreten Situationen, wie z.B. „Ich habe den Eindruck, dass Du unsicher wirkst, wenn ich das und das tue“ oder „Ich habe von Dir den Eindruck, dass Du sicherer geworden bist, denn du schaust mir in die Augen, wenn ich dich provoziere.“

Positives Feedback kann höchst motivierend wirken und die TN ermutigen, sich weiter anzustrengen und „am Ball zu bleiben". Lernprozesse der Einzelnen werden gefördert, denn die Annahme von Feedback ermöglicht es den TN die konstruktiven Verbesserungsvorschläge in Handlungsmuster einzubauen und diese damit zu verbessern. Damit jede Frau ihr Selbstbild abgleichen kann mit den Beobachtungen des Ausbilders, ist Feedback unabdingbar. Dadurch können Fehler entdeckt und behoben werden. Somit ist gelungenes Feedback eine Hilfe um zielgerichtet trainieren zu können.

In Ihrer Rolle als Trainer geben Sie in Ihrem Verein oder in Ihrer Schule hoffentlich bereits sowieso den Übenden Rückmeldungen. Es gehört schließlich zu den Aufgaben von Ausbildern, Trainern & Co. Sie sollten sich darüber im Klaren sein, dass Sie einer Ihnen unbekannten Frau im Kurs anders Feedback geben, als einem alten Kumpel oder einer Trainingspartnerin, welche Ihnen schon seit Jahren aus dem Training vertraut ist. Gerade bei Ihnen unbekannten Menschen sollten sie Ihr Taktgefühl den Ton angeben lassen und dabei behutsam vorgehen. Nicht jede TN kann mit Feedback umgehen und es annehmen. Zudem kennen Sie die Frustationstoleranz der TN nicht. Das muss man lernen und üben und das geschieht nicht über Nacht. Die Erfahrung zeigt uns, dass die TN dankbar für Ihr Feedback sind, wenn Sie nach der ersten Zeit im laufenden Kurs zur Bezugsperson der Frauen geworden sind. Nehmen Sie die „Einladung" an, wenn sich TN bei Ihnen ein Feedback und Ihre Meinung „abholen kommen" wollen. Menschen, die Ihre Meinung hören wollen, sind empfänglicher für das ihnen gegebene Feedback, als Menschen, die davor Angst haben. Gewöhnen Sie sich einfach an, zu beobachten, ob und wie Ihr Feedback bei den

TN ankommt und gehen Sie sensibel vor. Unsichere Menschen haben oftmals Schwierigkeiten mit Situationen, in denen Rückmeldung gegeben werden soll.

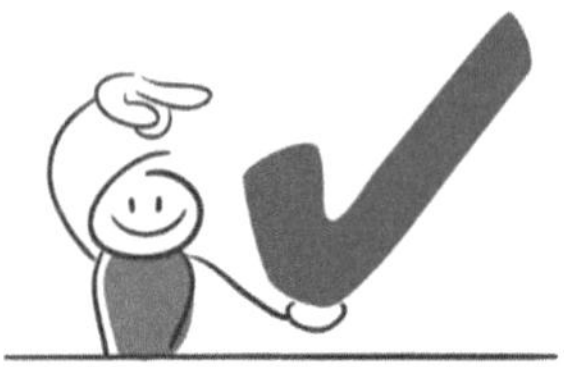

Wie geben Sie also erfolgreich Feedback? Zu Ihrer Beruhigung: Es ist kein Hexenwerk! Vielleicht möchten Sie sich auf die hilfreichen Anleitungen von Jörg Fengler stützen, die wir hier auszugsweise vorstellen möchten:

- ✓ Beziehen Sie sich auf konkret beobachtbares Verhalten und nicht auf allgemeine Dinge: je konkreter, desto besser.
- ✓ Sobald Sie etwas beobachtet haben, was Sie rückmelden möchten, tun Sie es!
- ✓ Feedback sollte möglichst unmittelbar auf ein Verhalten folgen. So fällt es der annehmenden Person leichter, sich genau zu erinnern.
- ✓ Beziehen Sie sich nur auf das Verhalten und werten Sie nicht die Person. Sprechen Sie Klartext und nicht „schwammig".
- ✓ Last not least: Zwingen Sie niemandem Feedback auf, wenn es nicht erwünscht wird!

Nach Fengler hilft Ihnen das Geben und Annehmen von Feedback grundsätzlich dabei, die zwischenmenschlichen Beziehungen zu Ihren Kurs-TN zu verbessern. Von daher ist es also wichtig, nicht nur selbst in die Rolle des Feedback-Gebers zu schlüpfen, sondern sich mutig in die Rolle des Feedback-Nehmers zu begeben.

Entscheidend ist, dass Sie gutes Feedback geben aber auch selbst an Sie gerichtetes Feedback annehmen können. Es hängt stark von der Dauer Ihres Kurses oder Workshops ab, aber grundsätzlich wäre es schön, wenn Sie die Möglichkeiten hätten, für sich selbst hin und wieder Feedback einzufordern. Das muss nicht aufwendig sein. Sie werden Einiges über verschiedene Formen des Feedbacks erfahren. Es gibt zum Beispiel schnelle und unkomplizierte Möglichkeiten einzelne Aspekte beobachtbaren Ausbilderverhaltens abzufragen. Eines ist jedoch Fakt: Je schneller und unkomplizierter es sein soll, umso weniger wird dabei gesprochen. Ein gutes Feedback, das dem Feedback-Nehmer durch die Art der Formulierung Respekt entgegen bringen soll, kann so kaum möglich sein. Ein guter Mittelweg ist es für uns, zwischendrin mit der Daumenprobe Feedback einzufordern, wenn wir bestimmte Aspekte ausgewertet haben wollen. Aber am Ende jedes Kurses bitten wir um ausführliches Feedback.

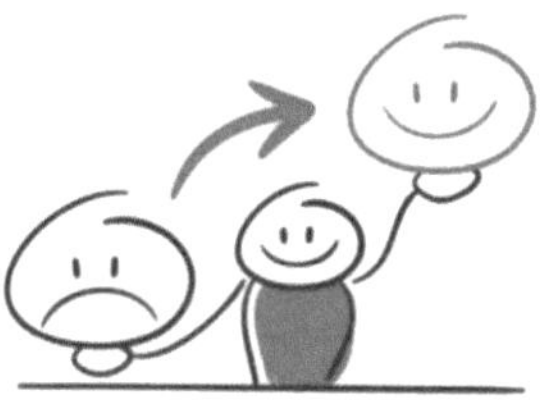

Lassen Sie sich selbst Feedback geben, natürlich vorausgesetzt, dass Sie beim Annehmen der Rückmeldungen ruhig bleiben, aufmerksam zuhören und nicht ablehnend reagieren. Feedback anzunehmen bedarf einer gewissen Übung, insbesondere wenn Sie es nicht gewohnt sind, vor einer Gruppe von Menschen direkt mündliches oder darstellendes Feedback einzuholen. Aus den folgenden drei Möglichkeiten können Sie auswählen.

4.2.1 Schriftliches Feedback

Das schriftliche Feedback holen Sie idealerweise am Ende Ihres Seminars, Workshops oder Kurses ein. Dazu sollten Sie im Vorfeld festlegen, zu welchen Aspekten die TN ihr Feedback geben sollen. Sie machen es den TN leichter, wenn Sie einen Feedbackbogen vorbereiten, den Sie am vorletzten Kursabend austeilen oder am letzten Kursabend ausgeben, mit der Bitte ihn in den nächsten Minuten anonym auszufüllen. Wichtig ist, dass Sie die TN beim Feedbackgeben anleiten. Die wenigsten TN sind das Feedbackgeben gewöhnt und können aus dem Stand gute Rückmeldungen geben. Stellen Sie eine Ablagebox oder dergleichen im Eingangsbereich auf, in den die TN ihre ausgefüllten Feedback-Bögen ablegen können. Anonymität bietet den TN die Gelegenheit, sich frei zu äußern, weil keine Sorge besteht, dass heraus kommt, wer sich wie geäußert hat. Der von Ihnen entwickelte Feedbackbogen muss übersichtlich und leicht verständlich sein. Als geeignet erwiesen haben sich Bögen, bei denen Ankreuz-Möglichkeiten oder das Eintragen von Ziffern für die Bewertung verschiedener Aspekte vorkommen. Die meisten Menschen kommen mit einem Ankreuzbogen besser zurecht als mit offenen Fragebögen. Die sogenannten offenen Fragen bieten, bei ernsthafter und ausführlicher Beantwortung, oft eine genauere Rückmeldung. Sie verlangen aber nach mehr Bearbeitungszeit und am Ende eines Kurses haben die wenigsten Menschen noch Lust und Zeit, sich einem ausführlichen Feedback zu widmen. Von daher haben wir den Frauen versuchsweise den Vorschlag gemacht, ihnen einen solchen Feedbackbogen am vorletzten Abend mitzugeben um ihn am letzten Abend einzusammeln. Es hat tadellos funktioniert. Natürlich ist es möglich, dass Sie den TN am Ende eines Kurses oder Tages einen Feedback-Bogen austeilen. Dabei sollten zentrale Aspekte des Feedbacks nach Fengler folgende Bereiche abdecken:

- Das war für mich besonders interessant:
- Überrascht hat mich heute:
- Langweile habe ich gespürt bei:
- Hilfreich war für mich:
- Wichtig wäre gewesen wenn:
- Froh war ich, weil:

- Enttäuscht war ich, weil:

Sollten Sie diese Aspekte in der Kursmitte als Rückmeldung nutzen wollen, können Sie wesentlich offener fragen, zum Beispiel danach, was die TN in der verbleibenden Zeit im Kurs noch lernen oder erfahren möchte. Sie haben daraufhin dann die Möglichkeit die verbleibenden Ausbildungseinheiten bezüglich der Planung gegebenenfalls umzugestalten. Achten Sie darauf, die Lernwünsche der TN tatsächlich zu berücksichtigen. Sonst laufen Sie Gefahr, dass Ihre TN sich nicht ernst genommen fühlen. Sie rücken in ein sehr positives Licht, wenn Sie bereit sind, notfalls auch mitten im Kurs den Ablauf umzukrempeln und die bisherige Planung zugunsten der Teilnehmerwünsche über den Haufen zu werfen. Die Kundin ist Königin, wenn Sie so wollen. Souveränität und Flexibilität kommen hierbei zum Tragen: Eigenschaften, die einem erfolgreichen Ausbilder wichtig sein sollten.

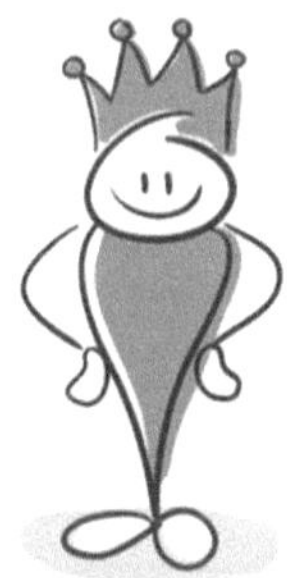

Wenn Sie die Möglichkeit haben, stellen Sie für das Feedback einen Flipchart auf. Richten Sie auf einem Bogen eine dreispaltige Tabelle ein, bei der die Spalten gleich breit sind. Über die erste Spalte schreiben Sie: „Mir war (heute) wichtig …“, über die Mitte „Schwierig fand ich …“ und über die letzte Spalte „Vorschläge für den nächsten Kurs“. Entweder teilen Sie Kärtchen und Stifte aus, die TN beschriften die Kärtchen und heften sie in die zugehörige Spalte. Alternativ lassen Sie sich Kommentare zurufen und protokollieren diese selbst in den jeweiligen Spalten. Weisen Sie zuvor darauf hin, dass niemand gezwungen wird, eine konstruktive Rückmeldung zu geben, dass sie Ihnen aber wichtig ist, weil sie dazu beitragen, die Qualität des Kurses zu verbessern. Eine gute Alternative dazu ist das darstellende Feedback. Dazu muss vor allem der Ausbilder auf Zack sein. Warum das so ist, werden Sie gleich lesen.

4.2.2 Darstellendes Feedback

Das darstellende Feedback findet bei Anwesenheit Ihrer TN vor Ort im Schulungsraum statt. Dazu richten Sie im Raum zwei sich einander gegenüberliegende, wenigstens sechs bis zehn Meter entfernte Punkte im Raum ein, zum Beispiel Raumecken. Diese beiden sich einander gegenüberliegende Ecken stellen Gegenpole bei der gleich stattfindenden Einschätzung zum Kursverlauf dar. Die eine Ecke bedeutet so viel wie „negativ“, „Ablehnung“ (ein dargestelltes Nein) während die andere Ecke „volle Zustimmung“, „positiv“ (das dargestellte Ja) entspricht. Sie werden als Nächstes verschiedene Aussagesätze laut formulieren und die TN Ihres Kurses sollen sich entlang einer gedachten Verbindungslinie zwischen der Positiv- und der Negativ-Ecke aufstellen. 100 % Zustimmung würde bedeuten, dass die Person sich in die Positiv-Ecke stellen müsste, 100 % Ablehnung käme einer Positionierung in der Negativ-Ecke gleich und eine Positionierung genau in der Mitte zwischen den beiden Strecken-Endpunkten wäre ein „Mittelding“. Der Ausbilder muss mit einigem Abstand zur Gruppe stehen und am besten hat er noch seinen Assistenzausbilder als Helfer dabei. Es liegt jetzt an Ihnen, sich möglichst schnell ein Bild über die Positionierung der TN zu verschaffen und dies zu behalten, bis Sie sich Notizen machen können. Ein möglicher Aussage-Sätze für das darstellende Feedback wären: „Ich habe mich während der gesamten Kursdauer von meinen Ausbildern ernst genommen gefühlt.“ Dann verharren Sie einen Moment in Ruhe und warten ab, bis sich alle TN entsprechend und entlang der Linie positioniert haben.

4.2.3 Mündliches Feedback

In den meisten Fällen werden Sie als Ausbilder weit mehr Feedback an Einzelne geben als an die gesamte Gruppe und noch seltener wird es vorkommen, dass die Gruppe Ihnen Feedback gibt.

Die gesamte Gruppe kann Ihnen Feedback geben aber es kann auch zur Selbstmitteilung der Gruppenmitglieder kommen. Eine beliebte Methode dazu ist das „Blitzlicht". Dabei wird jede TN dazu aufgefordert, reihum, idealerweise in einem Sitz- oder Stehkreis etwas zur eigenen Befindlichkeit zu sagen. Auf diese Weise können Sie schnell die aktuelle Stimmungslage aber auch Wünsche „einfangen" und darauf reagieren.

Grundsätzlich ist ein Feedback von Angesicht zu Angesicht sehr wünschenswert, denn es geht nicht nur um die Inhalte der Rückmeldungen, sondern darum, sich aktiv mit Ihren Kursteilnehmerinnen auseinander zu setzen und dabei einen guten Abschluss für Ihren Kurs oder Ihr Seminar zu finden. Das persönliche Gespräch ist einem schriftlichen Feedback vorzuziehen. Sind Sie es gewohnt, regelmäßig Feedback einzuholen und hat sich bei Ihnen eine gewisse Routine bezüglich dieser Tätigkeit eingestellt, wird es Ihnen zunehmend leichter fallen, die wichtigen Informationen aus dem Feedback herauszuhören.

Ein Seminartag setzt sich aus verschiedenen Unterrichtsphasen zusammen und Sie haben sich bei der Erstellung der Kursverlaufspläne viel Mühe gegeben. Dabei haben Sie sicherlich bei der Auswahl verschiedener Unterrichtsformen und Methoden auf Abwechslung geachtet. Ein Feedback Ihrer Gruppe, die Tagesreflexion, bietet im Plenum einen idealen Tagesabschluss, gerade bei Wochenend-Workshops. Dazu soll jede Frau aus ihrer Sicht den Seminartag an sich vorüber ziehen lässt und ihre Empfindungen und Wahrnehmungen schildert. Dabei unterstreichen wir noch einmal, dass es ausdrücklich um individuelle Eindrücke der Lerner geht. Dies sind für Sie wertvolle Informationen, zum Beispiel für die Gestaltung unterschiedlicher Lernarrangements aber natürlich auch, damit die TN für sich den Tag Revue passieren lassen und sich bewusst machen, was sie heute erreicht bzw. nicht erreicht haben. Wenn Sie den Seminartag so ausklingen lassen, können die TN sich sehr gut auf den bevorstehenden zweiten Tag vorbereiten, weil sie für sich geklärt haben, was sie geleistet haben, wo sie stehen und wie es morgen weiter geht.

4.3 Gedanken zum Thema Stress und Angst

Angst, Freund der Mutigen, steht oft in Zusammenhang mit neuen, ungewohnten Situationen und ist dem Sinne nicht als negativ zu bewerten. Wie wir alle wissen, macht Angst uns vorsichtig und warnt vor Gefahr: zum Beispiel vor der Gefahr Planungsfehler zu machen, Kursteilnehmerinnen falsch anzusprechen oder während dem Demonstrieren einer erwünschten Reaktion in eine peinliche Situation zu geraten. Die Sorgen und Ängste werden bei den Ausbildern, genau wie bei den TN, unterschiedlich ausfallen. Werfen wir also einen Blick darauf was Angst ist.

Angst ist eine der sogenannten Basisemotionen. Sie finden in vielen Bereichen der Körpersprache, vor allem in der Mimik ihren Ausdruck. Der US-Amerikaner Paul Ekmann[22] hat sich mit ihnen beschäftigt und herausgefunden, dass alle weiteren Gefühle sich aus diesen sieben Basisemotionen zusammensetzen: Angst (Furcht),

---

[22]www.ruetschli.net/psychologie/mimik-gestik/mimik-7-basis-emotionen-217.html, WeltN24GmbH2015.

Glück (Freude), Wut, Traurigkeit, Neugier (Überraschung), Ekel und Verachtung. Ekmann erläutert, dass der Mensch aus den besagten sieben Grundgefühlen wie aus einem Baukasten schöpft. Er kann alle weiteren Emotionen aus ihnen abbilden. Dazu werden sie in unterschiedlichsten Kombinationen zusammengesetzt.

4.3.1 Angst

Erkennt das Gehirn Gefahr für den Menschen, löst es die Ausschüttung von Botenstoffen, unter anderem den bekannten Stress-Botenstoff Adrenalin, aus. Dies ist zweckmäßig um den Körper auf Flucht, Kampf oder Erstarren vorzubereiten. Zugegebenermaßen handelt es sich heutzutage im Vergleich zur grauen Vorzeit seltener in unserem Alltag um einen Flucht-Kampf-Konflikt.

Heutzutage erleben wir Konflikte, bei denen es um unser eigenes Überleben geht, im Normalfall seltener. Bei unseren Vorfahren waren die Gefahren real, zum Beispiel von wilden Tieren gejagt oder gar getötet zu werden. Heute sind wir von Arbeitsverlust oder anderen Problemen bedroht, die aber für eine mögliche Lösung des Konfliktes keinen Kampf um Leben und Tod mehr vorsehen. Die Angstreaktion übernimmt zwar noch immer die Funktion auf eine Gefahr vorzubereiten und zu warnen, jedoch ist dies bei einer Gehaltsverhandlung eher nutzlos, denn eine Flucht oder ein Kampf im eigentlichen Sinne sind nicht erforderlich zur Bewältigung der Situation.

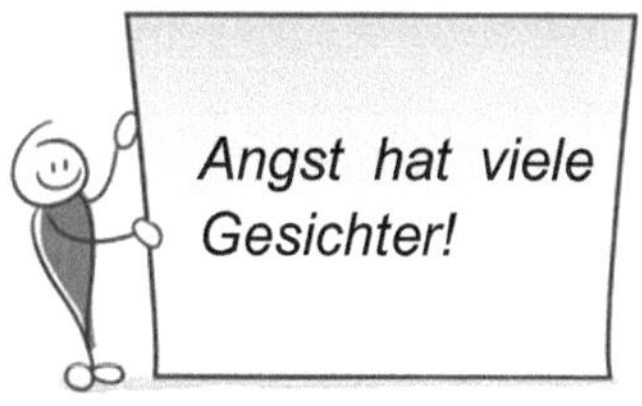

Auf jeden Fall lösen die Auswirkungen des Adrenalins ein emotionales Durcheinander aus, was sich in teilweise konfusem Verhalten zeigt. Angst kann prozessbeschleunigend aber auch lähmend wirken. Das können wir am Verhalten unserer Kursteilnehmerinnen ablesen. Im Angesicht der Angst erstarren Menschen, wie ein Kaninchen vor der berüchtigten Schlange. Eine zweite Verhaltensweise, die Sie beobachten können ist die der hektischen Betriebsamkeit und Beschleunigung. Auf einmal können Sie fahrige Bewegungen oder unsinniges Hin- und Herlaufen beobachten oder eine TN, die zum x-ten Mal den Sitz ihrer Schuhe, der Frisur oder der Sportkleidung überprüft und ständig alles zurecht zupft.

Um erlebte oder erwartete Angst als negative Emotion nicht aushalten zu müssen, bleibt als Vermeidungsstrategie nur die Flucht. Eine Flucht führt aber oft zu negativer Selbsteinschätzung, dem Gefühl des Versagens. Als Ausbilder sollten Sie unbedingt die möglichen Anzeichen von Angst kennen und auch bei Ihren Kundinnen erkennen.

Anzeichen von Angst:

- (Starkes) Herzklopfen,
- Zittern, Zähneklappern,
- Aufstellen der Haare (Gänsehaut),
- Schweißausbrüche,
- Muskelanspannung,
- Erröten,
- Gefühl, ohnmächtig zu werden,
- Zugeschnürter Magen,
- Mundtrockenheit,
- Ausgetrocknete Kehle,
- Hitze- und Kältegefühl,
- Kopfschmerzen,
- Tunnelblick,
- Unregelmäßige, schnelle, flache Atmung,

- Kloßgefühl im Hals,
- ...

Die Symptome, also die Anzeichen von Angst, treten in unterschiedlichsten Kombinationen in Erscheinung. Unser Körper verrät unsere Gefühle, sie werden über Spannungen in der Muskulatur ausgedrückt. Manchen Menschen ist der Blick in die Augen unangenehm. Sie befürchten unbewusst, dass das Gegenüber in ihren Augen das Innerste in ihnen erkennen und ihre Gedanken erraten könnte.

Dem Blick des anderen nicht Stand halten zu können, kennen wir als eines der Opfersignale, zu denen wir später noch kommen: Der gesenkte Kopf mit dem zum Boden gerichteten Blick zeigt Unterwürfigkeit und Angst, in Kombination mit anderen Opfersignalen.

Es können nur einige wenige Symptome auftreten oder Viele zugleich. Allen ist gemeinsam, dass sie unter anderem durch den Botenstoff Adrenalin ausgelöst werden. Über die biochemischen Prozesse, die im Zusammenhang mit Angst stehen, können Sie sich in entsprechender Fachliteratur einlesen. In beiden Fällen, also der Flucht oder der Kampfhandlung müssen unwichtige Körperfunktionen eingestellt und Überlebenswichtige gestärkt werden. Der Mensch kennt nur drei instinktive Möglichkeiten auf Gefahr zu reagieren: Flucht, Kampf oder Angststarre.

Fast immer wird mit Angst etwas Negatives assoziiert. Sie wird vermieden, so gut es eben geht. Einige Menschen brauchen wiederum den Adrenalin-Kick, sie setzen sich der Angst bewusst aus. So kann Angst also etwas Beflügelndes haben, zum Beispiel beim Fallschirmsprung.

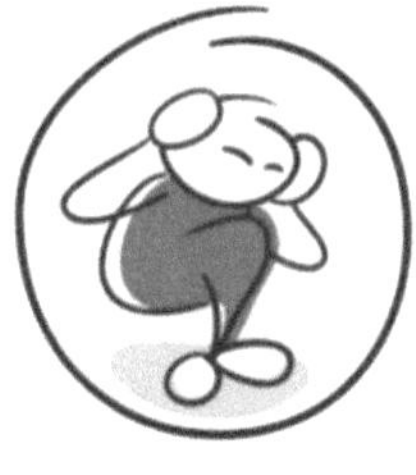

Ein mögliches Anzeichen von Adrenalin und Angst ist der sogenannte Tunnelblick. Normalerweise kann der Fokus eng oder weit gestellt sein. Wir können uns auf einen Raum im Allgemeinen mit weit gestelltem Blick konzentrieren, unser Blick kann auf der anderen Seite auch an einem Detail im Raum hängen bleiben und unsere Aufmerksamkeit erregen. Wir richten unseren Blick dann unbewusst auf das, was unsere Aufmerksamkeit erregt hat. Unter Stress verändert sich unser Fokus von weit auf eng. Der Blick fokussiert die erkannte bzw. vermutete Gefahr. Alle weiteren Aspekte außerhalb des Gefahrenbereiches werden ausgeblendet, damit sich die gesamte Konzentration auf den einen Bereich ausrichten kann.

Die Nackenmuskulatur wird angespannt und der Kopf zum Schutz der Halsschlagadern in den Nacken gezogen. Ebenso wird die Bauchdecke angespannt um lebenswichtige Organe bei einem Treffer bestmöglich zu schützen.

Man liest oder hört in den Medien immer wieder davon, dass Menschen in großer Angst oder in Panik zu körperlichen Höchstleistungen fähig sind, wenn es um Leben und Tod geht. Unterschätzen Sie daher als Trainer bitte niemals die Kraft, die von in Angst und Panik reagierende Menschen ausgehen kann.

Ob und wann eine Situation von Kursteilnehmerinnen als bedrohlich eingestuft wird, können Sie nur vermuten und wir wünschen Ihnen, dass dies nicht unkontrolliert geschieht. Bereiten Sie sich als Ausbilder mental darauf vor. Überlegen Sie sich vorher in Ruhe, wie Sie mit einer solchen Reaktion einer TN umgehen können und wollen. Machen Sie sich klar, dass sich eine für Sie unproblematische Situation unerwartet schnell anders entwickeln kann, als Sie das geplant hatten. André und Lógóron erklären, dass Angst auch ein gewaltiges Energiepotential aufweist, das man nutzen kann. Dazu muss eine Bereitschaft da sein, sich der Angst zu stellen und sie durchzustehen. Die Autoren beschreiben den Königsweg: Betroffene müssen sich ihrer Angst stellen. Das Unangenehme dabei ist, dass die Angst solange ausgehalten werden muss, bis sie sich erschöpft. Die erfreuliche Nachricht: Die Hormonausschüttung lässt irgendwann nach und damit auch die Angstempfindung. Beruhigender Weise findet so jede Angst oder Panik ein Ende.

Charpentier schreibt, dass negative Emotionen uns viel stärker erfassen als Positive. Gedanken kreisen schnell nur noch um das Thema Angst. Gedanken nehmen Einfluss auf unsere Gefühle und diese lösen unterschiedliche Körperempfindungen aus. Unsere Empfindungen drücken sich schließlich in Körpersprache und Verhalten aus, ob wir dies wünschen oder nicht. Man kann diesen Gedankenkreis durchbrechen, indem man versucht, seine Gedanken zu beeinflussen. Dann können sich Veränderungen auf der Gefühls-, Körper- und Verhaltensebene einstellen. Es muss klar sein, dass dies ein längerer Prozess des Umlernens ist! Viele Dinge lassen sich schnell erlernen, es muss aber berücksichtigt werden, dass unser Gehirn erst einmal Gelerntes nur langsam wieder verlernt.

Stress verhindert gutes Lernen. Es wird kaum möglich sein, in einer akuten Stress- und Panikreaktion vom Verstand gesteuerten Verhaltensweisen zu erzielen. Sich selbst einzureden, es passiert schon nichts, wird nicht ohne weiteres funktionieren.

4.3.2 Ängstlichkeit

Ängstlichkeit ist nach Charpentier[23] der Quotient aus überschätzter Gefahr und unterschätzten Fähigkeiten sowie der Einschätzung, dass keine Hilfe möglich ist. Die TN eines Kurses überschätzen mögliche „Gefahren" der Bloßstellung, Verletzungen, ... und unterschätzen ihre Fähigkeiten, mit den geforderten Anforderungen oder eben einfach nur mit der allgemeinen Situation zurecht zu kommen. Dass sie dabei möglicherweise sogar Hilfsquellen anzapfen könnten, nämlich zum Beispiel Sie als Ausbilder oder vielleicht eine TN, die eine ähnliche Situation erlebt hat, ist ihnen oft nicht klar.

Sie sind eine zentrale Hilfsquelle, da sich die TN ja an Ihnen orientieren. Treten Sie kompetent, ruhig und souverän auf, werden Sie zur Leitfigur. Sie leiten, Sie motivieren, Sie tun also all das, was nötig ist, damit der Kurs gut läuft und sich alle wohl fühlen. Dazu gehört die Berücksichtigung der Gefühle von Sicherheit und Zufriedenheit. Diese stellen sich dann ein, wenn man Bindung, Verwurzelung und Halt findet – im Übrigen gilt das nicht nur für Selbstverteidigungskurse.

Als Ausbilder können Sie Ihren TN maßgeblich bei der Konfrontation ihrer Angst (siehe Kapitel 2.2.10) behilflich sein. Dabei soll es nicht um ein klassisches Konfrontationstraining gehen, sondern zum Beispiel um die Konfrontation der Angst vor einer Übung oder einem Rollenspiel.

Wie Sie schon erfahren haben, gelingt dies nicht, indem Sie den Frauen einreden keine Angst haben zu müssen. Das wird über kurz oder lang nicht funktionieren. Natürlich dürfen Sie der Übenden zuvor versichern, dass ihr in den folgenden Minuten keine wirkliche

[23] Zitat Charpentier, Annette (2008).

Gefahr droht und wenn Sie vorher hinreichend auch theoretische Kenntnisse vermittelt haben zum Thema „Angst“ und „Konfrontation“, dann sollte entsprechenden Konfrontationsaufgaben nichts mehr im Wege stehen, außer vielleicht der Angst der TN. Sie können möglicherweise vorsichtig Überzeugungsarbeit leisten und den Blick der TN auf ihren persönlichen Schutz und ihre Sicherheit lenken. Überzeugen ist nicht gleichzusetzen mit überreden. Wenn der Frau vor der Konfrontation klar ist, dass ihr nichts geschehen wird, fällt es ihr sicherlich leichter, sich einzulassen. Erinnern Sie sie an das magische Zauberwort „Stopp“.

4.3.3 Hilfreiche Übungsbegleitsätze

Wir haben eine kleine Liste hilfreicher Übungsbegleitsätze zusammengestellt. In unseren Kursen nutzen wir sie um positiv auf die Gedanken und Gefühle der Frau einzuwirken. Das Problem ist nicht die Angstempfindung an sich ist, sondern die Gedanken, die mit ihr einhergehen und die sich auf Körperwahrnehmung und Verhalten auswirken. Wenn es also der TN nicht (mehr) gelingt, ihre negativen Gedankenkreise selbst zu durchbrechen, dann sind Sie gefragt. Charpentier ermutigt ihre Leserinnen und Leser, indem sie ihnen folgenden Satz mit auf den Weg gibt: „Sie sind nicht blöd. Sie haben Angst und es in Ordnung, wenn man es merkt.“ Wir finden diese Aussage sehr treffend, denn es geschieht jetzt genau das, was wir uns für unsere Kursteilnehmerinnen wünschen: Der Ausbilder nimmt die Angst einer TN wahr und spricht seine Wahrnehmung offen und ehrlich aus. Er nimmt den negativen Gedanken der TN vorweg. Die Frau kommt sich „blöd“ vor mit ihrer Angst und ist erst recht verunsichert, weil sie feststellen muss, dass der Ausbilder diese Angst erkannt hat. Damit sie sich deswegen nicht schlecht fühlen muss, rückt der Ausbilder ihre negativen Gedanken zurecht und ermutigt sie, dieses Gefühl der Angst einfach als solches wahrzunehmen und zu akzeptieren, indem der Ausbilder ihr bestätigt, dass es in Ordnung ist in ihrer momentanen Situation Angst zu verspüren. Damit nehmen Sie der TN einen großen Druck, der auf ihr lastet. Sie muss ihre Angst nicht mehr verstecken, weil der Ausbilder damit so selbstverständlich umgeht. Sie bemerkt zweitens, dass trotzdem der Ausbilder die Angst erkannt und angesprochen hat, nichts passiert, was ihre derzeitige Situation für sie weiter subjektiv verschlechtert. Jetzt erst hat die TN Gelegenheit sich ehrlich mit ihrem Gefühl der Angst auseinander zu setzen.

„Sie sind nicht blöd. Sie haben Angst und es in Ordnung, wenn man es merkt.“ (Charpentier)

Damit das gelingt sorgen Sie als Ausbilder für eine ruhige Atmosphäre. Selbst wenn Sie keine Ahnung davon haben, warum die Frau sich ängstigt, nehmen Sie die Gefühle ernst und gehen Sie darauf ein, wenn Sie das nötige Vertrauen der betroffenen Person gewonnen haben. Wenn noch keine stabile Vertrauensbasis geschaffen wurde, beobachten Sie die TN einfach nur. Merken Sie sich Ihre Beobachtungen und heben Sie sich diese auf, für den Fall, dass sich später einmal Gelegenheit ergibt der Frau bei der Konfrontation ihrer Angst behilflich zu sein.

Kommen Sie niemals und wirklich niemals einer sich gerade ängstigenden Frau mit dem Spruch: „An einer

Panikattacke ist noch niemand gestorben"! Das können Sie Ihr hinterher sagen oder dann, wenn Sie allgemein in Ihrem Kurs im Theorieteil das Thema „Angst, Furcht, Panik" ansprechen. Dann ist es sogar sehr hilfreich, wenn Sie den Frauen erklären, was Sie hier eben selbst nachgelesen haben – nämlich, dass Angst- und Panikgefühle sich aufzehren, wenn die Hirndrüse mit der Produktion der Botenstoffe, unter anderem eben dem Adrenalin, aufhört.

Eine weitere treffende Aussage ist es ebenfalls wert, in ihrer Bedeutsamkeit für unseren Kursalltag näher betrachtet zu werden: „Werfen Sie sich nicht vor, Sie seien schwach!"[24]. Ja genau, im ersten Moment klingt dies in Ausbilderohren vielleicht merkwürdig aber es ist in der Tat so, dass in unseren Kursen immer wieder Frauen teilgenommen haben, die, sobald man sie auf eine für sie stressige Situation vorbereitete, mit Resignation reagierten, eben genauso, wie wir es in Charpentiers Definition von Ängstlichkeit hörten. Wir erinnern Sie nochmals daran, dass Ängstlichkeit etwas damit zu tun hat, dass eine scheinbare Gefahr als hoch und die eigenen Fähigkeiten zur Bewältigung der Situation sehr gering eingeschätzt werden. Dieses Missverhältnis tritt hier wieder in Erscheinung: Eine TN fühlt sich vielleicht schwach, sobald sie glaubt der Anforderung nicht gewachsen zu sein und sie wird es meist so oder so ähnlich kommunizieren. Hier sind Sie in Ihrer Rolle als „Ermutiger" gefragt. Machen Sie Gebrauch von Ihren Fähigkeiten. Im Zuge Ihrer Motivationskünste sollten Sie auch darauf hinweisen, dass es wichtig ist, solche Emotionen und Erfahrungen durchzustehen.

---

[24] Zitat Charpentier, Annette (2008).

4.3.4 Soziale Situationen und Leistungsangst

André und Légéron weisen darauf hin, dass stressige soziale Situationen zu Beklemmung, Unbehagen und Verlegenheit führen. All das ist in Ihrem Kurs denkbar unerwünscht. Stressige soziale Situationen können in Selbstverteidigungskursen entstehen, wenn es Ihnen nicht gelingt eine entspannte Lernatmosphäre zu erzeugen. Zu stressigen sozialen Situationen kann es kommen, wenn Leistung verlangt wird und TN unsicher darin sind, ob sie die Anforderungen erfüllen können. Das Risiko, die gestellten Anforderungen nicht bewältigen zu können, wird je nach TN unterschiedlich hoch eingestuft. Dies können für Sie unbedeutende Situationen sein, denen Sie aus Ihrem Blickwinkel keinerlei Bedrohlichkeit zuweisen würden.

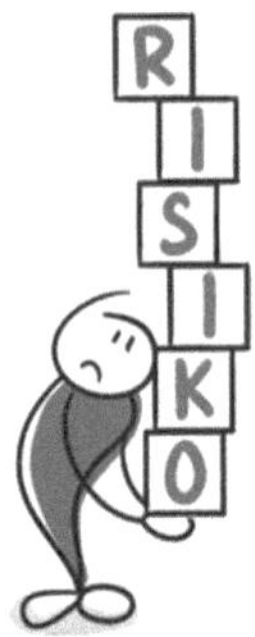

Leistungsangst und Angst vor Blamage wirken destabilisierend auf die TN. Grob beschreiben die Autoren Leistungsangst als Angst in viererlei Bereichen:

Angst vor dem Versagen

Sie kündigen beispielsweise für den letzten Teil des Kurses ein realitätsnahes SV-Training an, bei dem die Frauen weitaus mehr gefordert und an ihre Grenzen gebracht werden sollen, als es bisher im ersten Kursteil der Fall war. Während Sie dies den TN mitteilen, werden Sie mit Sicherheit die eine oder andere Frauen beobachten können, die sich bei Ihren näheren Ausführungen – „Natürlich gehören hier Übergriffe in der Bodenlage dazu!" – unwohl fühlen und dies körpersprachlich unbewusst ausdrücken. Sie haben unbewusst und ungewollt eine Situation geschaffen, in der sich die ein oder andere Frau schon jetzt zu Beginn des Kurses hinsichtlich der gestellten Anforderungen, sich beweisen zu müssen, nicht mehr wohl fühlt, obwohl Sie gar nicht die Absicht hatten, eine solche Situation zu schaffen. Hier entscheiden Sie, wie viele Informationen Sie preisgeben wollen: „So viel wie nötig, so wenig wie möglich“ ist ein guter Weg, um zwar einerseits die zu erwartenden Inhalte im Laufe des Kurses zu skizzieren und damit Transparenz zu schaffen, es ist aber in der ersten Kurseinheit noch nicht notwendig, dies im Details darzustellen. Sie befriedigen also einerseits die gerechtfertigte Neugier, etwas über den Kursablauf erfahren zu wollen. Mit dem Aussparen detaillierter Informationen verhindern Sie andererseits, dass unnötig Ängste entstehen.

Angst vor Nähe

Das Zeigen von Gefühlen, in unserem Fall häufig Angst, könnte von anderen gesehen werden. In FSV-Kurse spielt dieser Aspekt eine sehr gewichtige Rolle und das in verschiedener Weise. Erst einmal steht das Problem der Nähe selbst im Raum. Unbelastete TN tolerieren wesentlich mehr Nähe durch noch fremde Frauen und Ausbilder als vorbelastete TN. Kommen Sie einer Frau zu nahe und damit in den Bereich der persönlichen Distanzschwelle, erzeugt dies Stress.

Dies führt zu Unwohlsein aufgrund der Nähe, das von der Betroffenen oft aus Scham überspielt wird. Dem entgegen steht ihr Wissen, dass die Unterschreitung der Distanz und das Herstellen von Nähe notwendig sind, um Lernfortschritte zu erzielen. Die Frau steht im Konflikt mit sich selbst: Sie ist nämlich nun nicht mehr nur damit beschäftigt, sich mit dem Eindringen in ihre Distanzschwelle und den damit verbundenen unangenehmen Gefühlen auseinander zu setzen, sondern sie muss aus ihrer Sicht unter allen Umständen verhindern, dass Außenstehende (Ausbilder, Kursteilnehmerinnen) sehen können, dass sie sich nicht wohl fühlt. Sie werden dies als Ausbilder vermutlich nicht sofort nachvollziehen können aber die Erfahrung zeigt, dass die Wenigsten es mögen, wenn man ihnen in die Karten schaut. Können Sie dies in Ihrem Kurs beobachten, sollten Sie es in Erwägung ziehen, die TN darauf allgemein anzusprechen, dass Ihr Kurs in einem „geschützten" Raum stattfindet, aus dem nichts nach außen dringt und bei dem es gar kein Problem ist, wenn man Gefühle zeigt. Sie werden dann sehen, dass die eine oder andere TN wieder aufweicht und sich weniger Sorgen um die befürchteten Situationen und um das Zulassen von Nähe macht. Manchmal müssen Sie einzelne TN vielleicht auch unter vier Augen gezielt ansprechen, um Stresssituationen für Einzelne zu entschärfen. In so einem Fall ist der souveräne sowie professionelle Umgang mit der Situation gefragt. Schauen Sie sich unsere Trainingsbegleitsätze für Konfrontations- oder Stresstraining an. Sie werden sicherlich einen Satz finden, von dem Sie das Gefühl haben, dass er gut zu Ihnen und Ihrer Art passt. Es muss ein Satz sein, der Ihnen leicht über die Lippen geht und nicht auswendig gelernt oder gekünstelt wirkt. Probieren Sie verschiedene Trainingsbegleitsätze aus und beobachten Sie die Reaktion der TN darauf. „Du bist gerade im Stress. Das ist okay so. Es ist alles in Ordnung!" wäre so ein Beispiel-Satz, mit dem Sie eine TN, die ängstlich reagiert, unterstützen können. Vergessen Sie nicht: Die Verwendung dieser Sätze hat nicht zum Ziel den Stress komplett aufzulösen. Diese Unterstützung soll eine Situation so erträglich machen, dass eine weitere Teilnahme am Training oder das Verbleiben in einer angstbesetzten Situation möglich wird um diese zu bewältigen.

Angst vor den Reaktionen anderer Kursteilnehmerinnen oder Ausbilder

Man kennt Situationen, in denen Menschen zusammen sitzen und über Meinungen und Ansichten gesprochen wird. Unsichere Menschen haben öfters ein Problem damit, aus Angst vor den Reaktionen anderer die eigenen Ansichten nicht zu kommunizieren. Solche Situationen können sich in ähnlicher Form in Ihren Kursen ergeben, zum Beispiel dann, wenn Sie nach Zielen oder Erwartungen der TN zu Beginn eines Kurses fragen. Sie werden feststellen, dass Anregungen aus dem Kurs manchmal eher zögerlich benannt werden und die TN (und insbesondere unsichere Frauen) darauf achten, wie die anderen, inklusive Ausbilder, auf einzelne Äußerungen reagieren. Hier können Sie wieder steuernd eingreifen und achten einfach auf die Art und Weise, wie Sie die Ideen, Wünsche oder Anregungen kommentieren. Ungeübte Lehrer und Ausbilder haben oft die Angewohnheit Einzeläußerungen nicht nur zu kommentieren („Danke für Deine Idee", sondern gleich zu bewerten („Das ist eine tolle / schlechte Idee"). Achten Sie darauf, offen und neugierig auf die TN einzugehen. Hören Sie genau hin (selbst, wenn Ihnen scheinbar die Zeit wegläuft). Sie haben zum Sprechen aufgefordert, dann sollten Sie auch darauf eingehen. Kommentieren Sie ermutigend und wohlwollend, selbst wenn Ihnen ein Ziel oder Wunsch nicht realisierbar erscheint. Sammeln Sie die Vorschläge oder Meinungen zunächst. Über die Realisierbarkeit können Sie in wenigen Minuten anschließend immer noch sprechen. Es geht in erster Linie darum, wie Sie reagieren. Folgt einer Äußerung aus dem Kurs ein knappes, vielleicht sogar unfreundliches „So ein Quatsch", „Geht nicht" oder „Na, Sie haben ja Vorstellungen", benehmen Sie sich wie ein Elefant im Porzellanladen. Wertschätzen Sie den Versuch der TN sich in den Kurs einzubringen. Selbst wenn nicht zielführende Anregungen genannt werden, ist vielleicht die eine gute Idee, auf die Sie noch warten, nicht ausgesprochen worden, aus Angst vor den Reaktionen anderer. Wenn die TN spüren, dass sie sich frei und unbesorgt äußern können, ist die Situation entspannt und Sie werden eher eine Mitarbeit, ein Mitdenken und ein Sich-Einbringen erreichen. Wieder liegt es daran, wie Sie mit Gesprächssituationen umgehen wollen. Um das erfolgreich meistern zu können, müssen sich Sie sich als Ausbilder ein wenig Fingerspitzengefühl aneignen. Je mehr Erfahrung Sie beim Moderieren von Gesprächsrunden und dem Leiten von Kursen haben, umso besser wird Ihnen dies gelingen.

Angst vor den Blicken und dem Urteil anderer

Es sind nicht nur die Reaktionen anderer, die unsichere TN ängstigen können. Nein, oft reicht der urteilende Blick der anderen. Stellen Sie sich vor, eine eher unsichere Person wird aus der Gruppe ausgewählt und Sie veranlassen, dass sich diese Person in einer Stress-Situation, vor allen Zuschauern bewähren muss. Diese Person hat nun das Problem, dass sie aus der „Anonymität der Gruppe" heraus gezerrt wird und sich den kritischen Blicken der Gruppe ausgesetzt fühlt. Dies ist real der Fall, da der Rest sich in „Sicherheit" wähnt und beobachtet, wie die eine Person etwas vormachen muss, da keine Gefahr mehr besteht selbst ausgewählt zu werden. Die Außenstehenden haben es immer einfach: Sie können beobachten ohne selbst betroffen zu sein und sie haben alle Zeit der Welt im Nachhinein noch zu beurteilen, ob die Reaktion richtig oder angemessen war. Die vor die Gruppe gestellte Frau hat nicht die Zeit, in Ruhe zu denken, zu bewerten und zu handeln. Ihr kommt ja die Aufgabe zu sich in einer für sie unklaren Situation zu bewähren. Hier besteht die Angst also weniger vor dem Vertreten der eigenen Ansichten oder Reaktionen anderer, sondern vor dem Beurteilt-werden. Selbst, wenn Sie eine Frau ausgewählt haben, von der Sie glauben, dass sie die Situation gut bewältigt und angemessen reagiert, leidet diese möglicherweise unter dem kritischen Blick der Gruppe. Dies wird nicht immer sofort deutlich, doch hier spricht die Körpersprache eindeutig und ihre Kommentare zu sich und der Situationen lassen Rückschlüsse darauf zu, wie sie sich fühlt. Rutscht die TN sofort in die Rechtfertigung und Verteidigung ihrer Reaktion, können Sie davon ausgehen, dass sie das dringende Bedürfnis hat, dass ihr Verhalten nicht als falsch beurteilt wird. Achten Sie deshalb umso mehr darauf, dass bei Beobachtungsaufgaben keine Bewertung der Person stattfindet. Niemand muss sich im Kurs rechtfertigen. Das sollten die TN vorher wissen. Sie nehmen dadurch Druck weg, wenn die TN erst einmal gute Erfahrungen in solchen Situationen bei Ihnen gemacht haben. Bedanken Sie sich, noch bevor Sie oder sonst jemand irgendetwas kommentiert erst einmal für die Bereitschaft der TN sich zur Verfügung zu stellen. Damit erkennen Sie den Mut und die Leistungsbereitschaft der TN an und machen dies vor dem Kurs öffentlich. Niemals aber wirklich niemals darf die Person, die etwas vor anderen tun soll, den Eindruck haben, dass Sie sie bloßstellen. Dann haben Sie sofort vor ihr und möglicherweise vor dem restlichen Kurs verloren. Die eine oder andere Frau lacht zwar vielleicht noch darüber, wenn eine TN vom Ausbilder vor der Gruppe mit ironischen Bemerkungen bedacht wird aber es ist ein Lachen der Verlegenheit und der Erleichterung, dass man selbst „Glück“ hatte, nicht ausgewählt worden zu sein. Die TN sollten niemals Angst davor haben müssen, dass sie ausgewählt werden um etwas zu zeigen oder auszuprobieren mit dem Ausbilder. Es liegt an Ihnen, für den nötigen sicheren Rahmen zu sorgen, in dem sich alle angstfrei bewegen können.

Sie sehen, dass sich alle vier Bereiche, die André und Légéron bezüglich der Leistungsangst erwähnt haben, in Ihren Kursen ergeben können. Dies wird sich nicht völlig vermeiden lassen. Je mehr Sie darüber wissen, umso eher wird es Ihnen gelingen, problematische Entwicklungen bezüglich der Lernatmosphäre zu erkennen und ihnen entgegenzusteuern. Fragen Sie sich bei Ihren Kursen einfach, was Sie dazu beitragen können, um Angst vor Leistungssituationen zu reduzieren. Hier gilt: Angstfreiheit werden Sie sicher nicht erreichen aber Sie können die Situationen so gestalten, dass die Mehrzahl der TN bereit ist, sich einer Situation zu stellen.

Tun Sie diese Überlegungen zur Gestaltung der Lernatmosphäre einfach so ab und messen Sie der Sache keinen Wert bei, kann es Ihnen passieren, dass Sie nur wenig motivierte TN in Ihrem Kurs haben, die, von verschiedenen Ängsten geleitet, nur zögerlich mitmachen, keine Bereitschaft zeigen, sich einzubringen oder immer wieder Übungen verweigern. Unter diesen Umständen fühlen sich viele TN nicht mehr wohl und Sie werden Probleme bekommen beim Erreichen Ihrer Kurs- und Lernziele.

Im Übrigen erlebt auch der ein oder andere Ausbilder während seines eigenen Kurses Angst. Das ist normal und nicht ungewöhnlich. Der neue Ausbilder, der seinen ersten Kurs vorbereitet, wird womöglich ängstlich, wenn er zum ersten Mal vor einem Kurs referiert. Dann ist es der Blick der anderen, der den unerfahrenen Ausbilder verunsichern kann, sofern er sich seiner Sache nicht sicher und er nicht routiniert ist. Es ist selbstverständlich gewöhnungsbedürftig, wenn man ab sofort von sechzehn bis zwanzig Paar Augen kritisch angeschaut wird. Genauso geht es Ihren TN, wenn Sie eine auswählen um an oder mit ihr etwas zu demonstrieren. Erfahrene Ausbilder erleben vielleicht Unsicherheit, die entstehen kann, wenn ein Kurs plötzlich nicht nach Plan verläuft und ein gehöriges Maß an Flexibilität gefragt ist, in einer noch nie dagewesenen Situation.

4.4 Hilfen für die Frauen im Umgang mit Angst

Das Thema Angst hat in unseren Kursen einen festen Platz. Unsere Kursteilnehmerinnen bekommen theoretisches Hintergrundwissen und praktische Hilfen an die Hand, so dass sie gerüstet sind für stressbelastete Momente im Kurs. Die Rückmeldungen sind durchweg positiv, was unsere Arbeit im Umgang mit Stress, Angst und Panik anbetrifft. Wir haben die Erfahrung machen dürfen, dass es zahlreichen Frauen ein Anliegen ist, Strategien und Handlungsalternativen kennen zu lernen, um aufkommenden Stress zu reduzieren. Bereits am ersten Kursabend äußerten viele Frauen den Wunsch, am Ende des Kurses etwas dagegen tun zu können, wie gelähmt zu sein, wenn es laut und stressig wird in einer Auseinandersetzung. Wie bereits erwähnt, ist die lähmende Angststarre eine der drei Reaktionsweisen (Flucht und Kampf sind die beiden anderen) auf eine Konfrontation.

Zuerst sollten die Frauen sich vor der ängstigenden Situation fragen, ob es einen ernsten Grund für ihre Angst gibt. Handelt es sich um eine reale Gefahr oder ist die Angst reine „Kopfsache", zum Beispiel weil sie unfit ist oder einfach einen schlechten Tag.

Jede Frau muss für sich zu der Erkenntnis kommen, dass sie es wagen kann, sich ihrer Angst zu stellen, wenn keine reale Gefahr vorhanden ist und ihre Angst in fehlender Erfahrung begründet liegt. Hier können Sie die TN bestärken, indem Sie diese Überlegungen in einem Vier-Augen-Gespräch oder sogar allgemein in der Gruppe ansprechen. Stellt sich eine TN ihren Ängsten und ist der Erfolg noch so klein, feiern Sie das! Freuen Sie sich über jeden noch so kleinen Schritt in die richtige Richtung, weil der anerkannte Erfolg zu Bestärkung wird. Behalten Sie jedoch im Hinterkopf, dass den Frauen diese Erkenntnisse oft nur außerhalb einer angstbesetzten Situation logisch und nachvollziehbar erscheinen. Das

Problem liegt mehr darin, dass die Frauen in einer angstbesetzten Situation ihre Gedanken manchmal nicht mehr willentlich so beeinflussen können, dass sie zum Erfolg führen. Lernen die TN Ihres Kurses die folgenden Ratschläge frühzeitig kennen und üben sie die Umsetzung, kann dies bei der Konfrontation von angstbesetzten Situationen hilfreich sein:

Alle Stresssymptome lassen sich in vier große Gruppen einteilen und zu jeder Gruppe gibt es einen Ansatzpunkt um aus dem sich selbst verstärkenden Teufelskreis beziehungsweise der sich verstärkenden Angstspirale zu entkommen. Sie können zwar die Herzfrequenz nicht willentlich steuern aber Sie können zum Beispiel die Atemfrequenz senken und sich zu einem tiefen, ruhigen und langsamen Atmen zwingen. Wer ruhig, tief und gleichmäßig atmet, kann nicht in Panik geraten. Das schließt sich gegenseitig aus. Ebenso kann ein entspannter Körper nicht in Panik geraten. Dazu müssten sich zuerst die Muskeln verkrampfen und der Puls in die Höhe schnellen. Folgende Ansatzpunkte ergeben sich um aufkommenden Stress zu regulieren:

- ✓ *Tiefes, ruhiges und gleichmäßiges Atmen kann das Ausbrechen einer Panik verhindern.*
- ✓ *Bewusstes Lockern und Entspannen der Muskulatur wirkt dem Erstarren entgegen.*
- ✓ *Der bewusste Einsatz der Sinne kann eine Angststarre ebenfalls vermeiden, ebenso wie den Tunnelblick.*
- ✓ *Besetzung des Gedankensinns.*

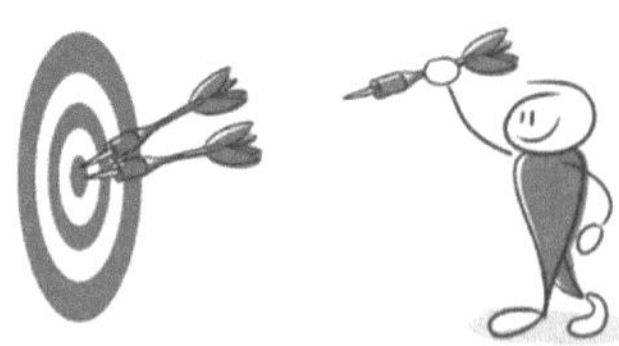

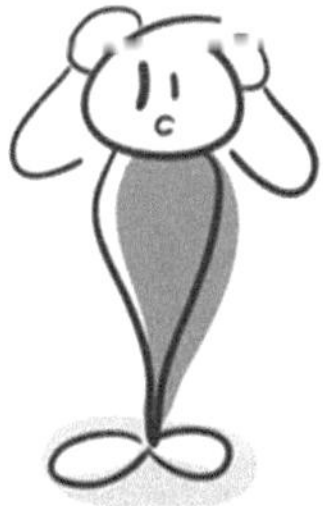

Das Problem liegt vermutlich eher darin, dass die Frauen im Stress nicht mehr in der Lage sind, diese vier Hilfen sicher anzuwenden. Greifen Sie als Ausbilder dann ein, wenn Sie eine negative Veränderung der Atemtiefe und des Atemrhythmus erkennen, die sich manifestiert. Müssig weist darauf hin, dass der Ausbilder die Möglichkeit hat, an dieser Stelle einzugreifen und die TN zu ruhigem Durchatmen anzuleiten, denn wenn vor lauter Anspannung das Atmen vergessen wird, kann sich kein Erfolg einstellen. Sie stellt in ihrem Buch verschiedene Atemtechniken und Übungen vor und wie sie im Training eingesetzt werden können. Müssig weist auf die Tatsache hin, dass der Mensch nicht Nichtdenken und sein Denken nicht abstellen kann. Stattdessen ist der Mensch aber sehr wohl in der Lage die Gedanken zu lenken oder, falls das nur schwerlich möglich ist, den Gedankensinn zu „besetzen“. Damit ist gemeint, dass gezielt an etwas gedacht wird, damit anderen Gedanken kein Raum mehr gegeben wird. Außerdem bringt sie diese Überlegung wunderbar zusammen gefasst auf den Punkt:

„Chi follws the thoughts“ – Kraft und Energie folgen den Gedanken. (Müssig)[25]

[25] Zitat - Müssig, Petra (2010): S. 56.

4.5 Gedanken zu Stress- und Konfrontations-training

Nachdem Sie fleißig ermutigt und vorbereitet haben, kommt dann der Augenblick, wo Ihre TN sich der Situation stellen. Sie haben sie motiviert, Sie haben sie auf die zu erwartende Situation gut vorbereitet. Trotz aller Beschreibungen Ihrerseits und der gegenseitigen Unterstützung im Kurs wird die eine oder andere Frau unter Unsicherheit leiden und sie wird unterschiedlich stark ausgeprägt sein.

Große Herausforderungen beginnen mit kleinen Schritten.

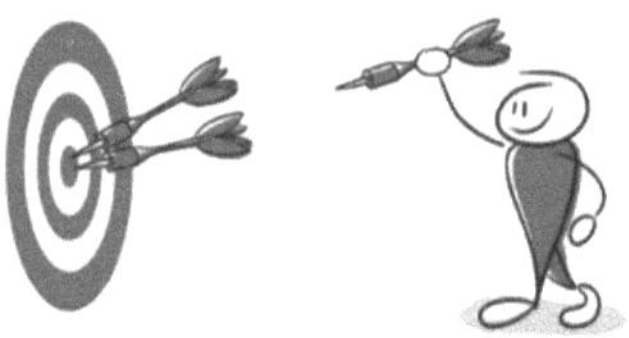

Jetzt wechseln Sie möglicherweise die Rolle von „guten" zum „bösen" Ausbilder. Je nachdem, wie Sie Ihren Kurs organisiert haben, steht Ihnen zusätzliches Personal als „Angreifer" zur Verfügung oder Sie übernehmen aus pädagogischen Erwägungen diese Aufgabe selbst, wenn Sie je nach Kursgestaltung auf andere fremde Männer im Raum verzichten möchten. Beide Varianten haben Vor- und Nachteile, die Sie bitte in Eigenleistung gegeneinander abwägen.

Sollten Sie in der Lage sein, die Rolle von Ausbilder und Angreifer in Personalunion zu übernehmen, muss Ihnen eine Gratwanderung gelingen. Sie müssen so viel Ernsthaftigkeit in den Angriff legen, dass Sie authentisch, sprich als Übeltäter wahrgenommen werden und möchten natürlich andererseits Ihren Status als Berater und Lernbegleiter nicht einbüßen. Das gelingt Ihnen dann gut, wenn Sie zuvor besonderen Wert auf eine stabile Vertrauensbasis legen. Wenn Ihnen die Teilnehmerinnen wirklich vertrauen und sie bereit sind, sich trotzdem Sie als „böse“ auftreten, von Ihnen coachen zu lassen, dann kann Ihnen das Meisterstück gelingen, beide Rollen authentisch zu übernehmen.

Tun Sie also als Nächstes das, wovor sich einige Frauen fürchten: Sie werden zum Angreifer und verursachen teils erheblichen Stress. Schweigen Sie dabei nicht. Nichts ist unerträglicher wie ein ausdauerndes Schweigen. Nicht umsonst sagt man, dass sich eine Situation emotional zuspitzt, wenn zwei sich einander gegenüber stehenden Kontrahenten wortlos Blicke austauschen, die „töten“ könnten. Bei vielen Frauen können Sie für beide Seiten erfolgreich die Rollen zwischen „Gut“ und „Böse“ wechseln. Manchen Frauen gelingen diese schnellen Wechsel jedoch nicht und sie haben Probleme, aus der Angriffssituation wieder auszusteigen.

Menschen, die im Stress nicht mehr kommunizieren, haben einen Zustand hoher Anspannung erreicht. Helfen Sie also den TN in der für sie stressigen Situation, indem Sie das Verstummen Ihrer TN bemerken und ansprechen. Sie können natürlich das Nicht-Kommunizieren gezielt bei stressresistenteren Damen einsetzen, um damit den Stress zu erhöhen.

Sie bemerken möglicherweise, dass die TN immer wortkarger werden und sie können weitere Anzeichen von Stress (Tunnelblick) beobachten: Abwehrhandlungen ohne jede Kommunikation sind ein Beispiel dafür. Jetzt wird es Zeit für all die hilfreichen Übungsbegleitsätze, die hier folgen. Alle haben Eines zum Ziel: Sie sollen helfen die Gedanken der TN über sich und die für sie bedrohliche Situation in eine Richtung beeinflussen, die es den Frauen möglich macht, selbst mit ihrer Angst zurechtzukommen. Das Ziel ist das Durchstehen einer angstbesetzten Situation. Damit eine Frau dies schafft, kann es helfen Ruhe und Sicherheit zu vermitteln, indem Sie die Frau beruhigen und ihr damit Sicherheit und Schutz anbieten. Sie persönlich erleben das Ergreifen des Handgelenks nicht als gefährlich und das Umklammern ist für Sie in einer Trainingssituation nicht bedrohlich. Akzeptieren Sie aber, dass all dies für Ihre TN eine Ausnahmesituation darstellt, mit der sie erst einmal zurechtkommen lernen müssen, noch dazu, wenn Ihre Körpersprache und Ihre Stimme jetzt als bedrohlich eingestuft werden.

Durch Ihr beruhigendes Einwirken auf die TN sorgen Sie dafür, dass sie in der Gegenwart bleibt und nicht in ihre gedankliche Abwärtsspirale gerät. Wenn sich ängstliche Gedanken häufen und gegenseitig verstärken, dann kann die Situation nicht geklärt werden. Die Angstsymptome werden zunehmen und dann sind Sie wieder gefragt: Sie entscheiden aufgrund Ihrer Erfahrung, Ihrer Beobachtungen und dem Vorwissen zu der Übenden, wie lange sie eine Frau der Angst aussetzen, ob es möglich ist, abzuwarten, bis die Angst sich selbst verzehrt oder ob es richtig ist, eine Übung abzubrechen, weil die Situation als nicht kontrollierbar eingeschätzt.

Hilfreiche Übungsbegleitsätze

Folgende Übungsbegleitsätze haben sich bei uns bewährt und wurden von den Teilnehmerinnen unserer Kurse als angenehm und als eine Hilfe empfunden:

> *Atme aus! - Entspann dich! - Bleib ruhig! - Bleib locker! - Du bist sicher! - Alles ist gut!- Ganz ruhig!- …*

Sie erkennen schon an den Satzzeichen, dass es sich bei diesen Sätzen um Appelle handelt. Es sind sehr kurze Sätze, weil sie möglichst unmissverständlich sein sollen. Wenn Körper und Geist einer TN blockieren, dann kommen komplexe Aussagen nicht mehr an.

Aus diesem Grund sind Befehle innerhalb von Behörden mit Sicherheitsaufgaben (zum Beispiel Polizei und Rettungsdienste) im Einsatz so knapp bemessen: Es soll nur das Nötigste in Kürze möglichst verständlich vermittelt werden.

Es gibt sicherlich auch andere Übungsbegleitsätze, die hilfreich sein können, wenn sich eine Frau noch nicht in der Hochstressphase befindet und noch empfänglich ist für komplexere Sätze. Welche Sätze Sie auswählen, hängt einmal davon ab, mit welchem Satz Sie sich persönlich identifizieren können. Bei manchen Sätzen verspüren Sie vielleicht eine innere Abneigung. Dann suchen Sie einen Satz oder erfinden selbst einen, der die gleichen Funktionen erfüllt und ähnlichen Ansprüchen an Verständlichkeit, Kürze und Knappheit genügt. Außerdem hängt die Wahl der Übungsbegleitsätze vom Aktivierungsgrad der Frau ab, für die sie gedacht sind. Ein weit verbreitetes „Du braucht keine Angst zu haben!“ oder ein „Es passiert Dir nichts!“ helfen unter Umständen genauso gut und vielleicht situationsabhängig sogar noch besser, weil diese Sätze weniger den Geschmack eines Befehls haben. Wenn es richtig zur Sache geht, sind knappe Befehle möglicherweise erfolgreicher. Passen Sie generell ein wenig mit Negationen in Ihren Sätzen auf. Wenn wir Sie dazu auffordern *nicht* an einen kleinen, blauen Elefanten zu denken, ...Na? Genau, meist haben Sie sofort ein Bild von diesem liebenswürdigen kleinen Kerl im Kopf! Im Kopf einer Frau im Stress könnte das folgendermaßen geschehen: „Keine Angst? ... Ich soll explizit keine Angst vor einer Situation haben?“ Es wird sich möglicherweise ein Gefühl von Unsicherheit breit machen: „Dann gibt es vielleicht ja doch etwas, das gleich passiert, was mir vielleicht Angst machen könnte“. Besser ist es, wenn die Frauen sich darauf konzentrieren, was sie erreichen sollen, zum Beispiel Entspannung oder ruhige, tiefe, gleichmäßige Atmung.

Charpentier hat noch weitere Ermutigungen formuliert, die ihrer Leserschaft eine Hilfe sein sollten und wir finden, die Folgende passt hervorragend in unsere SV-Kurse: „Wir haben ab und zu Angst, daher verurteilt Sie niemand, weil Sie Angst haben." Dies ist jedoch ein komplexer Satz, der im Stress vermutlich nicht verarbeitet wird. Er eignet sich für die Momente davor oder danach.

Am Ende können Sie Ihre Übenden mit der Äußerung: „Es ist vorbei und Sie wissen, dass Sie damit fertig werden!"[26] aus der stressigen Situation entlassen. Entlassen meint jedoch nicht, nach Hause entlassen. Jetzt sollte die Übende Gelegenheit bekommen, das Adrenalin abzubauen.

Ein sich Strecken und Räkeln hilft Stress abzubauen, genauso wie das sich Austoben an einem Sandsack oder an hingehaltenen Schlagpolstern. Das ist insofern leicht nachvollziehbar, da es zu den Auswirkungen des Adrenalins im Körper gehört, die Muskulatur anzuspannen um sich auf Flucht oder Angriff vorzubereiten. Steuern Sie der Muskelverspannung der großen Muskelgruppen entgegen und fordern Sie die TN möglicherweise je nach Bedarf dazu auf, sich aktiv zu entspannen. Wenn der Körper sich entspannt, kommt der Geist zur Ruhe.

Bewegung fördert den Stressabbau. Das können Sie in der Vorkampfphase bei Boxern im Ring erkennen. Sie tänzeln nicht nur um Eindruck zu schinden, sondern auch um ihr Adrenalin im Griff zu haben. Es muss nicht immer das Tänzeln im Ring sein, es kann bei Schülern das Kaugummikauen sein, das Spielen mit einem Stift oder das Auftippen eines Tennisballs vor dem Aufschlag im Tennis. Manche dieser Bewegungen werden gezielt als Rituale eingesetzt um den optimalen Vorstartzustand zu erreichen oder zu erhalten.

---

[26] Zitat Charpentier, Anette (2008).

Manche dienen schlicht dem Abbau von ungewünschten Spannungen.

Vielleicht möchte die Frau sich einfach nur einen Moment setzen oder umher gehen. Gehen Sie darauf ein, wenn die Frau sich noch mitteilen möchte. Das gehört nämlich wieder in den Bereich „Halt, Sicherheit und Akzeptanz der Person". Sie dürfen nicht vergessen, dass Sie sie einerseits eine für sie „bedrohliche" Situation gebracht haben und andererseits „Ihr Helfer in der Not" sind. Sie haben sie dabei unterstützt die Tür der Angst aufzustoßen und hindurch zu gehen. Unterstützen Sie also das „Aussteigen" aus der Stresssituation. Auch hierbei benötigt die eine oder andere TN möglicherweise Hilfen. Im Übrigen verdeutlicht Charpentier, dass ein Lächeln dienlich sein kann, den Stress abzubauen. Vielleicht machen Sie als Ausbilder den Anfang oder greifen ein (Verlegenheits-) Lächeln der Übenden auf und erwidern es.

Die TN können und sollten den Umgang mit Angst lernen. Tabuisieren Sie das Thema Angst nicht, sondern sprechen Sie frei und natürlich darüber. Vielleicht möchten Sie über die eine oder andere Angsterfahrung von sich sprechen. Damit zeigen Sie, dass Sie kein Übermensch sind. Auch Sie als Kampfsportler bzw. Kampfkünstler erleben sicher hin und wieder Angst. Ihre Ausbildung und Ihre Fachkompetenz sollen Sie nicht völlig frei von Angst machen. Das wäre das falsche Ziel, denn Angst schützt vor Gefahr und macht wachsam. Die Frauen sollen lernen, mit ihrer Angst sinnvoll umzugehen und diesen Eindruck dürfen auch die Kursteilnehmerinnen haben. Wer behauptet, noch nie Angst gehabt zu haben, muss ein absoluter Exot sein. Etwas anderes ist es freilich, darüber sprechen zu können und sich oder anderen Unsicherheit bzw. Angst einzugestehen. Natürlich könnten Sie den Eindruck haben, es sei wichtig, dass Sie als Ausbilder möglichst stabil und angstfrei herüber kommen. Wir können Sie nur davor warnen, diesen Eindruck erzielen zu wollen. Sie mögen dadurch zwar zunächst Eindruck schinden, jedoch auf Kosten wesentlich wichtigerer Dinge. Wenn Sie als „angstloser Held" herüber kommen, wird es den TN umso schwerer fallen, Sie authentisch und echt zu erleben. Dies kann eher als Überheblichkeit und Selbstbeweihräucherung erlebt werden. So kann es den Frauen schwerer fallen, Ihnen zu vertrauen, da man Sie nicht richtig einschätzen kann. Wenn die TN erst einmal an dem Punkt sind, wo sie Ihnen Ihre Fähigkeit absprechen, empathisch zu sein, dann büßen Sie Vertrauen ein. Keine Sorge, Ihnen bricht kein Zacken aus der Krone, wenn Sie eigene Angsterfahrungen zugeben oder zumindest frei und souverän über das Thema sprechen und es unterrichten können. Dann erst kauft man Ihnen Menschlichkeit ab. Natürlich möchten Sie, dass Ihre TN Sie als Vorbild und führungskompetent wahrnehmen aber das werden sie in dem Moment tun, wo Sie sich menschlich, offen, frei, interessiert und fachkompetent zeigen.

Zusammenfassend die wichtigsten Fakten im Umgang mit Kursteilnehmerinnen in einer Hochstressphase:

- ✓ Lassen Sie niemals eine Frau in Angst oder beginnender Panik alleine.
- ✓ Wirken Sie beruhigend auf die Betroffene ein.
- ✓ Versperren Sie niemals den Fluchtweg in Richtung Ausgang.
- ✓ Treiben Sie Menschen im Hochstress nicht körperlich und räumlich in die Enge und erzeugen Sie keinen Druck.
- ✓ Beenden Sie die Stresssituation und versuchen Sie die Stressbelastung der emotional aufgewühlten Frau auszubalancieren.

- ✓ Die Stressbelastungstoleranz jeder einzelnen Frau ist individuell.
- ✓ Jede noch so zaghafte Ablehnung bedeutet ein Nein!
- ✓ Frauen mit Gewalterfahrungen werden manchmal für sie selbst unerwartet zum Opfer ihres Stresses oder ihrer Angst.
- ✓ Wenn Schweigen in Kombination mit weiteren Stressanzeichen (Mimik erstarrt und versteinert) einsetzt, liegt die Aufmerksamkeit der Frau nicht mehr im äußeren Bereich, sondern in ihrem Innern.

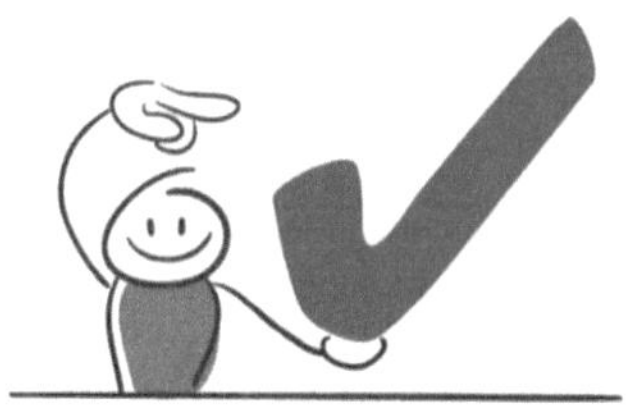

4.6 LEHR- UND LERNMITTELÜBERSICHT

Absperrband / Flatterband: Dieses gibt es in verschiedenen Farben, üblicherweise in schwarz-gelb oder rot-weiß gestreift. Das Absperrband ermöglicht unkompliziert das Begrenzen und Markieren von Übungsflächen, die nicht verlassen werden sollen. Es ist weich, hat keine scharfen Kanten und lässt sich dehnen. Es reißt nicht sofort, falls jemand dran stößt aber im Notfall reißt es eben doch. Man kann es häufiger einsetzen und muss es nicht gleich nach einer Übungseinheit ersetzen. Absperrband in Hüfthöhe der TN reduziert die Stolpergefahr. Solche abgesperrten Flächen benötigen Sie unter Umständen, wenn Sie möchten, dass beispielsweise alle TN innerhalb einer begrenzten Fläche umher gehen sollen, während ein

Ausbilder sich aus der Masse ein Opfer heraus sucht um dieses zu belästigen oder anzusprechen. Die TN neigen bei solchen Übungen oft zu „Fluchttendenzen". Diese Versuche, dem Ausbilder auszuweichen, können Sie sanft reglementieren, durch den Einsatz des Absperrbandes. Sie können damit eine enge Gasse gestalten, indem einige außenstehende TN helfen, das Flatterband zu spannen. Die ungefährlichen Grenzen der engen Gasse sind keine bedrohliche Mauer, sondern weiches Kunststoffband und dennoch registriert das Auge sehr wohl die Begrenzung und die Enge der Gasse wird so deutlicher. Kurze abgeschnittene Stücke des Flatterbandes können sich die TN für diverse Aufwärmspiele in den Hosenbund stecken, so dass die Bandstücke wie ein Kuhschwanz hinten heraus hängen. Es können sich verschiedene bewegungsreiche Fangspiele oder Geschicklichkeitsspiele als Warm-up ergeben. Markieren Sie im Freien vielleicht Bereiche, die aufgrund von Gefahrenstellen nicht betreten werden sollen oder die Start- und Ziellinie für einen Stressparcours.

Autoschlüssel / Schlüsselbund. Haben Sie keinen Palmstick oder sonstige feste Gegenstände dabei, können Sie Ihren Schlüssel zu Verteidigungszwecken verwenden. Es empfiehlt sich, dies vorher jedoch einige Male auszutesten. Greifen Sie „blind" nach dem in Ihrer Tasche befindlichen Schlüsselbund und umschließen ihn mit Ihrer Hand zu einer Faust. Dabei sollen einzelne Schlüsselbärte zwischen den Fingern Ihrer Faust heraus ragen. Wenn Sie damit zuschlagen, erzielen Sie vor allem im Gesicht Verletzungen.

Sie können gezielt zu einem großen Schlüssel (vielleicht nicht unbedingt den kleinen Fahrradschloss-Schlüssel) greifen und ihn an der Kleinfinger-Seite aus Ihrer Hammerfaust heraus ragen lassen. Damit wird der Schlüssel zu einer gefährlichen Hieb- und Stichwaffe. Bitte wählen Sie jedoch, wenn es die Situation zulässt nicht gerade Ihren Haustür- oder Autoschlüssel, der Ihnen möglicherweise einen Fluchtmöglichkeit eröffnet.

Augenbinde. Wenn Sie den Fokus auf das „Erfühlen" von Bewegungen legen möchten, empfehlen wir Ihnen einmal den Einsatz von Augenbinden zu überdenken. Natürlich sind Kampfsportler und Kampfkünstler gewillt, nicht zu schummeln und die Augen geschlossen zu halten. In der Praxis unserer SV-Kurse zeigt sich, dass eine Augenbinde das Mogeln erschwert und zumindest noch eine Handbewegung zum Gesicht nötig macht, um sich wieder Sicht zu verschaffen. Den Einsatz passen Sie bitte wieder den Lernvoraussetzungen der Kurs-TN an. Unsichere Menschen, die ungern Kontrolle abgeben, tun sich damit schwer. Entschärfen Sie in diesem Fall die Anforderungen aber fordern Sie von emotional „stabilen" TN ruhig das Tragen der Augenbinde. Im Eifer des Gefechts im Hochstress-Training hat man schnell einmal geblinzelt und die Augen geöffnet.

Blumensprenzer / Geizhals. Schauen Sie hierfür bitte unter dem Schlagwort „Wasserpistole" nach.

Bücher. Sie können Sie zur Weiterbildung oder Unterhaltung lesen oder als Alltagsgegenstand mitbringen lassen, um Ihren TN zu zeigen, wie man sich mit einem Buch bewaffnen und verteidigen kann, falls zu Hause eines zur Hand sein sollte. Eine unter die Nase des Angreifers geschlagene Buchkante kann zu gefährlichen Verletzungen am Gesichtsschädel führen.

Bruchtests, wiederverwendbare. Es handelt sich um einen Gegenstand, den wir nur selten nutzen, da wir ja nicht üben wollen Bretter zu zerschlagen, sondern die kostbare Zeit gerne für andere Dinge nutzen und dennoch haben wir Verständnis für den Einsatz solcher Bruchtests. Es ist eine Frage des Vertrauens in seine eigenen Fähigkeiten und in die Kompetenz des Ausbilders, der den richtigen Umgang mit dem Bruchtest anleitet. Man kann also mit Hilfe der Brusttests Vertrauen in die eigene Schlagkraft aufbauen und zu einem Erfolgserlebnis verhelfen. Jedoch sei davor gewarnt, den Eindruck zu vermitteln, dass, wer einen Bruchtest zerschlägt, automatisch in der Lage ist, in einer SV-Situation zu bestehen. Hier ist Fingerspitzengefühl beim Einsatz der Bruchtests gefragt: Einmal soll verhindert werden, dass die TN sich überschätzen und andererseits soll den TN gezeigt werden, dass unter dem kräftigen Schlag einer TN ein Brett zerbricht und damit auch ein Nasenbein! Manchen Frauen muss erst gezeigt werden, wie gut sie sich zur Wehr setzen können und dass SV nicht zwingend eine Frage der Kraft ist.

Cardio-Uhr / Pulsuhr. Sollten Ihre TN Interesse daran haben, dann lassen Sie doch einmal die TN ihre Pulsuhren mitbringen. Hieran kann man schön zeigen, wie sehr der Herz-Kreislauf im Stress belastet wird. Lassen Sie beim Szenario-Training einmal Pulsuhren tragen und zeichnen Sie die Pulsfrequenzen in Ruhe und unter Last auf. Für unbedarfte TN ist dies immer wieder eine Überraschung, da sie oft glauben, dass sie im SV-Kurs körperlich nicht wirklich gefordert werden, weil sie die Kursabende nicht nass geschwitzt verlassen. Dass sie ihren Körper mit hohen Herzfrequenzen unter Stress sehr wohl belasten, ist nicht allen bewusst.

Checkkarte / Ausweis (Plastikkarten allgemein). Die Karte können Sie als „Schnitt-Waffe“ einsetzen und damit „Schnitte“ Richtung Gesicht ausführen. Die lange Kante einer Karte macht sich hervorragend als Stoß unter die Nase.

CS-Gas. Lesen Sie bitte unter dem Schlagwort „Reizgas“ nach.

Deuser-Band. Lesen Sie bitte unter dem Schlagwort „Terra-Band“ nach.

Dummy / Wurfpuppe. Unsere Kampfsportschule hat einen Dummy angeschafft, der bei uns normalerweise im regulären Training eingesetzt wird. Im Rahmen eines Mini-Crossfit-Programms muss er aber hin und wieder am Ende von FSV-Kursen herhalten. Dann dürfen sich die Frauen an ihm austoben und ihn nach Strich und Faden „verprügeln“, während an anderen Stationen Kettle-Balls oder Sandsäcke darauf warten, malträtiert zu werden.

FIST-Anzug / Redman-Anzug. Suchen Sie bitte unter dem Begriff „Redman-Anzug“ nach unserem Eintrag.

Flipchart. Das Flipchart bietet Ihnen viele Möglichkeiten, SV-Kurse interessant und ansprechend zu gestalten. Sie sprechen, wenn Sie gut gestaltet sind, nicht nur die linke Gehirnhälfte an, welche zuständig für die Verarbeitung von Sprache ist, sondern aktivieren auf der Bilder-Ebene außerdem die rechte Gehirnhälfte. Arbeiten beide Hirnhälften gemeinsam, erhöht sich die Effektivität beim Lernen. Weitere Informationen zum Flipchart-Einsatz finden Sie im Kapitel 4.7.

Gehstock. Er zählt in die Kategorie der Alltagsgegenstände, die zu Verteidigungszwecken verwendet werden können. Dies wird für Sie insbesondere dann interessant, wenn Sie SV-Kurse für Seniorinnen und Senioren anbieten.

Gehörschutz. Kapselgehörschutz ist für das eine oder andere Training interessant, bei dem das Fühlen und weniger das Hören im Vordergrund steht. Die veränderte Wahrnehmung hat Aufforderungscharakter und wirkt sich motivierend auf die TN aus. Sie können die TN dazu anregen, sich nur auf sich zu konzentrieren. Durch den wegfallenden Hörsinn sind sie quasi auf „sich allein gestellt". Sollten Sie einem Stress-Parcours positiv gegenüber stehen, so können Sie bestimmte Aufgaben unter Ausschaltung des Hörens durchführen lassen. Der „nette" Nebeneffekt besteht darin, dass TN einen sich von hinten nähernden Angreifer nicht mehr hören können. Bei gleichzeitiger Ablenkung im Blickfeld der TN nach vorne wird der Rückenbereich und eine mögliche Deckung gerne vernachlässigt. Bitte bedenken Sie aber, dass dies nichts für Anfänger und unserer Meinung nach auch nichts für Frauen-SV-Kurse ist. Einmal werden hier Situationen durchgespielt, die so kaum zu erwarten sind. Zum anderen bergen solche extremen Anforderungen im hohen Stresslevel die Gefahr von (Re-)Traumatisierungen. Ein siegessicherer Kampfsportler oder Kampfkünstler, der jahrelang trainiert hat und plötzlich in einer Hochstress-Situation die Kontrolle verliert und scheitert, kann nachhaltig negativ belastet werden mit solch einer Erfahrung und seelischen Schaden nehmen. Dies sollten wir unter allen Umständen verhindern. Das gilt im Übrigen auch für Frauen, die nach einer Traumatisierung unbedingt „wissen wollen, wo der Hammer hängt", wie es also um ihre SV-Fertigkeiten und Fähigkeiten nach einem Kurs steht. Wir können nur aus unserer Erfahrung berichten, dass dies sehr schnell nach hinten losgehen kann, denn die Bewältigung schlechter Erfahrungen nimmt oftmals lange Zeit in Anspruch und wir wollen aus Ausbilder schließlich nicht diejenigen sein, die eine Re-Traumatisierung zu verantworten haben.

Hanteln. Sie können im Rahmen eines Fitness-Trainings eingesetzt werden. Bei uns hat sich jedoch der Einsatz von Kettle-Balls bewährt.

Holzstöcke / Langstock. Sehen Sie unter dem Eintrag bei „Langstock" nach.

Kissen / Sitzkissen. Etwas Praktischeres gibt es wohl kaum für FSV-Kurse, deren Ausbilder nicht über Schlagpolster verfügen. Man kann darauf sitzen, sie ersatzweise „Schlagposter“ verwenden oder sie anderen um die Ohren hauen, ohne ernste Verletzungen in Kauf nehmen zu müssen. Sie werden sich dabei an eine Kissenschlacht erinnert fühlen. Es zeigte sich aber, dass Frauen mit gewöhnlichen Kissen weniger „Berührungsängste“ haben als mit Schlagpolstern. Kissen sind eben doch weicher und laden eher zu einer „Kissenschlacht“ ein. Daraus können Sie Gewinn ziehen, denn dabei lernen die Frauen immerhin, dass nicht jeder Treffer das Ende einer Selbstverteidigungshandlung bedeuten muss. Warum also nicht zu Beginn einmal den Kurs durch eine „Kissenschlacht“ auflockern, wenn Schlagpolster nicht zur Verfügung stehen.

Kobutan / Kubotan / Palmstick. Alles Wissenswerte finden Sie unter dem Buchstaben P.

Kettle-Balls. Kugelförmige Gewichte, mit abgeflachter Aufstellfläche und einem stabilen Griff. Die Gewichte eignen sich zum Einsatz im Fitness-Bereich.

Kunststoffflaschen. In FSV-Kursen kommen Angriffe mit Flaschen nicht so häufig vor und dennoch möchten wir diese Überlegungen nicht unter den Teppich kehren, denn es wäre ja denkbar, dass die sich verteidigende Frau vielleicht die Möglichkeit hat, nach einer Flasche zu greifen (Theke, Restaurant) und sich damit zur Wehr setzen kann. Sie möchten Angriffe mit Glasflaschen üben (lassen)? Dann setzen Sie auf Plastikflaschen. Natürlich ist es etwas anderes, wenn Sie einer abgebrochenen Glasflasche gegenüber stehen aber immerhin kann man mit einer nicht kaputten Flasche aus Plastik deutlich machen, worauf bei einer entsprechenden Abwehr zu achten ist. Es darf dabei unserer Meinung nach nicht an

Hinweisen gespart werden, die verdeutlichen, wie gefährlich Angriffe mit Flaschen sind. Sie können die Plastikflaschen aber auch mit Wasser oder Sand füllen, fest verschließen und sie als Hantel-Gewichte im Bereich Fitness einsetzen, falls etwas anderes nicht zur Hand ist.

Langstock. Er wird bei uns weniger in FSV-Kursen, sondern im regulären Training eingesetzt, zum Beispiel für Bewegungs- und Koordinationsaufgaben oder im Escrima. Drohende Aufschlag-Geräusche des Langstocks am Boden erzeugen Stress und erzwingen förmlich ein Sich-Bewegen der Trainingsteilnehmer bei Schlägen von oben. Beweglichkeitsübungen können vielfältig ausgearbeitet werden.

Luftballons. Sie haben sich im Stress-Training bewährt, da sie leicht zum Zerplatzen zu bringen sind und der einen oder anderen Übenden zumindest einen kleinen Schrecken einjagen. Ebenso wie Wasserpistolen zählen Luftballons vermutlich nicht unbedingt zu den Gegenständen, die Ihnen als Erstes einfallen, wenn Sie an Hilfsmittel im Training oder der Ausbildung denken. Passende Übungen dazu finden Sie im Praxisteil des Buches.

Medizinbälle. Sie gibt es in unterschiedlichen Gewichten und Größen. Wir nutzen sie in FSV-Kursen im Fitness-Bereich für das Crossfit-Training. Schwere Gegenstände von A nach B bringen zu lassen, kann aber auch von einer anderen Aufgabe ablenken. Wir denken hier daran, dass die primäre Aufgabe des Ball-Transports genutzt werden kann, um die TN abzulenken. Möglicherweise wird die TN dabei nämlich gestört und in eine SV-Situation gebracht, mit der sie zunächst nicht gerechnet hat. Die Einsatzmöglichkeit wäre also im Bereich des Szenario-Trainings anzusiedeln.

Musik. Sie ist ein hervorragendes Unterrichtsmedium. Sie können leise Hintergrundmusik laufen lassen, während das Eintreffen der Kursteilnehmerinnen am ersten Kursabend stattfindet und die Ankömmlinge einchecken, Listen ausfüllen und sich in den Schulungsräumlichkeiten orientieren. Fitness-Programme machen mit Musik einfach mehr Laune und können Stimmung aufheizen und motivierend sein. Musik ist ideal um Gefühle zu „glätten" und zum Beispiel Entspannungseinheiten zu untermalen. Natürlich können Sie auch Gegenteiliges erzeugen und sie einsetzen, um Spannung und Stress zu erzeugen. Dies ist vor allem dann interessant, wenn Musik als Stressor (laut, düster oder aggressiv) in Abschlussübungen oder Szenario- und Stresstrainings eingesetzt werden soll. Die beeindruckende Wirkung von Musik können Sie an sich selbst testen. Schalten Sie bei einem Horrorfilm einmal in einer spannenden Szene den Ton aus. Schnell wird klar, dass die spannungsaufbauende Wirkung deutlich geringer ausfällt, als wenn das Hörerlebnis hinzukommt. Experimentieren Sie doch einmal mit aufputschender oder stressauslösender Musik in Ihrem Trainingsangebot oder SV-Kurs. Achten Sie aber darauf, unsichere TN nicht zu überfordern. Einige Frauen erreichen eventuell schnell das Hochstress-Niveau, wenn Sie den Raum abdunkeln und ein Szenario musikalisch düster untermalen. Unsere Erfahrung hat gezeigt, dass es in jedem Kurs etwa drei Frauen gibt, die anschließend berichten, dass sie diesen Musikeinsatz als belastend erlebt haben. Hier sollten Sie Ihrer Rolle als sehr guter Beobachter gerecht werden und die Anforderungen den jeweiligen Übenden individuell anpassen.

Palmstick / Kobutan / Kubotan. Er eignet sich als Hilfsmittel im Zuge der Selbstverteidigung, da er nicht als gefährlicher Gegenstand und nicht als Waffe gelistet ist. Das bedeutet, dass Sie diesen Gegenstand erwerben, besitzen und auch führen dürfen. Wir bieten unter anderem ein Training mit Palmstick im Zuge spezieller Wochenend-Workshops zum Umgang mit Hilfsmitteln für die Selbstverteidigung an.

Pappe / Pappkarton. Sie wird bei uns mitgebracht, wenn es um den Einsatz alltäglicher Hilfsmittel geht. Stellen Sie einmal einen geschlossenen Pappkarton mit der Öffnung nach unten und lassen Sie die Frauen mit der Spitze eines Regenschirms zustoßen, auf den Karton. Für unsere TN ist es immer wieder beeindruckend, wieviel Zerstörung sie selbst mit einem Alltagsgegenstand wie dem Schirm anrichten können. Der Karton darf aus Sicherheitsgründen nicht von Personen gehalten werden, sondern muss auf dem Boden stehen. Gegen Wegrutschen kann er je nach Größe notfalls vor eine Wand gestellt werden. Ebenso eignen sich dicke Pappstücke um die Zerstörungskraft von einem Schlüsselbund auszutesten, der sich ebenfalls als nützliches Hilfsmittel erweisen kann, wenn man den Umgang damit geübt hat. Halten Sie den TN einmal ein dickes Stück Pappe zu zweit und mit gestreckten Armen hin. Die TN darf zuerst mit den Spitzen der Schlüssel nach Herzenslust über die Pappe kratzen um die Wirkungsweise und Handhabung (ohne sich selbst zu verletzen) kennenzulernen. Anschließend dürfen die TN mit der Spitze eines Schlüssels zustechen (Denken Sie daran: Sie halten die Pappe an gestreckten Armen und von sich weg!). Da die Schlüssel dabei nicht nur Kratzer, sondern vor allem Löcher hinterlassen, können Sie hierbei anschaulich erläutern, welche Trefferwirkung von einem Schlüsselbund ausgehen kann, vorausgesetzt, er wird richtig eingesetzt.

Poolnudeln. Preiswert zu beschaffen, kann man sie hervorragend im SV-Training einsetzen. Unsere Poolnudeln haben wir auf eine Länge von ca. 50 bis 70 cm gekürzt. Sie stehen bei Nichtgebrauch in einer Kunststoff-Tonne. Der Einsatz der Schaumstoff-Stücke ist vielfältig. Ein passabler Einsatzzweck ist zum Beispiel die Nutzung als Schaumstoff-„Schlagstock“. Wir nutzen sie nicht zur Abhärtung gegen harte Schläge, sondern im Rahmen des Stress-Trainings. Je nach Übung schlagen mehrere TN auf eine TN ein, welche die „Schläge“ einstecken und den aufkommenden Stress samt seinen Symptomen kontrollieren lernen soll. In Frauen-SV-Kursen können vereinfachte Übungen genutzt werden, damit die Frauen die Scheu davor verlieren, Schläge auszuteilen (weil die Verletzungsgefahr geringer ist) und sie lernen gleichzeitig einzelne „Schläge“ einzustecken und nicht nach dem ersten Treffer aufzugeben.

Pratze / Schlagpolster. Siehe Schlagpolster.

Redman-Anzug / FIST-Anzug. Sie müssen sich selbst ein Bild davon machen, wie viel Sie vom Einsatz eines Vollschutz-Trainingsanzuges halten (siehe auch Kapitel 2.2.11). Unterschiedliche Hersteller bieten entsprechende dick gepolsterte Anzüge an, die aus mehreren Schutzpolstern bestehen und mit dem der Träger einigermaßen gut geschützt vor Verteidigungshandlungen der Kurs-TN „realitätsnäher“ trainieren lassen kann.

Reizgas / Trainings-Reizgas. Im Handel können Sie Übungs-Sprühdosen erwerben. Sie bestehen oft aus einer alkoholischen Lösung, ohne reizende Wirkstoffe, welche unter Druck stehen. Der Vorteil liegt auf der Hand: Sie können (in einem großen, geschlossenen Raum) auf einen Dummy oder auf eine Person mit Schutzbrille das Auslösen des Druckgassprays und das Einüben der richtigen Distanzen trainieren. Es ergeben sich viele Trainingsmöglichkeiten, auch unter gezielt erzeugtem Stress beziehungsweise Hochstress. Dann zeigt sich, wer in der Lage ist, mit klarem Kopf in einer Bedrohungslage sein Reizgas aus einer Tasche zu ziehen und gezielt einzusetzen. Auch wenn wir uns an dieser Stelle wiederholen: Wenn Sie mehrere Übungsteilnehmer mit so einem Trainingsspray in einem geschlossenen Raum üben lassen, achten Sie auf ausreichende Belüftung. Selbst wenn es sich nur um ein Übungsspray handelt, sind nach kurzer Zeit das freigesetzte Druckgas und der Alkohol in der Luft wahrnehmbar und können (Vorsicht bei Allergikern!) zu Nebenwirkungen führen, die nicht erwünscht sind. Idealerweise trainiert man den Reizgas-Einsatz im Freien, zum Beispiel auf einem Parkplatz oder in einem Hinterhof.

Rucksack / Sporttasche / Handtasche. Neben dem Transport Ihrer unzähligen Trainingsutensilien kann eine Tasche oder ein Rucksack als Alltagsgegenstand zu Verteidigungszwecken eingesetzt werden. Sie können damit einen Angreifer auf Abstand halten und eventuell verletzen, indem Sie die Tasche herum schleudern. Zumindest können Sie damit Ablenkung erzeugen und vielleicht ein wenig Verwirrung stiften. Üblicherweise transportieren Sie damit die Trainingsausrüstung.

Sandsack. Wer den Luxus eines Sandsackes im Trainingsraum genießt, ist fein raus. Man kann an ihm lernen eigene Schläge „zu verdauen", man kann seine Schlagfähigkeit verbessern und den pendelnden Sandsack in Fitness-Programm einbauen aber auch als Hindernis in einem abgedunkelten Raum im Rahmen von einem Stress-Training einsetzen.

Schaumstoffmatten / Bodenmatten. Die FSV-Kurse sollten unserer Auffassung nach ohne Schutzmatten auskommen. Deswegen werden Sie bei uns eher zum Darauf-Sitzen verwendet, als um darauf Verteidigungstechniken zu üben. Für ein Fitnesstraining sind sie allemal angenehmer als der oft kalte Hallenboden, insbesondere für abschließende Entspannungsübungen ist ein „warmer" Boden von Vorteil. Ansonsten benötigen Sie keine Matten. Es bringt wenig, den Frauen das Fallen auf weichen Matten beizubringen, denn auf der Straße ist der Boden auch nicht weich gepolstert. Je nach Belag haben die Frauen dort mit Schotter, Sand, Steinen, Asphalt oder Split zu kämpfen. Der Bodenbelag im Freien hindert die Frauen daran sich wendig bewegen können. Warum also sollten die Frauen dann auf Matten geschont werden, wenn die Realität anders aussieht? Bei jedem Sturz zum Boden sind Verletzungen nicht auszuschließen. Deswegen sollten Sie den Frauen beibringen, richtig zu Boden zu gehen, eben möglichst verletzungsarm und auf normalen Bodenbelag im Schulungsraum. Einzig, wenn längere Trainingseinheiten am Boden anstehen, bei denen oft zwischen Stand und Boden gewechselt wird, ist ein etwas weicherer Bodenbelag durch Schaumstoffmatten (wie es sie zum Auslegen im Stecksystem gibt) unserer Meinung nach gerechtfertigt um unnötige „blaue Flecken“ und Kratzer zu vermeiden. Es ist einleuchtend, dass auf der Straße im Kampf keiner Rücksicht darauf nimmt aber Sie dürfen nicht vergessen, dass Sie es hier nicht mit dem „robusten“ und weniger empfindlichen Trainingskollegen aus Ihrem Verein oder Ihrer Schule zu tun haben und da Sie möchten, dass Ihre Kundinnen gerne in den Kurs kommen, müssen Sie hier notfalls ein wenig von Ihren persönlichen Vorstellungen abweichen. Es empfiehlt sich, die Bodeneinheiten im FSV-Kurs wenigstens einen Tag vorher anzukündigen oder bei einem Wochenend-Workshop von Anfang an auf entsprechende Bekleidung hinzuweisen. Frauen unterschätzen oft die Anstrengungen, mit denen die Verteidigung am Boden einhergeht und stellen dann oftmals fest, dass die gewählte Bekleidung für Raufereien und am Boden unzweckmäßig ist. Dies betrifft insbesondere Kleidungsstücke aus wenig dehnfähigem Material, mit langen Bändeln oder mit Bekleidungsverschlüssen (Haken, Reißverschluss) im Rückenbereich. Es kann zu Verletzungen der Haut kommen, wenn eine auf dem Rücken liegende Frau durch das Gewicht einer auf ihr agierenden Person fest auf den Boden gepresst wird und sich Haken oder dergleichen in die Haut bohren.

Schlagpolster. Wir haben unterschiedliche Größen und Fabrikate angeschafft, die in fast allen unseren Trainingseinheiten an der WT Akademie verwendet werden. Hier darf gerne einmal fester zugeschlagen werden. Mit Schlagpolstern kann man außerdem schubsen und knuffen, was sich bei einigen Übungen hervorragend macht. Lesen Sie dazu mehr in unseren Übungsbeschreibungen im Praxisteil.

Schlüsselbund. Schauen Sie nach unter dem Begriff Pappe / Pappkarton.

Schutzbrille. Man kann sie in den meisten Baumärkten kaufen oder im Internet bestellen. Bei uns werden sie eingesetzt, wenn im Selbstverteidigungstraining Fingerstiche zu den Augen trainiert werden. Die Schutzbrille schützt dabei die Augen für den Fall, dass ein Fingerstich doch etwas fester wie geplant auftrifft. So kann die Scheu vor dem Einsatz der Fingerstiche in Richtung der Augen abgebaut werden. Die Verletzungsgefahr ist hoch und deswegen wird für gewöhnlich stets mit Abstand zu den Augen geübt. Die falsch eingeübten Abstände für die Trefferwirkung am Auge können im Ernstfall dazu führen, dass der Fingerstich das Auge niemals erreicht.

Skelett. Ja, Sie lesen richtig! Im Laufe der Zeit haben wir ein künstliches Skelett als Anschauungsobjekt angeschafft. Hieran lässt sich die Position wichtiger Organe erklären und die Trefferwirkung verschiedener Schläge, Stöße, Tritte, Würgetechniken und dergleichen. Da dieses Thema in unseren verschiedenen B*E*S*T- Kursen außerdem in einem eigenen Ausbildungsmodul unterrichtet wird, bot sich die Anschaffung unseres „Gerippes" an.

Schwungtuch. Sie werden staunen, wie gerne in Kinder- bzw. Mädchen-SV-Kursen mit dem Schwungtuch gearbeitet wird: Kennenlern-Spiele aller Art bieten sich an, mit dem Schwungtuch gestaltet zu werden. Situationen mit schlechter Sicht (beim Katz-und-Maus-Spiel) lassen ebenfalls Spaß aufkommen und Lernen geschieht quasi nebenbei. Für den Einsatz von Schwungtüchern gibt es zahlreiche gute Bücher, in denen Sie sich zu geeigneten Übungen informieren können.

Spiegelwand / Spiegel. Sie ist idealer Trainingsbegleiter und findet sich häufiger in Dojos[27] verschiedener Kampfsportvereine und Kampfkunstschulen. Sie ist hilfreich zum Nachverfolgen verschiedener Bewegungen. Trainer und Ausbilder haben es leichter, alle TN im Raum beobachten zu können, auch von verschiedenen Positionen im Raum aus. Wir stellen Ihnen im Verlauf des Buches verschiedene unserer „Spiegel-Übungen" vor, unter anderem mit den Schwerpunkten „Körpersprache", „Motorik-Schulung" und „Vertrauensbildung".

Terra-Band. Fitnesstraining mit dem elastischen Trainingsband ist immer eine gute Idee.

Taschenlampe / Stroboskop. Schalten Sie das Licht in Ihrem Schulungsraum aus und erhöhen Sie das Stresslevel, indem Sie in einem abgedunkelten Raum einzelne TN überraschend anleuchten; jedoch nicht ins Gesicht und schon gar nicht mit einer extrem hellen LED. Die Ablenkung und der Überraschungseffekt dürften die Genauigkeit der Übungsausführung stellenweise beeinträchtigen. Sie werden schnell feststellen, dass das plötzliche Aufleuchten der Lampe in völliger Dunkelheit Stress erzeugt und umso

---

[27] Übungsraum eines Kampfsportvereins oder einer Kampfkunstschule.

mehr, wenn Sie statt einer normalen Taschenlampe einen Stroboskop-Blitzer verwenden. Mit einer Disko-Kugel und lauter Musik können Sie auch hervorragend Situationen, wie zum Beispiel das Antanzen in einer Diskothek oder einem Club nachstellen. Gerade in Kursen mit jungen Frauen bietet sich dies thematisch an.

Taue. Gerne gesehenes Element unseres FSV-Crossfit-Programms am Ende der Kurseinheiten. Eine Frau steht auf dem einen Ende der beiden Taue, die andere Frau steht am anderen Ende der beiden Taue und hält diese in der Hand. Durch schnelle und kräftige Auf- und- Ab-Bewegungen der Arme aus dem Körper heraus werden die Taue in Wellenbewegung versetzt und trainieren zahlreiche Muskeln.

Übungswaffen. In unser Kursangebot für Frauen gehören sie aufgrund der wenigen zur Verfügung stehenden Zeit nicht aber es kommt ja doch immer wieder die Frage auf, was man tun soll, wenn man mit einem Messer angegriffen wird. Wir verweisen dann darauf, dass eine Verteidigung gegen Messerangriffe in einem Frauenselbstverteidigungskurs bei uns nicht zu erlernen ist und bei Bedarf demonstrieren wir einmal am Ende des Kurses eindrucksvoll, wie gefährlich eine Abwehr gegen Waffen aller Art ist.

Wasserpistole. Nein, Sie irren nicht! Wasserpistolen sind wahre „Stressmacher". Probieren Sie es einmal aus. Nehmen Sie eine gefüllte Wasserpistole zur Hand und stellen Sie sich neben zwei im Bodenkampf befindliche Trainingspartner. Wenn beide in die „Rauferei" verwickelt und konzentriert sind, spritzen Sie den beiden doch einmal als Stör-Effekt etwas Wasser ins Gesicht oder auf den Brustkorb. Vorsicht: Nicht in die Augen! Diese Art der Stresserzeugung ist im Sommer sicherlich eine willkommene Abwechslung beim Stresstraining. Erhöhen können Sie den Stressfaktor, wenn die Übenden dabei nichts sehen können (Augenbinde).

4.7 Anregungen zum Einsatz der Flipchart

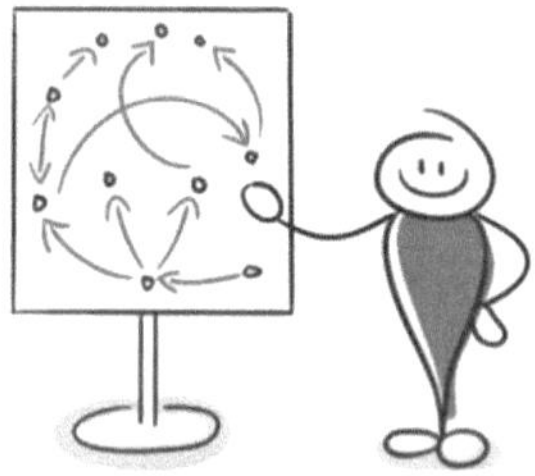

Den Flipchart können Sie zuvor selbst vorbereiten und zum Aufblättern verwenden. Sie haben die Möglichkeit, ihn als Entwicklungshilfe für Unterrichtsthemen, die Sie mit Ihren Kursteilnehmerinnen gemeinsam erarbeiten, zu verwenden. Letztlich können Sie den Flipchart auch im Bereich der Organisation (wichtige Termine, Uhrzeiten, Treffpunkte etc., Kontaktdaten, …) verwenden oder zur Ergebnissicherung am Ende einer Unterrichtseinheit beziehungsweise im Bereich des Feedbacks einsetzen. Es gibt zahlreiche gute Einsatzmöglichkeiten für Pinnwände und Flipcharts. Wenn Sie hier weitere gute Anregungen benötigen, sollten Sie in entsprechender Fachliteratur stöbern. Erste Einblicke mit 100 Tipps und Tricks für Pinnwand und Flipcharts bietet Ihnen Bernd Weidenmann in seinem gleichnamigen Buch. Hier lernen Sie neben den üblichen auch eher ungewöhnliche Einsatzmöglichkeiten der Medien als Raumteiler und

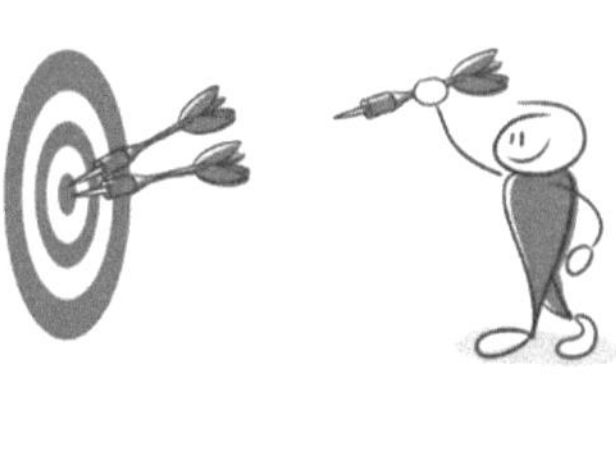

- ✓ *Üben Sie sich im Frei-Hand-Skizzieren und sorgen Sie für eine lesbare Handschrift.*
- ✓ *Setzen Sie sich mit der Gestaltung der Schreibfläche auseinander.*
- ✓ *Lenken Sie durch die richtigen Techniken den Blick Ihrer TN entlang wichtiger Punkte.*
- ✓ *Lassen Sie Raum für die Entwicklung von Gedankengängen Ihrer TN und nutzen Sie das Mindmapping kreativ.*

dergleichen kennen. Wenn Sie nur selten mit solchen Kreativ-Flächen wie Flipchart oder Pinnwand arbeiten und als Schreibfläche nutzen, lesen Sie sich diesbezüglich ein und üben Sie ein wenig, um lesbar und sauber zu schreiben. Wir möchten an dieser Stelle nicht allzu sehr in die Tiefe gehen, dennoch sollten Sie beim Einsatz der Flipchart vier Punkte nach Weidenmann berücksichtigen.

4.8 Energizer & Co – Übungen und „Spiele"

Es gibt zahlreiche Übungen, welche als Hilfen im Kurs eingesetzt werden können. Sie fördern unter anderem das Kennenlernen der Gruppenmitglieder, Teamfähigkeit und Kooperation. Sogenannte „Energizer" können nach Pausen oder arbeitsintensiven Phasen (bei Wochenendworkshops) reaktivieren. Kurz gefasst fordern und fördern die folgenden Übungen und Spiele Ihre TN und bringen Abwechslung in den Kurs.

4.8.1 Der schwebende Bambusstab

Der schwebende Bambusstab (König[28]) bietet Ihrer Lerngruppe die Möglichkeit zu erkennen, dass Absprachen wichtig sind, wenn alle ein gemeinsames Ziel verfolgen. Nach der erfolgreichen Übung verbessert sich oftmals die Teamarbeit. Sie können diese Übung fast überall ins Spiel bringen. Sie benötigen lediglich je nach Teilnehmerzahl pro Pärchen eine ca. fünfzig Zentimeter lange Bambusstange. Spielen zehn Personen miteinander in einer Gruppe, dann sollte die Länge des Bambusstabes circa 2,50 Meter betragen. Solche Stäbe erhalten Sie in Baumärkten. Sie sollten einen

[28] König, Stefan (2007): S.39 ff.

Durchmesser von wenigstens 0,5 Zentimetern haben. Die TN verteilen sich gleichmäßig in zwei Reihen, die einander gegenüber stehen, Gesicht zu Gesicht. Nun müssen alle TN ihre Arme anwinkeln und ihre Zeigefinger ausstrecken, so dass sich diese insgesamt, um beim Bild von König zu bleiben, wie ein sich schließende Reißverschlusses „verzahnen“. Sie legen dieser Gruppe von oben einen der Bambusstöcke auf die Zeigefinger. Dieser darf nicht zu Boden fallen. Die Aufgabe für diese Gruppe oder das Pärchen besteht darin, dass sie den Bambusstab auf dem Boden ablegen müssen, ohne dass der Stab zuvor herunter fällt. Der Stab muss zu jeder Zeit auf den Zeigefingern der TN befinden. Für schlaue TN: Das Einklemmen des Stabes wird natürlich nicht gestattet. Erst dann, wenn die Finger der TN den Boden berühren, dürfen sie ihre Finger unter dem Bambus herausziehen und die Stange damit ablegen. Vorsicht: Das sieht nur so leicht aus!

4.8.2 Der Ring

Gerne stellen wir Ihnen den „Ring“[29] aus der Übungssammlung von König vor. Hierbei handelt es sich um eine Übung, bei der sich eine von Ihnen festgelegte Zahl an TN im Kreis mit dem Gesicht nach innen aufstellt und den Kreis schließt, indem sich alle TN an den Händen fassen. Sie gehen an eine beliebige Stelle des Kreises, öffnen ihn und hängen einer TN einen Seil-Ring über den Arm, bevor Sie ihn wieder schließen. Die Aufgabe der TN besteht darin, den Ring durch den geschlossenen Kreis der TN wandern zu lassen. Um das zu erreichen müssen nach einander alle TN durch den Seil-Ring steigen, denn erst so kann der Ring von einer zur nächsten TN weiter gegeben werden. Wenn Sie ein Seilstück mit einer Länge von etwa 1,50 bis 2,00 Meter nehmen und dieses verknoten,

---

[29] König, Stefan (2007): S.48 ff.

sollte der Durchmesser zum Durchsteigen groß genug sein. Die Übungsschwerpunkte liegen klar im Bereich Helfen und in der Kreativität bei der Ideensuche, auf welche Weise zum Beispiel durch den Ring zu steigen ist. Gleichgewicht und Motorik werden nebenbei auch geschult. Erscheint Ihnen diese Variante zu einfach, erhöhen Sie den Anspruch: König schlägt diese Übung als Vorstellungsrunde vor: Die Person, welche sich gerade durch den Ring bewegt, muss sich dabei gleichzeitig zur Bewegung den anderen vorstellen (Name, Alter, Hobbies,...). Dabei müssen Sprechen und sich Bewegen koordiniert werden. Dies ist nicht mehr so einfach, da man sich auf zwei Dinge konzentrieren muss.

4.8.3 Der Tausendfüßler

Während des Besuchs eines Lehrgangs haben wir ebenfalls eine lustige Übung kennen lernen dürfen, die wieder voraussetzt, dass die TN sich alle gut unter einander kennen und keine Berührungsängste unter einander haben. Bei uns heißt diese Übungen der Tausendfüßler. Es werden je nach Zahl der TN gleich starke Gruppen von wenigstens drei besser fünf Personen gebildet. Jede Gruppe bekommt den Auftrag gemeinsam eine kurze Strecke von etwa sechs bis zehn Metern zurückzulegen. Soweit klingt das alles noch sehr einfach, doch das gemeinsame Fortbewegen wird noch näher definiert. Alle TN einer Gruppe stellen sich in einer Schlange hintereinander und blicken alle nach vorne. Die erste TN steht an der auf dem Boden klebenden (mit Klebeband) Startlinie und berührt diese mit den Fußspitzen. Alle Mitglieder der jeweiligen Gruppen müssen sehr dicht hinter einander stehen, dann setzt sich die erste TN auf die Knie ihrer „Hinterfrau". Diese setzt sich ebenfalls wieder auf die Knie ihrer „Hinterfrau". Das setzt sich so weit fort, bis die vorletzte TN auf den Knien der letzten TN sitzt. Die letzte TN in der Reihe kann sich natürlich nirgendwo hin setzten sondern muss in die Knie gehen und sich mit ihren Händen an den Schultern der Vorderfrau festhalten. Sie gibt das Kommando für die gleichzeitigen Vorwärtsbewegungen. Idealerweise bewegen sich die TN der Gruppen im Gleichschritt. Wenn die Schlange auseinander bricht oder gemogelt wird, indem die TN nicht wirklich sitzen, dann endet der Versuch für diese Gruppe. Welche Gruppe schafft es nach den Vorgaben, das Ziel als Schnellste zu erreichen?

4.8.4 Rückendeckung

„Rückendeckung" (nach König) zu haben ist prima und bietet in diesem Fall einfach ein wenig Abwechslung verbunden mit enger Zusammenarbeit. Dazu müssen sich immer zwei Personen Rücken an Rücken aneinander stellen. Gemeinsam sollen die Paare durch den Raum gehen. Die eine Frau muss vorwärts, die andere rückwärtsgehen. Der Kontakt an Schulterblättern, Gesäß und Rücken darf dabei nicht abbrechen. Gelingt dies beim normalen Umhergehen gut, kann die Übung erschwert werden, indem kleine Aufgaben erledigt werden müssen, zum Beispiel das Übersteigen niedriger Hindernisse (Stöcke, Pylonen mit aufgelegten Stäben, ...). In dieser Haltung zu zweit zu joggen ist eine große Herausforderung, macht aber einen riesigen Spaß.

4.8.5 Schwungtücher

Der Einsatz von Schwungtüchern oder weniger kostenintensiv von Decken oder Bettlaken bringt ebenfalls Schwung in Gruppen und fördert die Kommunikation und Interaktion in der Lerngruppe. Zwei (oder mehr) Gruppen werden gebildet. Jede Gruppe erhält eine Decke oder ein Schwungtuch. Die Gruppe muss zunächst einen Ball hochspielen und wieder auffangen. Klappt dies in den einzelnen

Gruppen gut, dann wird der Ball zwischen den beiden (oder mehreren) Gruppen hin und her gespielt. Er darf nicht auf den Boden fallen. Bei runden Schwungtüchern ergeben sich noch zahlreiche weitere unterhaltsame Spiele, die Bewegung und Interaktionsanlässe bieten. Hierzu informieren Sie sich bitte im Internet oder in einschlägiger Fachliteratur. Sie finden zahlreiche Informationen zu Spielen mit dem Schwungtuch oder wahlweise unter der Rubrik „New Games“. Das ist die Bezeichnung für all jene Gruppenspiele, welche keine Einzelsieger hervorbringen. Es gibt schlicht keine Gewinner und keine Verlierer.

4.8.6 Das Wäscheklammer-Spiel

Das Wäscheklammer-Spiel ist im Training unserer Kinder und Jugendlichen beliebt. Wir spielen es schon seit langem und haben uns gefreut es ebenfalls in der Sammlung von Warm-Ups bei König zu entdecken. Jede TN erhält vier Wäscheklammern, die sie an ihrer Sportkleidung an gut zugänglichen Stellen festklemmt. Auf das Kommando des Ausbilders bewegen sich alle durcheinander im Raum und versuchen sich gegenseitig die Wäscheklammern wegzunehmen. Jede muss dabei auf ihre eigenen Wäscheklammern Acht geben. Sobald man keine Klammern mehr hat, ist man ausgeschieden. Wer hat am Schluss die meisten Klammern abgestaubt? Sie können auf diese Weise den TN zu einer extra Portion Bewegung verhelfen.

4.8.7 Der Vertrauenslauf

Gegen Ende Ihres Workshops können Sie einmal den von König präsentierten „Vertrauenslauf[30]" in Ihrer Gruppe anbieten. Da diese Übung Energien frei setzt, kann sie in der Kursgestaltung vor allem gegen Ende des Kurses, wenn sich die TN besser kennen und größeres Vertrauen ineinander haben, eingesetzt werden. König weist darauf hin, dass hier wenigstens zehn bis zwölf TN mitmachen sollten, da die Gasse für den Vertrauenslauf sonst zu kurz ist. Umgekehrt sollten aber nicht zu viele mitmachen. Ideal während also maximal 24 TN. Sie alle bilden mit Ausnahme von einer mutigen Läuferin gemeinsam eine Gasse, bei der sich die Seiten mit Blick in die Gassenmitte einander gegenüber stehen. Die Übung erzeugt bei allen TN Spannung und erfordert den Mut der Läuferin einer scheinbaren Wand entgegenzurennen. Die TN der Gasse strecken nämlich ihre Arme in die Gassenmitte, wobei sich die Hände der gegenüber stehenden Personen fast berühren. Die gleich los rennende TN bereitet sich darauf vor, mit Anlauf durch die Gasse aus den verschränkten Armen zu stürmen. Sie darf ihre Arme nicht zum Schwungholen beim Rennen nutzen um Verletzungsgefahren bei den TN der Gasse zu minimieren. Die Arme in der Gasse bleiben bis zum letzten Moment unten geschlossen und werden von den TN erst im letzten Moment hoch genommen. Die Läuferin steht vor der Unsicherheit, ob die anderen ihre Arme wirklich rechtzeitig hoch nehmen oder ob sie genau in die Gasse aus Armen hinein stolpern wird. König merkt an, dass es oft vorkommt, dass einzelne TN erst nach dem Loslaufen erkennen, was ihnen dabei an Vertrauen und Mut alles abverlangt wird. Die Übung sieht von außen sehr leicht aus, stellt aber hohe Anforderungen an die TN. Wir können die Er-

[30] König, Stefan (2007): S. 72.

fahrungen Königs nur bestätigen: Oft wird der zu Beginn noch kräftige Spurt immer langsamer, bis zum Schneckentempo. Aus Angst vor einem heftigen Aufprall an den Armen der anderen, entschließt sich die Läuferin spontan dazu, den Sprint abzubrechen oder sich so tief zu ducken, dass sie unter den Armen hindurch läuft. Uns erscheint es ebenso wichtig wie König, darauf zu verweisen, dass man als Ausbilder die Aufmerksamkeit aller Beteiligten genau beobachten und nötigenfalls intervenieren muss, bevor es zu Verletzungen kommt. Eine zweite Chance sollte aber jede TN bekommen, wenn sie beim ersten Mal abbricht. Überreizen Sie es jedoch nicht mit Zusatz-Chancen, denn darunter leidet irgendwann bei den Ersten die Aufmerksamkeit und wir wollen ja nicht, dass sich Unfälle ereignen. Wenn Sie es den Läuferinnen etwas leichter machen wollen, dann erlauben Sie es der Läuferin, dass sie die stehende Gasse selbst so ausrichten darf, wie sie es für optimal hält. Damit erhält die Frau zumindest ein klein wenig mehr Kontrolle über die Situation. Klare Kommunikationsstrukturen machen die Übung sicherer. Die TN fragt ihre Gruppe zunächst vor dem Start „Seid ihr bereit?“ – Darauf muss die Gruppe mit „Nein“ reagieren, falls dies noch nicht der Fall ist und mit „Ja“, wenn die Läuferin starten kann. Notfalls greifen Sie als Trainer ein und unterbrechen den Start, wenn Sie Unaufmerksamkeiten beobachten können. Erhält die Läuferin ein einstimmiges „Ja“ aller Gruppenmitglieder ruft sie „Ich komme!“ und startet dann.

4.8.8 Partnerbalance

Wenn sich eine „Partnerbalance“[31] einstellt, dann stehen die TN mit einander im Gleichgewicht und das ist gut für eine positive Trai-

---

[31] König, Stefan (2007): S. 80.

ningsatmosphäre. Zwei Frauen stehen sich gegenüber voneinander hin, so dass sie ihre Handflächen aufeinander legen können und dabei ihre Arme jeweils leicht gebeugt halten. Wenn beide Frauen startklar sind, gehen beide gleichzeitig langsam in kleinen Schrittchen rückwärts, wobei der Kontakt an den Handflächen nicht gelöst werden darf, damit es nicht zum Sturz kommt. Je weiter die Füße der TN sich voneinander entfernen, umso mehr Gewicht wird über die Arme auf die Handflächen übertragen und umso mehr müssen sich die beiden gegenseitig vertrauen. Ist der entfernteste Punkt erreicht, bewegen sich beide gleichzeitig wieder langsam auf einander zu und der Druck auf die Handflächen nimmt langsam wieder ab. Dieses Spiel kann zum Beispiel nach längeren anstrengenden Gesprächen oder Gruppenarbeiten eingesetzt werden.

4.8.9 Stand up!

Als Nächstes folgt die Übung „Stand up!“[32], bei der es wieder mehr auf körperlichen Einsatz ankommt. Die TN gehen zwei und zwei zusammen und setzen sich einander so gegenüber, dass sie sich ansehen können. Die Füße berühren sich an den Fußspitzen und die Knie werden angewinkelt aufgestellt. Jetzt reichen sich die beiden TN ihre Hände und versuchen, gleichzeitig in einem Schwung aufzustehen vom Boden, während der Kontakt an den Fußspitzen nicht abbrechen darf. Erschwert werden kann die Übung dadurch, dass die beiden TN sich mit nur einer Hand in den Stand helfen dürfen. Da diese Übung kein besonderes Material benötigt und ohne Aufwand durchzuführen ist, kann sie einfach zwischendurch eingestreut werden, wenn Sie den Eindruck haben, der Gruppe würde eine kleine Auflockerung gut tun. Wir finden diese Übung thematisch sehr passend für Frauen-SV-Kurse, denn dabei muss

[32] König, Stefan (2007): S. 85.

die eine oder andere Frau lernen, unter widrigen bzw. schwierigen Bedingungen im übertragenen Sinne wieder aufzustehen und sich aufzurichten. Das kann man hier symbolisch trainieren, mit Hilfe eines Partners im Kurs wieder aufzustehen und nicht aufzugeben.

4.8.10 Schildkröten-Spiel

Beim Schildkrötenspiel gehen die Frauen wieder paarweise zusammen. Eine TN kniet sich wie eine Schildkröte auf den Boden und versucht sich möglichst „schwer" zu machen. Die zweite Frau muss durch Schieben, Ziehen und Drücken versuchen, die „Schildkröte" auf den Rücken zu drehen. In den ersten Runden fällt dies oft sehr schwer, je mehr Erfahrung die TN im Laufe eines Kurses bekommen, desto leichter gelingt das Herumdrehen der „Schildkröte". Zum einen nutzen wir dieses „Spiel" als Willensübung in Sachen Durchsetzen und Durchhalten. Zum anderen werden Koordination und ein Gefühl für den eigenen Körper geschult. Diese Übung kommt aber erst im Laufe des Kurses zum Einsatz, wenn die TN sich etwas besser kennen, denn es gibt immer wieder Frauen, die mit direktem Kontakt und dem Sich-anfassen-lassen von fremden Kurs-TN ein Problem haben.

4.8.11 Das Förderband

Das „Förderband"[33] oder „Fließband" ist eine Übung, bei der, wie so oft schon, das Vertrauen in die anderen TN gefördert aber auch gefordert wird. Beachten Sie hier bitte unbedingt, dass es vielen TN zunächst schwer fällt, sich in die Hände anderer zu begeben. König

[33] König, Stefan (2007): S. 24.

(2007: S. 21 f.) stellt Ihnen die Übung vor und weist als Erstes darauf hin, dass enger Körperkontakt zwingend erforderlich ist, damit sich niemand verletzt. Alle TN bilden eine enge Gasse und stehen Schulter an Schulter mit ausgestreckten Armen (in die Gassenmitte). Wichtig ist es, dass die Person, welche über das Förderband weiter gereicht werden soll, ihre Arme dicht an ihrem Körper lässt und weder auf das Fließband aufspringt, noch am Ende herunter springt. Zur Aufnahme einer Person auf das Förderband, gehen die ersten vier Personen der Gasse ein wenig in die Knie und erleichtern somit den Zustieg. Daraufhin folgt eine gleichmäßige Auf- und Ab-Bewegung der Arme aller TN in der Gasse. Auf diese Weise wird eine Person nach der anderen durch die Gasse hindurch gereicht. Ist das Ende des „Förderbandes“ erreicht, wird die TN mit den Füßen zuerst wieder sanft auf dem Boden abgesetzt. Sie stellt sich in der Gasse an und hilft, die nächste TN über das Band zu transportieren.

Nach all den vielen Übungen zur Unterstützung der Lernprozesse haben Sie sicherlich erkannt, dass Bewegung dabei ein zentraler Bestandteil ist. Bewegung ist, auch wenn wir uns vielleicht an dieser Stelle wiederholen, für das Lernen wichtig. Unser Gehirn ist dadurch viel besser in der Lage Dinge zu speichern und abrufbar zu machen.

4.9 Checklisten

Wir können Sie nur ermutigen sich verschiedene Listen anzulegen, die Ihnen die Organisation Ihrer Kurse erleichtern, vor allem, wenn Sie sich mit dem Gedanken tragen, öfters solche Kurse zu leiten. Im Buch haben Sie bereits verschiedene Listen kennen gelernt.

Alle unsere Listen hier abzudrucken würde den Rahmen des Buches sprengen. Deswegen finden Sie hier als Anregung lediglich einen Auszug unserer Materialliste zum Abhaken für das Modul „Distanzen". Wenn Sie zu den strukturliebenden Menschen gehören, die einen solchen Ordnungsrahmen benötigen um sich wohl zu fühlen, dann legen Sie los und gestalten Sie sich selbst solche Listen zum Ausdrucken und Abhaken. Sie sind vorteilhaft, wenn mehrere Kurse parallel stattfinden, denn dann verzettelt man sich schon mal ganz gerne bei der Überlegung, in welchem Kurs man zuletzt dies oder jenes gezeigt hatte. Wenn viele Kurse parallel oder unterschiedliche Angebote innerhalb einer Woche stattfinden, sind solche Planungshilfen wirklich eine Hilfe.

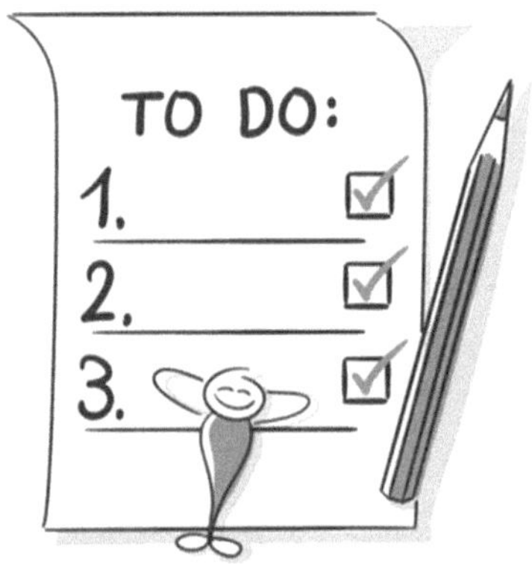

Materialliste für das Modul: „Distanzen“: FSV – Basiskurs

Eingepackt:	*Benötiges Material:*
	Rot-weißes Absperrband.
	Jeweils ein gelbes, rotes, grünes und orangenes Plastikhütchen (Pylone) zum Markieren der vier Distanzbereiche.
	Bandmaß um die Distanzen auszumessen zwischen den Pylonen.
	Vier Plakate, jeweils eines in der Farbe rot, grün, orange und gelb.
	Schere / Kreppklebeband / Klebeband / Haftknete (Pattafix)
	Dicke Faserschreiber zum Beschriten der Plakate (schwarz oder blau).

4.10 Unterrichtsentwürfe

4.10.1 Grobplanung

Für die Übersichtsplanung oder grobe Kursplanung benötigen Sie lediglich ein Blatt Papier, idealweise nehmen Sie es quer und tragen eine horizontale Zeitachse ein. Hier tragen Sie am Startpunkt das Datum des ersten Kurstages ein und am Ende des Pfeils das Datum des letzten Termins. Planen Sie einen Wochenendworkshop, können Sie statt der nun folgenden zehn bis zwölf einzelnen Termine auch die jeweiligen Unterrichtmodule (zum Beispiel 9:00 Uhr bis 10:00 Uhr und 10:15 bis 11:15 Uhr oder dergleichen) eintragen. Verteilen Sie alle Module oder Unterrichtstage einigermaßen gleichmäßig über den Zeitstrahl und verlängern Sie am jeweils eingetragenen Datum eine Linie senkrecht nach unten zum Blattrand. Entlang dieser Linie tragen Sie dann in sehr knappen Stichworten ein, welches das Thema des jeweiligen Moduls oder Termins ist. Mit dieser Überblicksplanung haben Sie die Daten und die jeweils anberaumten Termine auf einem Blick zusammen. Dann wird es jetzt Zeit, für jeden einzelnen Termin oder jedes einzelne Modul in die Feinplanung zu gehen.

Wir haben Ihnen alternativ noch eine ganz einfache Tabelle für eine Grobplanung eingefügt, damit Sie sehen, dass diese grafisch nicht ausgefeilt sein muss. Wenn Sie geschickt sind und mit geringem Aufwand grafisch hochwertige und ansprechende Planungsraster gestalten können, dann tun Sie das. Je übersichtlicher und ansprechender diese Planungshilfen ausfallen, umso lieber arbeiten Sie damit.

Innerhalb Ihrer Grobplanung muss die Reihenfolge des Kursinhaltes an den einzelnen Terminen noch nicht genau festgelegt werden. Bei uns steht zum Beispiel, wie Sie sehen können, am zweiten Termin die Wiederholung der Kettenhandflächenstöße am Ende. Genauso gut kann es sein, dass wir in Abhängigkeit von den am zweiten Termin anwesenden TN und ihrer Motivation diese Wiederholungseinheit ganz an den Anfang der Veranstaltung vorziehen.

Nehmen Sie auch gleich Ihren Kalender zur Hand und stellen Sie fest, ob Feiertage Ihre Planung durchkreuzen und ob Sie einen Termin verschieben müssen.

Grobplanung Donnerstagskurs: I-DO/2017

Datum	*Thema der Kurseinheit*
10.01.	Kennenlernen des neuen Kurses / Vorstellung BEST Konzept / Unterschied SB / SV / Kettenhandflächenstöße.
17.01.	Was sind Grenzen? Wie behaupte ich sie? Schutzposition / Positionierungsübungen / Wiederholung Kettenhandflächenstöße.
24.01.	Distanzen / Körpersprache / Wiederholung Schutzposition / Schlagtraining an Pratzen zum Kennenlernen der eigenen Kräfte (Vertrauensbildung).
(...)	

4.10.2 Feinplanung

Sie können sich die verschiedensten Formulare oder Tabellen mit Ihrem Computer anlegen, um Ihre Kursmodule detailliert planen zu können. Anregungen finden Sie dazu auch im Internet, wenn Sie nach sogenannten Unterrichtsentwürfen suchen. Sie erhalten dann in der Trefferliste Planungsgrundlagen, meist für schulischen Unterricht. Das dürfte für Sie allerdings keine Rolle spielen, da es ja nur darum gehen soll, sich anzuschauen, auf welche Weise man von ganz einfach angelegten Planungstabellen bis hin zu aufwendig gestalteten Unterrichtsverlaufsplänen seine Frauenkurse planen kann. Wir haben Ihnen eine ganz einfache Tabelle eingefügt, anhand derer Sie bereits Ihre Feinplanung für einzelne Module beginnen können.

Ausgefüllt werden diese Tabellen immer nach dem gleichen Schema. Als Erstes tragen Sie bitte die jeweiligen Zeiten ein. Da unser Kurs derzeit um 19 Uhr beginnt, haben wir deswegen diese Zeit in der ersten Spalte eingetragen. In Spalte zwei tragen Sie ein, was genau Sie um diese Zeit tun werden, auf welche Weise und womit (Lehrmittel). Dann überlegen Sie sich, wie viel Zeit Sie für diesen einen Schritt benötigen und addieren die Zeit zu der Startzeit hinzu. Wenn die Begrüßung am ersten Abend, wie im Buch erwähnt, etwa fünf Minuten Zeit beansprucht, tragen Sie in Zeile zwei also 19:05 Uhr ein.

Zeitverlauf	**Unterrichtsschritte / Aufgabenstellungen /**	**Arbeits- und Aktionsformen**	**Sozial- und Organisationsformen**	**Medien / Materialien**
19:00 Uhr				

Demnach ist 19:05 Uhr ist die Begrüßung vorbei und ein neuer Schritt im Verlauf Ihres Planes beginnt. So setzen Sie Ihre Planung fort, bis ein Abend oder eine Unterrichtseinheit gefüllt ist.

4.11 Beispiele für Kurskonzepte

Die folgenden Kursabend-Gestaltungen sind nur ein Beispiel aus einem zwölf Abende umfassenden FSV-Kurs. Auf unsere TN-Gruppe passt diese Konzeption. Jeder der zwölf Termine nimmt etwa eineinhalb Stunden (90 Minuten) in Anspruch. Auf vielfachen Wunsch unserer TN noch anschließend etwas für ihre Fitness zu tun, haben wir uns entschlossen, den Kurs um einen kleinen Fitness-Workout (siehe Kapitel 2.2.17) am Ende der Zeit zu ergänzen. Dies liegt außerdem insofern nahe, als der FSV-Kurs keine besonderen Ansprüche an die körperliche Fitness der Frauen stellt.

4.11.1 Erster Kursabend (Feinplanung)

- Begrüßung der TN beim Eintreffen an der Anmeldung.
- Kursanmeldung und Entrichten der Kursgebühr.
- Kurze Erläuterungen zu den Räumlichkeiten (Umkleiden, etc.).
- Stuhl-Halbkreis um einen Flipchart: Dort offizieller Beginn des Kurses.
- Die Ausbilder stellen sich zunächst kurz vor (Name, Alter, berufliche Tätigkeit, Ausbildungsnachweise, Erfahrungen).

- Anschließend folgt eine kurze Vorstellung des Kursablaufs bezüglich des Inhalts, mit Hinweisen dazu, was die TN erwartet, auch an emotionalen Anforderungen.

- Wir lassen die TN sich kurz vorstellen und erfragen dann gemeinsam, was die Frauen sich für den Kurs wünschen (Ziele). Auf diese Sammlung (Flipchart) schauen wir am Ende des letzten Kurstermins noch einmal gemeinsam und haken ab, welche Erwartungen sich erfüllt haben.

- Daran anschließend ermutigen wir die TN dazu, alles mitzumachen und auszuprobieren. Wir stellen an dieser Stelle klar, dass sich niemand etwas beweisen muss und dass die TN selbst wissen müssen, inwieweit sie sich den Kurs mit allen Anforderungen zutrauen. Es geht nicht darum, dass die Frauen sich überfordern und austesten wollen, wie weit sie einem realistischen Angriff standhalten können. Wir geben die Eigenverantwortung etwas zu tun oder zu lassen an jede TN zurück.

- Schließlich führen wir für alle weiteren Übungsabende das Zauberwort „Stopp!“ ein, mit dem jede TN jederzeit aus einer Übungssituation aussteigen kann und erklären die „Auszeit-Regel“ mit den sich ergebenden Möglichkeiten.

- Die Stühle werden beiseitegeschoben und der Praxisblock (ca. 30min) zu den Themen „Kampfphasen“ und „Distanzen“ (vier Distanzbereiche) beginnt. Es schließen sich Kettenhandflächenstöße an (auch gegen Schlagpolster).

4.11.2 Zweiter Kursabend (Feinplanung)

- Begrüßung der TN im Stuhl-Halbkreis um den Flipchart. Kurzer Ausblick auf das Programm der Lerneinheit.

- Kurze Wiederholung und Vertiefung der vier Kampfphasen: Annäherung – verbale Phase – körperliche Phase – Kampfphase (Trennung: die beiden ersten Phasen gehören zum Bereich der Selbstbehauptung, die beiden letzten Phasen gehören zur Selbstverteidigung).

- Klärung der Bedeutsamkeit der beiden ersten Phasen für den Selbstschutz - Grenzen ziehen, Eindringen in die persönliche Wohlfühl-Distanz kundtun und notfalls laut werden – schreien „Stopp, lassen Sie mich in Ruhe!“ (Hinweis, dass „frau“ beim „Sie“ als Anredeform bleiben soll, um Distanz zu wahren und Zeugen unmissverständlich klar zu machen, dass man mit der Person nichts zu tun haben will).

- Ausbilder und Assistenz stellen solche „Anmachen“ der Annäherungsphase als Rollenspiele im Halbkreis vor den TN vor. Diese können die Körpersprache beider Personen und die Grenzziehung genau und mehrmals beobachten. Der Ausbilder verweist wie letzte Woche darauf, dass die Handhaltung Schutzhand / Schlaghand bei allen Schutzpositionen wichtig ist und lässt dies einmal in langsamer und einmal in realer Geschwindigkeit durch die Assistenztrainerin vormachen.

- Nach kurzer Klärung, dass heute nicht mehr nur die Annäherung, sondern die verbale Phase im Vordergrund stehen soll, werden die TN dahingehend beruhigt, dass sie nicht „überfallen“ werden, sondern alles Woche für Woche und Stück für Stück aufeinander aufbaut. Daraufhin werden die TN aufgefordert, ihre Stühle am Rand wegzustellen und sich eine beliebige Trainingspartnerin zu suchen. Dann führen die Ausbilder eine erste Übung vor, die als Wiederholung aus der letzten Stunde gedacht ist: das Aufeinanderzugehen und Einnehmen der Schutzposition, wobei Angreiferin und Verteidigerin nach wenigen Versuchen immer selbstständig wechseln. Dabei sollen sie die Handhaltung auf die vier unterschiedlichen Schutzpositionen anwenden und andererseits sollen sie zeitgleich einen „Smalltalk" mit der Partnerin beginnen und sich über Belangloses und in freundlichem Ton unterhalten. Dabei werden Gleichzeitigkeit und Aufmerksamkeit geschult.

- Die Trainer mischen sich unter die TN und lösen einzelne TN ab um auszutesten, wie weit die Übung bereits funktioniert. Wir kontrollieren wie sie mit der Situation zurechtkommen. Dann folgt eine Verschärfung des Übungsanspruches.

- Die Ausbilder fordern zum Zuschauen auf und demonstrieren, nach einer „Vorwarnung" an die TN erneut in Rollenspiel-Charakter eine Situation, bei der sowohl die Distanz unterschritten wird als auch eine verbale Bedrohung entsteht. In unserem Fall muss sich unsere Assistenzausbilderin der Lautstärke und dem Druck in der Stimme ihres Gegners anpassen und ebenfalls laut und mit Nachdruck den Gegner auffordern, die Belästigung einzustellen.

- Im ersten Moment sind einige unsere TN sichtlich erschrocken über die sehr beeindruckende Demonstration von Macht und Gewalt eines Mannes gegen eine Frau.

- Wir sind uns dessen bewusst, dass dies noch sehr früh im Kursverlauf ist, um bereits in solche ersten lautstarken Bedrohungsszenarien einzusteigen. Wir haben aber die Erfahrung gemacht, dass dies sogar von Vorteil ist, denn wenn die Frauen sich daran von Anfang an gewöhnen und sich immer wieder jede Woche einmal damit auseinander setzen. Dann festigt sich zielführendes Verhalten über zehn bis fünfzehn Wochen. Irgendwann ist es für die Frauen völlig in Ordnung und „normal", wenn auf diese Weise zu Beginn der Übungseinheiten trainiert wird.

- Die nächste neue Übung ist deutlich anspruchsvoller: Neben der verbalen Reaktion durch die Verteidigerin wird noch zusätzlich die Motorik heraus gefordert, denn jetzt soll die Angreiferin die Verteidigerin an beiden gegenüberliegenden Handgelenken packen und festhalten. Erste Greifangriffe sind im ersten Moment für die eine oder andere Frau belastend, deswegen sollten gerade hier die Trainer vorsichtig vorgehen, wenn sie sich unter die TN mischen. Wichtig ist, dass die Verteidigerin weiterhin lautstark der Angreiferin angepasst die Grenze aufzeigt und gleichzeitig durch eine Spreizbewegung beider Arme (aus der Körpermitte heraus gesteuert, ähnlich der Bewegung beim Spannen einer Bogensehne) die Befreiung aus dem Griff einleitet. Dies führt dazu, dass die Angreiferin nicht länger zugreifen kann, da ihre Handgelenke über die jeweiligen Unterarme der Verteidigerin geöffnet werden. Da diese beide Hände innenliegend positioniert hat, gelingt mühelos selbst der ungeübten Frau ein Schlag mit der freien rechten Hand zum Unterkiefer der Angreiferin, gefolgt von einem linken Schlag mit der flachen Handfläche auf die Nase der Angreiferin.

- Die Ausbilder demonstrieren eine Steigerung der bisherigen Übungen. Sie ist wie die vorherige aufgebaut, aber mit dem Unterscheid, dass das Gespräch erst freundlich beginnt und dann kippt die Stimmung irgendwann schlagartig, weil die Angreiferin Tonlage und Druck der Stimme sowie Lautstärke verändert. So muss die Verteidigerin sich lautstark behaupten und die Angreiferin zur Unterlassung auffordern. Dann soll die Stimmung sofort wieder in „betont ruhig“ und „freundlich“ umschlagen und wenn möglich ein Lächeln der Abschluss sein, bevor innerhalb der Pärchen die Rollen getauscht werden.

- Die Ausbilder mischen sich erneut unter die TN und beobachten erst einen Moment lang, inwieweit die Gruppe mit dem gestiegenen Stresslevel zurechtkommt. Finden die Ausbilder „stabile“ TN, können sie versuchen, diese auf die gleiche Art zu bedrohen und so die Emotionen „hochfahren“. Dabei sollen die TN erstens erleben, dass die Emotionen steuerbar sind und zweitens ihre Vorkenntnisse aus den ersten Übungen des Abends vertiefen, nämlich die Koordination von Motorik (Handpositionen) und verbaler Verteidigung der Grenzen. „Instabile“ TN, die insgesamt unsicher wirken, sollten entsprechend umsichtig behandelt oder vom Trainer nicht für die Übung heraus gesucht werden. So wird nur auf jene etwas mehr Druck ausgeübt, die die Übung gut verkraften.

- Wieder kommen alle um die Ausbilder herum zusammen und dieser fasst die Leistungen des heutigen Abends kurz zusammen und richtet den Blick auf den dritten Übungsabend mit dem, was dann zu erwarten ist. Ab sofort werden diese Übungen als „Warm-Up“ eingesetzt, damit dann möglichst bald verschiedene Situationen in Rollenspielen trainiert werden können.

4.12 ANMELDEFORMULARE

Erkunden Sie vorab die Erwartungshaltung der Interessentinnen, denn das erleichtert Ihnen verschiedene Überlegungen sehr. Sie können dem regulären Anmeldebogen (zum Beispiel via E-Mail) folgende Fragen beimischen und damit eine Tür aufstoßen, um Genaueres zu erfahren. Der Einfachheit halber lässt sich dies mit einem Schreibprogramm realisieren und per E-Mail an mögliche Neukundinnen verschicken. Fragen Sie dazu bei Ihrem ersten Kontakt nach, ob es gewünscht ist, ihr weitere Unterlagen und ein Anmeldeformular zu schicken.

Jedoch müssen Sie bedenken, inwieweit Sie alle TN mit einem Vorab- Fragebogen erreichen. Sie können diese Fragen auch einfach zu Beginn Ihres Kurses beim ersten Kennenlernen stellen und in die Vorstellungsrunde mit einbeziehen. Seien Sie jedoch achtsam im Umgang mit Fragen, die der dritten Frage ähnlich sind. Fragen Sie nicht vor Fremden nach den Gewalterfahrungen einzelner Frauen. Etwas anderes ist es natürlich, wenn eine Kundin von sich aus am ersten Abend darüber spricht.

4.13 Feedbackbögen

- ✓ *Was erwarte ich vom Besuch dieses Kurses?*
- ✓ *Wofür besuche ich ihn?*
- ✓ *Gab es schlechte Vorerfahrungen mit Gewalt oder versuchter Gewalt?*
- ✓ *Ich bringe eine Freundin / Bekannte mit?*
- ✓ *…*

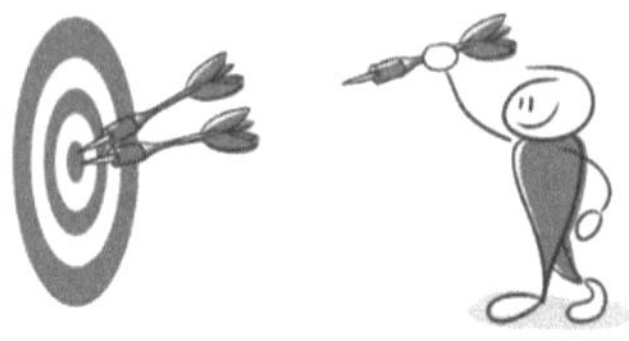

Feedback-Bögen können Sie auf ganz unterschiedliche Weise mit den üblichen Schreibprogrammen erstellen. In den ersten Kursen haben wir das Feedback-Blatt in kopierter Form dabei gehabt und den TN ausgeteilt, mit der Bitte es an uns zurückzugeben. Mittlerweile sind wir dazu übergegangen, den Feedbackbogen als Formular in einem Schreibprogramm angelegt, per E-Mail am Ende des Kurses zu verschicken. Bekommen wir den Bogen ausgefüllt zurück, erhalten die Frauen im Gegenzug unser passend zu diesem Kurs erstelltes Skript. Darin sind alle wichtigen Theorie-Bausteine und einige Übungen für zu Hause zusammengefasst. Erweitern Sie den Feedbackbogen nach Ihren Vorstellungen. Im Einleitungsteil haben wir uns für die Teilnahme der Frauen an unserem B*E*S*T-Frauenselbstverteidigungskurs bedankt. Die einleitenden Worte lesen sich wie folgt:

Herzlichen Glückwunsch,

Du hast unseren B*E*S*T - Frauen-Selbstverteidigungskurs erfolgreich abgeschlossen!

Durch Deine aktive Teilnahme hast Du viel zu einem guten Kursklima beigetragen. Dafür bedanken wir uns bei Dir herzlich und hoffen, dass Du Dich bei uns während Deiner Zeit an der Wing Tsun- und B*E*S*T-Akademie in Sulzbach an der Saar wohl gefühlt hast.

Dein Erfolg ist auch unser Erfolg und da wir ständig darum bemüht sind, unser unsere Kursangebote, Seminare und Workshops an die jeweiligen Bedürfnisse unser Teilnehmerinnen und Teilnehmer anzupassen und zu verbessern, bitten wir Dich darum, uns ein kurzes Feedback zu geben.

Du bist jederzeit wieder an unserer Akademie willkommen und herzlich eingeladen unsere anderen Kursangebote oder unser reguläres Wing Tsun Training kennen zu lernen.

Wir wünschen Dir eine gute Zeit,

Dein Ausbilderteam

Fragen zur Organisation des Kurses

❶ **Die Maximalteilnehmerzahl von 16 Personen ...**

O sollte kleiner sein: _________.

O war genau richtig.

O kann größer sein: _________.

❷ **Die zwölf Kursabende waren ...**

O ausreichend für einen Basiskurs.

O waren zu wenig. Besser wären ____ Wochen.

O waren eher zu viel. Besser wären ____ Wochen.

❸ **Hättest Du grundsätzlich Interesse daran, an**

O einem Aufbau-Kurs „Selbstverteidigung für Frauen" teilzunehmen

O einem Wiederauffrischungskurs teilzunehmen

❹ **Wirst Du unser Kursangebot weiter empfehlen?**

O Ja, ganz bestimmt.

O Vielleicht, das weiß ich noch nicht.

O Nein. Ich würde diesen Kurs nicht weiter empfehlen. (Ich habe auf der Blattrückseite einige Gründe benannt, warum ich es nicht tun würde.)

Fragen zu unserem Ausbilder-Team

❶ **Die Ausbilder waren in der Lage mich zu motivieren.**

O stimmt O manchmal O stimmt nicht

❷ **Die Ausbilder sind auf meine Bedürfnisse eingegangen und haben sich auch individuell um mich gekümmert.**

O stimmt O manchmal O stimmt nicht

❸ **Die Ausbilder haben für ein angenehmes Lernklima gesorgt.**

O stimmt O manchmal O stimmt nicht

❹ **Die Ausbilder hatten offensichtlich auch ihren Spaß mit uns.**

O stimmt O manchmal O stimmt nicht.

Fragen zu unseren Praxis-Einheiten

❶ **Die hatten das zum Inhalt, was ich mir gewünscht habe**

O stimmt O stimmt teilweise O stimmt nicht

Gewünscht hätte ich mir:

❷ **Die praktischen Einheiten waren abwechslungsreich gestaltet.**

O stimmt O stimmt teilweise O stimmt nicht

❸ **Die Übungen haben auf einander aufgebaut, vom Leichten zum Schweren.**

O stimmt O manchmal O stimmt nicht.

❹ **Mir sind die Übungen von der Motorik / den Bewegungsabläufen her ... gefallen.**

O leicht O teilweise leicht O schwer

❺ **Ich hatte Gelegenheit, mich und meine Fähigkeiten besser kennen zu lernen.**

O stimmt O stimmt teilweise O stimmt leider nicht

5 Quellen

5.1 Literaturverzeichnis

Abernathy, Rob / Reardon, Mark (2003): Interesse wach halten – So geht das! – Tipps und Tricks für gute Stunden. Verlag an der Ruhr, Mülheim an der Ruhr.

André, Christophe / Légéron, Patrick (2001): Bammel, Panik, Gänsehaut: Die Angst vor den anderen. Verlag Aufbau TB.

Baumann, Sigurd (2009): Psychologie im Sport. 5., überarbeitete Auflage, Meyer und Meyer Verlag, Aachen.

Beermann, Susanne / Schubach, Monika / Tornow, Ortrud E. (2013): Spiele für Workshops und Seminare. 1. Auflage, Haufe Verlag, Freiburg.

Birkenbihl, Michael (2005): Train the Trainer. 18. Auflage, Redline Wirtschaft, Frankfurt am Main.

Charpentier, Annette (2008): Keine Panik vor der Angst – Eigene Energien nutzen, Zuversicht gewinnen – aus dem Englischen von Sonja Schuhmacher. Verlag Kreuz GmbH, Stuttgart.

Clancy, Mary Ellen (2008): Besser lernen durch Bewegung – Spiele und Übungen fürs Gehirntraining. Deutsche Ausgabe, Verlag an der Ruhr, Mülheim an der Ruhr.

Eberspächer, Hans (2007): Mentales Training – Das Handbuch für Trainer und Sportler. 7., durchgesehene Neuauflage. Copress Verlag in der Stiebner Verlag GmbH, München.

Fengler, Jörg (2009): Feedback geben – Strategien und Übungen. 4., überarbeitete und erweiterte Auflage, Beltz Verlag, Weinheim und Basel.

Götz, Klaus / Häfner, Peter (2010): Didaktische Organisation von Lehr- und Lernprozessen – Ein Lehrbuch für Schule und Erwachsenenbildung. 8., überarbeitete Auflage, Ziel Verlag, Augsburg.

Jocham, Ursula / Natzke, Wolfgang (2012): Soft Skills trainieren – Handlungsfelder für die Kompetenzentwicklung. 1. Auflage, Cornelsen Verlag, Berlin.

Kemper (2013): Führen und Leiten im Einsatz. 4. aktualisierte Auflage, ecomed-SICHERHEIT, eine Marke der Verlagsgruppe Hüthig Jehle Rehm GmbH, Heidelberg, München, Landsberg, Frechen, Hamburg.

Kernspecht, Keith R. / Karkalis, André. (2003): Verteidige Dich: Selbstverteidigung für Frauen. Heel-Verlag, Königswinter.

Kernspecht, Keith R. (2011): Blitz Defence – Angriff ist die beste Verteidigung. 9. Auflage, EWTO Verlag, Abt. WingTsun GmbH & Co.KG, Ostheim.

Kernspecht, Keith R. (2014): Die Essenz des WingTsun! – Jenseits von Techniken, Formen und Anwendungsdenken. 2. Auflage, EWTO Verlag, Abt. WingTsun GmbH & Co.KG, Ostheim.

Kernspecht, Keith R. (2014): Inneres WingTsun – Kursbuch. 2. Auflage, EWTO Verlag, Abt. WingTsun GmbH & Co.KG, Ostheim.

Kernspecht, Keith R. (2014): Praxisband – KAMPFLOGIK – Vom Treffen und Nicht-Getroffen-Werden – Grundstufe, Mittelstufe,

Oberstufe auf dem Weg zum Meister. 3., überarbeitete Auflage, EWTO Verlag, Abt. WingTsun GmbH & Co.KG, Ostheim.

König, Stefan (2007): Warming-up in Seminar und Training – Übungen und Projekte zur Unterstützung von Lernprozessen. 3., überarbeitete und erweiterte Auflage, Beltz Verlag, Weinheim und Basel.

Kratz, Hans-Jürgen (2011): Kritisieren und Anerkennen. Reihe: In 30 Minuten wissen Sie mehr! 3., überarbeitete Auflage GABAL Verlag GmbH, Offenbach.

Mattes, Wolfgang (Hrsg.) (2008): Methoden für den Unterricht – 75 kompakte Übersichten für Lehrende und Lernende. Schöningh Verlag im Westermann Schulbuch Verlag, Braunschweig, Paderborn, Darmstadt.

Meyer, Thomas (2011): Sportpsychologie – Die 100 Prinzipien – Nachschlagewerk für Trainer, Betreuer und Athleten. 1. Auflage, Copress Verlag, München.

Müssig, Petra (2010): Erfolg ist Kopfsache – Sportliche Herausforderungen meistern. Pietsch Verlag, Stuttgart.

Nicolaisen, Torsten (2013): Lerncoaching-Praxis – Coaching in pädagogischen Arbeitsfeldern. Beltz Juventa, Weinheim und Basel.

Pfeifer, Ralf (2010): Das Geheimnis des Sieges – Die physikalischen Grundlagen des Kampfsports. 1. Auflage, Pietsch Verlag, Stuttgart.

Sauerland, Martin / Ullrich, Marie-Christine / Gaukel, Sonja / Frank, Alexandra / Ufer, Michele (2013): Selbstmotivierung für Sportler – Motivationstechniken zur Leistungssteigerung im Sport. Mit Beiträgen von Ingrid Knigge, Sandra Kaltner, Martina Zwick, Anne Roth, Charlotte Arndt. Spitta Verlag GmbH & Co.KG, Balingen.

Thompson, Geoff (2001): Die Angst. Techniken zur Angstkontrolle. 3. Auflage, WuShu – Verlag.

Tiwald, Horst (2012): Psycho-Training im WingTsun, Taiji und Budo-Sport – mit einem Vorwort von Keith R. Kernspecht. 1. Auflage, WingTsun GmbH & Co.KG Abt. EWTO-Verlag, Ostheim.

Unruh, Thomas / Petersen, Susanne (2011): Guter Unterricht – Handwerkszeug für Unterrichtsprofis. 11., ergänzte und überarbeitete Auflage, AOL-Verlag, Buxtehude.

Weidenmann, Bernd (2008): 100 Tipps & Tricks für Pinnwand und Flipchart. Belz Verlag, München. 4. Auflage.

Wisniewski, Benedikt (2013): Psychologie für die Lehrerbildung, Verlag Julius Klinkhardt, Bad Heilbrunn.

5.2 Web-Quellen-Verzeichnis

- http://www.ewto.de
- http://wt-schulen-sulzbach.de/
- http://www.sjjv.de
- http://www.Psychomeda.de/lexikon/extraversion.html (Stand: April 2016)
- http://www.drk.de/angebote/erste-hilfe-und-rettung/erste-hilfe-online/wunden/verbandskasten-din-13157.html (Stand: Mai 2016)
- http://www.drk.de/angebote/erste-hilfe-und-rettung/erste-hilfe-online/wunden/verbandskasten-din-13164
- www.ruetschli.net/psychologie/mimik-gestik/mimik-7-basis-emotionen-217.html, WeltN24GmbH2015
- https://dbs-lin.ruhr-uni-bochum.de/lehreladen/planung-durchfuehrung-kompetenzorientierter-lehre/lehr-und-lern-ziele/typen-und-stufen/